河南省高等学校哲学社会科学基础研究重大项目（2023-JCZD-17）资助

ZHONGGUO
SHUZIJINGJI
Fazhan De Weiguan Qudong Jili Yanjiu

中国数字经济发展的微观驱动机理研究

周纪昌　张梦雨　王彦杰　刘　鹏 ◎ 著

中国财经出版传媒集团

经济科学出版社

Economic Science Press

·北京·

图书在版编目（CIP）数据

中国数字经济发展的微观驱动机理研究/周纪昌等
著 . -- 北京：经济科学出版社，2023.3
ISBN 978 - 7 - 5218 - 4661 - 4

Ⅰ. ①中…　Ⅱ. ①周…　Ⅲ. ①信息经济 – 经济发展 –
研究 – 中国　Ⅳ. ①F492

中国国家版本馆 CIP 数据核字（2023）第 056442 号

责任编辑：李　雪
责任校对：徐　昕
责任印制：邱　天

中国数字经济发展的微观驱动机理研究

周纪昌　张梦雨　王彦杰　刘　鹏　著
经济科学出版社出版、发行　新华书店经销
社址：北京市海淀区阜成路甲 28 号　邮编：100142
总编部电话：010 - 88191217　发行部电话：010 - 88191522
网址：www. esp. com. cn
电子邮箱：esp@ esp. com. cn
天猫网店：经济科学出版社旗舰店
网址：http://jjkxcbs. tmall. com
固安华明印业有限公司印装
710 × 1000　16 开　21.75 印张　250000 字
2023 年 3 月第 1 版　2023 年 3 月第 1 次印刷
ISBN 978 - 7 - 5218 - 4661 - 4　定价：109.00 元
（图书出现印装问题，本社负责调换。电话：010 - 88191545）
（版权所有　侵权必究　打击盗版　举报热线：010 - 88191661
QQ：2242791300　营销中心电话：010 - 88191537
电子邮箱：dbts@ esp. com. cn）

目录
CONTENTS

1

绪　论

1.1　研究背景及意义

1.1.1　研究背景

在互联网信息革命的作用下，社会经济发展环境得以优化，为数字经济的深度发展营造了更好的氛围。数字经济对整个社会的渗透与影响在逐步深化，它既能在一定程度上对传统的社会生产力进行有效释放，进一步激发其现有的活力，也使得一种价值更高的崭新生产力得以出现，进而提升经济效益、优化经济结构、推动全球经济的复苏和繁荣。近年来，数字经济充分发挥着其关键引擎的作用，在助推世界新一轮产业变革上大放异彩。习近平总书记强调要发展数字经济，激发数字经济活力，增强数字政府效能，优化数字社会环境，构建数字合作格局，筑牢数字安全屏障，让数字文明造福各国人民[1]。在数字经济这一新发展趋势下，全球主要经济体积极颁布与数字经济相关的政策或规划，力求逐步提高本国的数字经济实力，进而在经济全球化进程中占据较为有利的地位。表1.1是一些代表性经济体实施的发展战略。

表1.1　　　　　　　　　　代表性经济体发展战略

代表性经济体	发展战略	主要内容
美国	数字经济议程	强调互联网的自由性、开放性；加强网络安全和信息技术建设
英国	数字经济法案英国数字化战略	完善数字版权保护相关法律；强调发展数字化基础设施、网络空间、数字化政府等
欧盟	数字化单一市场战略人工智能通报	打破行政、法律壁垒，推进数字产品或服务的全球流通；提升人工智能研发水平，拓宽其应用范围；加强数字技术、网络平台建设
德国	数字经济战略	推行"工业4.0"，大力发展智能工厂、智能生产和智能物流；重视数字安全，维护数据主权等
日本	i－Japan战略2025	推进电子政府、医疗健康、教育人才的信息化建设；强调数字经济信息化、网络化、智能化
中国	互联网战略	借助数字技术提升互联网与传统产业的融合水平，推进社会的数字化转型
新加坡	智慧国家2025	设计了全球第一个智慧国家蓝图，其主要内容为连接、收集、理解，充分发挥智能终端的关键力量
澳大利亚	澳大利亚数字经济战略	制定了有关数字社区、智慧电网和城市、远程教育、老人宽带等16个方面的战略计划

数据来源：阿里研究院。

据相关报告显示[2]：截至2008年末，中国的数字经济发展总量已达到 4.8 万亿元；截至 2020 年末，发展总量已达到 39.2 万亿元，较 2008 年增长了 8 倍多。近年来，数字经济作为国民经济的一部分，为经济发展做了许多贡献，且所占比重已接近 40%。在这种发展浪潮下，充分发挥数字经济的引擎作用，可以有效克服传统经济发展低迷的现象，进一步激发经济发展活力。那么，数字经济是通过何种机理促进经济增长的？影响数字经济发展的主要变量有哪些？长远来看，怎样才能进一步提高中国数字经济水平？深入分析以上问题，对缩小区域数字经济差异、优化经济发展环境、推动可持续发展是十分必要的。

1.1.2　研究意义

(1)　理论意义

①深化了数字经济对经济增长的影响机理研究。近年来，在数字经济发展浪潮下，全国经济发展水平有了较快提升，探究数字经济通过何种方式影响经济增长就显得尤为重要。本书从宏观、产业结构升级优化、区域经济发展、城镇化等层面分析了数字经济发展推动经济增长的影响机理，也对数字经济驱动企业行为、政府行为、消费者行为、其他市场主体行为发生改变的影响机理进行了分析，有利于深化人们对数字经济的认识。

②丰富了数字经济相关领域的研究。一是在数字经济发展的经济增长效应研究上，现有的文献大多是从省域层面分析数字经济发展对经济增长的影响，本书基于 267 个地级市的样本数据，

对全国总样本以及地区分样本数字经济发展对经济增长的影响程度进行分析，进一步构建面板门限模型，揭示数字经济发展对经济增长的非线性影响；二是在数字经济发展的影响因素识别上，综合运用空间计量模型和灰色关联分析法，探究全国总样本以及地区分样本数字经济发展的影响因素，不仅对现有研究进行了补充，也拓宽了数字经济现实应用的范围。

（2）现实意义

①有利于推动全国及各地区数字经济的发展。当前，数字经济发展浪潮使人们接触到了万物互联的新时代，数字经济这一关键驱动力在推进全国和区域经济增长上发挥着越来越重要的作用。国家陆续颁布相关政策，高度重视数字经济的发展，为数字经济的繁荣发展创造了更加适宜的环境。本书通过探究数字经济对经济增长的贡献程度以及影响数字经济发展的主要因素，不仅有利于提高各地区发展数字经济的积极性，也有助于各地区抓住时机，立足实际，适时优化调整自身经济发展战略，协调分配数字资源，发挥优势，补足短板，进而推进整体社会的数字化发展。

②为相关部门在缩小不同地区数字经济发展水平差距上建言献策。缩小数字发展差距、推进经济的区域协调发展是大力发展数字经济需要重点关注的问题。本书结合数字经济发展现状，运用空间计量模型和灰色关联分析方法探究当前影响中国数字经济发展的关键因素，进而充分认识主要矛盾，把握好未来数字经济发展的关键着力点，有助于就协调数字资源合理分配、缩小区域

间数字经济差异等问题向有关部门提供具有针对性和合理性的对策建议。

1.2　文　献　综　述

1.2.1　数字经济内涵研究

从 20 世纪 40 年代开始，电子计算机和 IT 技术的逐步发展，为数字经济打下了坚实基础，随着互联网在世界范围内的不断传播，数字经济的神秘面纱逐渐被摘下。在 20 世纪 90 年代中期，塔普斯科特（Tapscott）[3]首次对"数字经济"进行了阐述，他从理论层面分析了互联网在商业、教育等 12 个领域中发挥的重要作用，进一步表明随着电子商务的迅速崛起，整个社会的商业、经济模式发生着悄然的变化。之后，尼葛洛庞帝（Negroponte）[4]指出了数字经济与传统经济的不同之处。1998 年，美国商务部发布了《浮现中的数字经济》系列报告，数字经济在全球引起了巨大反响。

从目前来看，国内外还没有形成普遍认可的数字经济定义，人们对数字经济的界定有着不同的看法，主要可以划分为以下四大类。

第一，从范围角度定义数字经济。数字经济主要由软件、相关业务流程、硬件的基础设施建设构成（Thomas Mesenbourg，

2001[5]），这种划分方式强调计算机在新发展形势下的重要作用。然而，OECD（2014）[6]认为这种划分方式不能全面概括数字经济，该组织倾向于将数字经济定义为一种数字生态系统，主要包括大数据、人工智能、物联网和区块链。巴克特（Bukht）和希克斯（Heeks）（2017）[7]把数字经济分为核心部门（软件制造、信息服务等行业）、狭义的数字经济（由 ICT 发展来的新业态）、广义的数字经济（也称数字化经济）三个部分，这种定义方法体现了数字驱动创新产生的新业态。丁志帆（2020）[8]指出在定义数字经济时，可以重点把握生产力和生产关系层面的分析。在此基础上，中国信息通信研究院（2020）[9]提出了一种"四化框架"来解读数字经济发展的内涵。

第二，将数字经济视为一种经济活动。这类观点在 G20 峰会上得到了充分的说明，它不仅强调了数字要素在数字经济发展中的关键地位（宋洋，2019[10]），而且揭示了数字技术与信息网络在新经济形态中的基础性作用（李长江，2017[11]；王春云和王亚菲，2019[12]），但是该观点没有深入分析数字经济推动经济增长的机理问题。

第三，将数字经济视为一种经济社会形态。数字经济与传统经济不同，是一种新的、别致的经济社会形态（Beomsoo Kim，2002[13]；Bo Carlsson，2004[14]；马化腾等，2017[15]），在复杂的经济社会发展中，存在着局部资源配置效率与整体资源配置效率不一致问题，通过信息技术的不断创新，可以推动经济新形态的出现（张鹏，2019[16]）。在数字经济的发展浪潮中，数据成为关键生产要素（中国电子信息产业发展研究院，2019[17]），由此产生的创新已经涵盖了文化等领域，数据信息及其传送手段对提高生产率至关重要（裴长洪等，2018[18]），数字技术凭借自身优势，不断深化其对实体经济的渗透力度，为打造智能化社会贡献力量。

第四，从结构角度定义数字经济。DBCD（2013）[19]指出，为了进一步实现全球范围内的网络化，优化和掌握信息技术等数字手段在这一过程中发挥着重要作用。奥尔加·巴图拉等（Olga Batura et al.，2016）[20]认为数字经济是包含不同的层级，且层级之间有多个节点进行连接。还有学者从投入产出角度定义数字经济，马克·尼克雷姆等（Mark Knickrehm et al.，2016）[21]指出，可以用经济产出一词来表示数字经济，产出主要来源各种数字技术在社会各个领域的投入。这种观点探讨了数字经济的产出过程，但是没有揭示出数字经济的本质属性。虽然不同学者和机构在对数字经济的定义进行表述时有自己的侧重点，但都强调了数字技术在数字经济发展中的基础性作用。

1.2.2　数字经济特征研究

在数字经济发展浪潮下，数字经济凭借其全球化、去中介化、高速度、不断创新的优势条件，使传统经济的发展更加具有活力和创造力。本书根据以往的文献及相关资料的研究，将其特征归纳为以下三种。

（1）大数据是数字经济时代的关键生产要素

经济社会形态的每一次重大变革都会导致新的生产要素出

现。在早期，人们所使用的技术主要为手工技术和机械化技术，随着数字平台等工具的发展，人们的交易方式由原来的直接、层层交易转变为现在的直接交易，数据成为当下最关键的生产要素（童锋和张革，2020[22]；张鸿等，2019[23]；王静田和付晓东，2020[24]）。从微观角度看，企业是由各种各样的生产要素组成的一个共同体（Jensen and Meckling，1976[25]），数据资源是企业的核心实力（杨佩卿，2020[26]）；从宏观角度看，数据作为一种社会基础性战略资产，是数字经济的生命源泉，能为经济社会发展提供源源不断的动力（Kevin J，2019[27]）。

（2）产业融合是加速数字经济蓬勃发展的重要途径

在大数据等技术的影响下，各行各业加快了转变经济发展模式的脚步。一方面，数字经济的影响不断向传统产业渗透，催生了共享经济、平台经济等新模式，平台可以同时连接用户和供应商，并为双方提供交易空间，提高资源利用效率（李晓华，2019[28]），如天猫、京东、百度等数字平台通过向线下拓展，收购传统的制造、零售等企业或行业，推动了新零售等新模式的出现；另一方面，传统产业如制造、金融、物流等企业，通过应用数字化技术，提高了生产和运作效率（童锋和张革，2020[22]），进而推动智能制造、智慧物流、数字金融等新业态的出现。

（3）多元、协同是数字经济的最为关键和有效的治理手段

在大数据环境下，社会治理模式强调的是一种平台、企业、

用户、消费者等多方参与者共同参与，开放协同的数据治理方式。为了实现资源在不同主体、不同地区间的合理分配，要充分重视平台的枢纽力量，发挥平台自身的优势。同时，在这个过程中，必须让平台担负起自身的责任，使其充分认识到责任边界，进一步优化数字经济发展环境（孙蕙，2017[29]）。通过激发人们的积极性，不断鼓励、引导各行各业的用户、企业等参与到问题治理中来，有利于解决平台上的各类较为分散的经济问题，进而缓解权力下放的问题。

1.2.3　数字经济影响因素识别

国内外学者对数字经济影响因素的研究主要集中在以下三个方面。

一是通过研究 ICT 产业、互联网产业等相关产业来间接分析数字经济的影响因素。贝洛克（Beilock）和迪米特洛娃（Dimitrova，2003）[30]以跨国数据为基础进行研究，得出了人均收入对互联网使用率的影响是非线性的，收入差异在较低水平时产生的影响更显著的结论。陈和菲尔利（Chinn & Fairlie，2007）[31]为了分析不同国家间互联网发展的差异问题，对 161 个国家的网络情况进行调查，发现人力资本、公共投资等要素能够改善不同地区互联网普及差距问题。赵和金（Zhao & Kim，2007）[32]基于近 40 个国家 9 年的跨国数据，分析了制度要素对互联网扩散的影响，发现工业化、教育等要素对互联网传播影响较大。维森特和洛佩斯（Vicente & Lopez，2008）[33]基于 NMS、CC 等数据库对 9 个国家的调查，探究影响互联网使用率的关键因素，通过分析发现，收入、年龄变量产生的效应比较明显。贺佳（2013）[34]通过测算发现，科技创新水平对 ICT 产业发展有显著的正向影响效应，经济发展对 ICT 产业发展的影响效应并不总是正向的。何菊香等（2015）[35]基于 9 年的样本数据，探究了可能影响互联网产业进一步优化的关键变量，发现经济发展程度、科技发展程度、人力资源规模、对外开放程度等因素的影响作用较为明显。

二是通过构建数字经济指标体系，研究分指标与数字经济之间的关系。张雪玲和陈芳（2018）[36]基于 10 年的样本数据，运用改进的灰色关联分析法，验证了信息技术等要素发挥了显著作用。焦月霞（2018）[37]从信息通信基础设施和产业发展等五个方面构建了指标体系，运用灰色相对关联度对 2007～2015 年不同指数进行协调性分析，发现 ICT 产业发展对数字经济的影响最为显著；然后选取研发资金、成果、固定资产投资等作为潜变量，运用结构方程模型进行分析，发现影响 ICT 产业发展的关键因素是研发成果。陈芳（2019）[38]基于 2007～2016 年中国省域的面板数据，运用灰色关联分析法进行分析，验证了人力资本等要素对数字经济的影响。

三是运用数理模型，直接探究数字经济发展的影响因素。王彬燕等（2018）[39]使用地理探测器方法，发现科技投入水平对数字经济发展的影响最大。钟业喜和毛炜圣（2020）[40]基于 2016 年长江经济带 125 个城市的截面数据，通过 SPSS 和地理加权回归，发现产业结构、信息化水平、城市等级对数字经济的发展有显著促进作用，人力资本、经济水平的影响效应较弱。刘军等

（2020）[41]基于初步计算出的省域数字经济发展指数，进一步使用空间自相关模型（SAR）探究影响因素，发现工资水平、政府干预度在推动数字经济发展上发挥的作用最大。余谦和邱云枫（2021）[42]从投入产出角度出发，运用 SDA 结构分解方法分析了需求水平、产业数字化、人口规模等因素对数字经济的影响程度。

1.2.4　数字经济与经济增长效应关系研究

国外有关数字经济与经济增长效应关系的研究成果较少，学者们的研究主要集中在信息通信技术、软件产业、电子商务等对经济增长的影响上。在数量关系分析上，克里斯托弗·古斯特和杰米·马尔克斯（Christopher Gust & Jaime Marquez，2004）[43]在搜集和分析 8 年间多个地区有关数据的基础上，验证了信息技术是助推经济发展的重要推力，这种推力在美国的发展中最为明显。克里斯（Chris，2012）[44]认为互联网应用程度的不断加深，会使居民工资水平不平等现象更加明显。信息通信技术的快速发展是提高全要素生产率的重要原因之一。艾沃斯和伯兰德（Ivus & Boland，2015）[45]认为电子商务应用与经济增长之间存在显著的正相关关系。蒂斯（Teece，2018）[46]也提出在数字经济作用下，出现了新的劳动方式，企业的数字化转型和创新进程明显加快。乔根森（Jorgenson，2016）[47]基于相关数据进行实证分析，指出在经济发展中，互联网等现代技术的力量不可小觑。也有学者从数字经济的内涵、特征上分析数字经济与经济增长效应的关系，霍斯特（L'Hoest，2001）[48]指出在大数据发展浪潮下，会出现越来越多的网络效应，在这一效应的催化下，不同地区间的联系越发紧密，产生越来越多的经济溢出，进而助推整个区域的经济发展；另外，各行各业借助数字手段，可以更有效地实施计划，提高生产效率。托欧和普罗托普塞斯（Teau & Protopopescu，2014）[49]通过理论层面的研究，指出随着数字技术的逐步升级和完善，它在数字政府、网络服务等领域中发挥的作用也愈发关键，这也会进一步激发经济发展的活力。萨瑟兰和尤安（Sutherland & Ewan，2018）[50]认为在经济发展的新时期，数据的支持必不可少，其所具有的特性，如规模报酬递增等，是提高生产效率、优化结构、助推新经济发展的强力剂。

国内有关数字经济与经济增长效应关系的研究主要集中在以下两个方面。

一方面是在数量关系研究上，这类文献大多是从信息技术、软件产业以及互联网等角度来研究其对经济增长的影响。曾德高等（2009）[51]针对重庆、四川、陕西三地4年的样本数据进行分析，发现信息产业的经济带动作用非常明显，尤其是在我国西部地区。刘春梅（2010）[52]搜集了将近20年的样本数据，基于时间序列数据的分析，得出了信息产业可以带动经济发展的结论。陈伟达和景生军（2010）[53]利用各省2007年的截面数据，通过因子分析和聚类分析方法研究软件服务业对区域经济的影响，进一步指出这种经济效应有着东大西小的特征。孙琳琳等（2012）[54]通过分析行业层面信息化与经济增长的相关数据，充分说明了ICT的重要作用。谢印成和高杰（2015）[55]基于1999～2013年的时间序列数据，分析了互联网发展与第三产业增加值的关系，发现两者之间有显著的正相关关系。蔡跃洲和张钧南（2015）[56]采用增长核算框架对 1997～2012 年、2010～2012 年两个时间段的经济效应进行分析，研究发现 ICT 对经济增长的替代效应在 1990年后是逐渐增加的，ICT 可通过渗透作用提升 TFP。韩宝国（2018）[57]搜集了有关中国 30 个省（区、市）15 年的样本信息，在阐述了软件和信息技术服务业对经济增长的影响机制后，利用动态面板模型分析两者之间的关系，并且指出这种促进作用具有一定的区域差异性。叶初升（2018）[58]基于 2002～2014 年 274个地市级的面板数据，对互联网与经济增长的关系进行分析，发现互联网能够有效促进经济的增长，同时也存在一种结构效应。郭美晨和杜传忠（2019）[59]运用增长核算模型对 1995～2015 年ICT 资本积累的相关数据进行分析，发现 ICT 资本对经济总产出的贡献是逐年提升的。夏炎（2020）[60]通过投入产出分析，发现ICT 产业与传统产业的融合对经济增长有显著影响。

　　也有学者运用实证方法直接研究数字经济与高质量发展、实体经济、区域经济之间的关系。宁朝山（2020）[61]选取了 2013～2017 年中国省级层面的数据，运用"纵横向"拉开档次法对中国省域的数字经济发展水平和经济高质量发展水平进行评价，然后运用面板模型分析数字经济对经济高质量发展的影响，发现数字经济对经济高质量发展有显著的促进作用，但这种效应在不同地区中存在一定的异质性。姜松和孙玉鑫（2020）[62]基于 2016年中国 290 个地级市的相关数据，采用 WLS、分位数回归和截面门槛回归方法分析数字经济对实体经济的影响效应。通过总体回归和分位数回归，发现数字经济对实体经济有一定程度的"挤出效应"，这种"挤出效应"在不同实体经济发展水平下有较为显著的边际递减现象；运用截面门槛回归，发现数字经济发展水平对实体经济的影响效应并非一种线性关系，而是一种倒"U"型关系。姚志毅和张扬（2020）[63]基于 2017 年 12 月~2019 年 6 月中国 31 个省（区、市）的月度数据构建面板模型，从三个阶段分析了数字经济与区域经济之间的动态变化。

另一方面，在作用机制研究上，这类文献大多是从经济高质量发展上来分析数字经济与经济增长效应的关系。从宏微观角度看，数字经济特有的降成本性能够形成规模经济和范围经济（丁志帆，2020[8]），更好地匹配供给和需求（荆文君和孙宝文，2019[64]），进而提高全要素生产率（周清香，2020[65]），不断推进新技术的应用和新产业的成长（唐要家，2020[66]）；从三大变革角度看，数字经济可借助创新能力和组织运行效率的提升，进一步推动经济发展更好更快地实现效率变革（任保平，2020[67]），数字化进程步伐加快，有利于推动传统经济结构转型，改善当前的经济产出水平，进而实现经济发展的动力变革（韩晶等，2020[68]）。数字经济重视绿色发展，推动生产、流通等环节的改造和升级，通过提升产品的服务和质量，不断满足广大群众的需求，实现经济发展的质量变革（杨佩卿，2020[26]）。从五大发展理念角度看，宋洋（2019）[10]构建了包括外在表现和内生动力两个维度的 EPED 模型，并从经济绩效、协调发展、公共服务等方面来分析数字经济对经济发展的作用机制。

1.2.5　数字经济与企业行为改变机理研究

数字经济的发展促使数字技术快速融入社会的各个领域，数字经济与企业的深度融合使得企业的行为发生变化，国内外学者对于数字经济改变企业行为的研究主要集中在以下五个方面。

(1) 数字经济改变企业的战略决策

一是数字经济影响企业战略内容的相关研究。刘思等 (2015)[69]分析了阿里巴巴在创新商业模式的过程中所采用的投资战略，并将其与企业的发展战略之间的关系进行了探究，发现企业在革新商业模式时要让投资战略与新的商业模式一致，企业只有选择合适的投资战略才能持续健康发展。刘建刚和钱玺娇 (2015)[70]以小米科技有限公司为研究对象，发现在数字时代背景下，小米公司可以共同发展技术创新和商业模式创新，从而提升公司核心能力。什雷斯塔等 (Shrestha et al.，2019)[71]分析了人工智能的决策算法对组织决策的影响，并且比较了两者决策的特征，作者在此基础上构建了一个模型，认为将两种决策模式结合能够提升企业组织决策的准确性。葛雪婷 (2020)[72]发现大数据时代企业市场营销需要缩短规划年限、创新促销策略、做好品类发展规划以及市场调查和分析。

二是数字经济影响企业战略制定和实施的相关研究。詹姆斯 (James，2013)[73]提出数字化程度较高的企业能够通过数字技术分析数据信息从而提高洞察力，并且以往企业以知识和经验为主战略决策正逐渐向以处理数据为主的战略决策转变。严若森和钱向阳（2018）[74]分析了中国三大运营商数字化转型的现实背景，并依此建立了 PEST – SWOT 模型，作者据此对中国运营商进行数字化转型可选择战略提出了建议，包括创新商业模式、拓新增长渠道、优化平台治理、引领竞争业态升级。叶成刚（2018）[75]从整体上分析了装备制造企业数字化转型战略，并对其核心业务环节的实施路径进行了分析。

三是数字经济对企业管理的影响。张文彬（2019）[76]提出数据促进了数字时代的创造、生产和消费，将对企业管理的内容进行全面调整，包括物质资本和知识资本的关系，企业与市场、用户、员工的关系以及领导与员工的关系。戚聿东和肖旭（2020）[77]基于经典企业管理理论对全球管理创新的实践进行了分析，研究发现用户价值主导和替代式竞争将对企业管理变革产生重要影响。刘淑春等（2021）[78]通过随机前沿分析方法和 Tobit 模型分析了 1950 家企业实施数字化管理的数据，研究发现企业管理的数字化投入和效率之间存在非线性关系（先下降至拐点后呈倒"U"型关系），企业应合理制定数字化投资预算从而达到效率最大化。

（2）数字经济改变企业存货与经营模式

一方面，学者们对于数字背景下的存货管理问题进行了研究。闫凤露（2019）[79]认为在企业存货管理在大数据时代存在一定问题，比如方法不完善、制度不合理以及存货预算不科学等，在此背景下提出了完善采购制度、制定科学的存货管理系统和存货管理方法等策略，从而有助于推动企业的健康发展。刘琦（2021）[80]认为，为了满足企业创造价值的需要，企业的存货管理方式需要变革，在大数据背景下，以价值链为基础的存货管理能够加强企业信息传递的及时性和准确性；作者通过深入分析宇通客车在存货管理过程中遇到的问题，面向供应商、企业内部、销售与物流提出了有针对性的建议。

另一方面，学者们对企业经营模式进行了研究。尤根·迈福特（Jurgen Meffert，2018）[81]指出，数字时代的企业应该创新业务模式和管理流程，从而扩大企业利润来源，增加企业的收入。闫志月（2019）[82]通过理论层面的研究，认为数字经济不仅会改变企业营运资金管理的介质，还会使得资金管理的方式由静态管理转向动态管理。陈剑等（2020）[83]通过研究数字经济时代企业的经营环境、主体行为、商品及商品制造过程等方面的变化，发现随着数字化程度的提高，原来从数字化"赋能"企业提高效率的创新模式逐渐向"使能"创新改进，即企业需要运用信息技术创新商务模式；作者通过分析企业经营环境以及各行为主体的变化，针对运营管理的关键环节深入分析了数字化如何提升企业运营效率。

（3）数字经济对于企业财务税收的影响

一是企业数据资源成为一种资产。康（Kang，2018）[84]认为在数字经济时代，企业日常经营的过程中会产生大量数据信息，运用数字信息技术对这些数据信息进行分析、储存、检索，这便成为企业的资产，即数据资产。李泽红和檀晓云（2018）[85]认为应当在财务报表中披露企业数据资产信息，不过，由于数据资产没有实体，在进行会计处理时应将其列为无形资产。李雅雄和倪杉（2017）[86]详细分析了数据资产的内涵与特点，认为数据资产与金融资产有很大区别，企业在进行会计核算时不能把数据资产列为无形资产。张俊瑞和危雁麟（2021）[87]认为企业的数据资源属于企业的"软资产"，提出在财务报表中设立"数据资产"项目来进行会计核算。余应敏（2020）[88]总结了国内外大数据企业对数据资产的三种实务处理方式，分别是：不将大数据作为资产，直接费用化；由于大数据资产的无实物性，被认为是无形资产；专设数据资产科目进行会计核算。韦立坚等（2021）[89]提出了数字经济背景下互联网企业的相对估值模型，认为大数据合作资产及其他数据资产的表外披露对于企业价值的评估十分重要，有助于推动会计理论和财务体系变革。

二是税收制度发生改变。曹海生（2012）[90]首先对我国电子商务行业的税收征管问题进行了研究，发现该行业存在纳税不遵从以及税收流失问题严重等问题，因此建议通过电子监控与账户监控共同实施的方案来弥补以票控税的不足。亚伦·弗龙达（Aaran Fronda，2014）[91]认为目前的税收政策不适用于数字经济背景下高流动性的企业，设计一套合适的税收规则对每个国家来说都刻不容缓，对互联网公司的数字业务模式重新进行区分是有必要的，可以从互联网公司是通过提供服务盈利还是通过网络营销而盈利两个方面区分。艾格特等（Eggert et al.，2015）[92]指出当今时代税收的主要问题来源直接税和间接税，认为全球供应链中的直接税会由于税基侵蚀和利润转移的出现而降低，可以通过重视管辖地的征税权，增强母国与母公司之间的联系来征收直接税。张泽平（2015）[93]认为企业的运营方式和价值创造过程在数字时代发生了颠覆性变革，传统的国际税收规则只针对有形场所，而数据资源的无形性和可流动性使得国际税收管辖权很难进行划分，作者提出了增设虚拟常设机构以及来源地可以通过预提税的方式优先征税等建议。谭书卿（2020）[94]基于税收征管探讨了数字经济带来的税收问题，认为传统国际税收中的税收管辖权、常设机构认定以及利润分配等规则都受到了影响，因此我国应积极回应经济合作与发展组织（OECD）提出的协同方案和"双支柱方案"，完善信息管税制度。陈志勇等（2022）[95]提出税收征管要加强自然人作为税收主体的地位，税收治理模式要逐渐向多元治理模式转换，同时要考量产品销售地的税收利益，参与到国际税收治理的进程中，从而推进税收治理模式现代化。

三是企业财务管理转型。杨宇华（2020）[96]从数字经济的特点出发，分析了企业财务管理模式、财务管理任务、财务管理价值改变的必要性，并且从财务管理的理念、财务定位、风险管理、资金管理、业财融合、财务共享服务和财会队伍建设等方面研究了财务管理转型的新思路。张庆龙（2020）[97]分别从整体、效率和数据价值三个视角分析了企业财务共享服务中心进行数字化转型的驱动因素，从整体上看，实现企业内部和外部数据信息的联结和协同是财务共享服务数字化转型的关键任务，不仅包括企业日常运营的数字化，还包括与第三方沟通方式的数字化。徐玉德和董木欣（2021）[98]分别对国有企业财务数字化转型的基本逻辑、框架体系、路径三个方面进行了详细分析，作者认为：在逻辑层面上企业要从技术赋能到数据治理、从效率提升到价值创造和从业财融合到生态建设三个方面实施转型；在框架体系和路径层面，应该通过建设一体化的数字平台，充分整理已有的数据信息，通过财务部门的转型推动整个企业的数字化转型。田高良和张晓涛（2022）[99]深入分析了数字经济对智能财务发展的影响，包括业务数据化、数据标准化、应用智能化、智能可视化、服务平台化；另外还探讨了智能财务赋能企业财务管理价值创造的方式，通过多个维度对数字经济背景下智能财务的发展趋势和模式进行阐释，为企业财务数字化转型框架体系的提出贡献了思路。

（4）数字经济对于供应链与价值链的影响

在供应链方面，数字经济一方面可以提升供应链数据的可见性。希沙姆·拉姆扎乌克等（Hicham Lamzaouek et al.，2021）[100]认为数字时代的定量配给情况可以得到有效改善。一般来说，如果市场上出现产品短缺的情况，企业会追加来自供应商的订单数量，从而促进供应商的产量和库存水平的提升。区块链技术的应用可以避免这种情况，使得供应商可以根据市场实际需求水平同步生产。高洁（2021）[101]认为供应链数字化就是通过应用最新的数字技术从而使传统供应链体系实现转型，主要是以用户需求作为驱动因素，通过多元化的渠道及时获取数据信息，以此来实现供应链整体上的可视化。另一方面，数字经济可以提升供应链整体的协同性。吴浩楠等（2021）[102]指出，供应链与数字化融合而产生的供应链集成服务模式通过充分应用数字信息技术，整合了不同国家、不同企业的优良资源，从而实现包括上中下游的采购、仓储流通、销售服务的全面覆盖，提供集采购、生产、销售、融资等为一体的新型供应链运作模式。

在价值链方面，一方面是数字经济重塑企业价值链。邵婧婷（2019）[103]提出数字化、智能化技术已经渗透到企业价值链的每个环节，包括生产管理、研发、组装以及售后服务等，从商业模式变革的角度系统分析了数字化、智能化如何重塑企业的价值链。朱秀梅和林晓玥（2022）[104]以华为和美的两个集团为案例探讨了企业在进行数字化转型的过程中价值链重塑的基本演化机制，发现数字技术是实现价值链重塑的动因，企业通过技术赋能资源编排可以发现市场上新的需求以及可使用的资源，从而影响企业价值创造的过程，进而重塑企业价值链。另一方面是数字经济赋能价值链攀升。沈玉良和金晓梅（2017）[105]认为国际贸易中数字产品的加入使得传统的利润分配方式发生了改变，全球价值链的运行效率得到改善，数字经济背景下制造业和服务业的转型有助于企业降低生产成本以及提升生产效率。裘莹和郭周明（2019）[106]从网络连接、成本节约、价值创造以及价值链治理四个效应方面深入探讨了数字经济在中小企业价值链攀升中的驱动作用，并且按中小企业在全球价值链中的地位将其进行了分类，从而提出中小企业沿价值链攀升的路径分为四个阶段，分别为初始联结、全面发展、层级跃升和高水平参与。杨慧瀛等（2022）[107]基于 RCEP 框架内国家近 10 年的数据，分析了数字贸易对全球价值链地位提升的影响，发现数字贸易与价值链提升之间是"U"型关系，数字贸易发展到某一阶段之后会推动价值链地位攀升。

（5）数字经济对于企业创新模式与绩效的影响

一方面，数字经济推动企业进行商业模式创新。克劳迪亚和阿诺德（Claudia & Arnold，2015）[108]认为数字经济使得企业的生产技术模式和价值链都发生变化，企业与数字经济融合来创新商业模式能够提升企业的竞争力。凯撒·斯蒂尔等（Kaisa Still et al.，2017）[109]指出创业公司革新商业模式能够使生产者和消费者通过相互作用创造更大的价值，而公司商业模式创新来源数字经济的快速发展。渡边等（Watanabe et al.，2018）[110]对数字经济背景下所有行业的共性进行了探讨，发现企业利用数字经济创新商业模式对企业发展至关重要。王芳（2018）[111]提出我国"互联网＋"商业模式创新主要经历了四个阶段，分别是互联网平台与免费模式相融合、媒体属性与商品内容与社交属性相融合、互联网与O2O产业链相融合、互联网与跨产业生态网络相融合。孙康勇等（2019）[112]认为企业的商业模式由于数字技术的应用从"消费端"变成了"供应端"，数字经济背景下企业商业模式的创新推动了企业管理模式转型。陈剑等（2020）[83]分析了数字化使能和赋能帮助企业创新商业模式的具体路径，从而提升企业的经济效益。

另一方面，数字经济主要通过推动企业数字化转型来影响企业绩效。李丰等（Li Feng et al.，2018）[113]认为随着数字技术的发展和完善，企业不仅可以改善原有的产品和服务，还可以根据市场需求开发出新的业务内容，从而提升企业的绩效水平。戚聿东和蔡呈伟（2020）[114]通过构建衡量企业数字化程度的相关指标分析了企业数字化程度对于绩效的影响，结果发现数字化能够通过推动商业模式创新、降低生产成本率来提升企业绩效，同时会通过增加管理费用来降低企业绩效，总体来看，数字化程度对于企业绩效的影响并不明显。李雪等（2021）[115]从直接作用机制、间接作用机制以及非线性传导机制出发，分析了数字经济对于区域创新绩效的重要作用，并且通过实证检验证实了我国区域创新绩效的提升得益于数字经济的发展。赵滨元（2021）[116]运用空间杜宾模型对2010～2018年361座城市创新绩效和数字经济发展水平相关数据进行分析，发现数字经济不仅能推动当地创新绩效提升，而且对周边城市创新绩效的提升也有重要作用。刘东慧等（2022）[117]以数字化转型的内涵和动因为出发点，分析了企业绩效提升的具体路径，数字化转型可显著提升企业物品流通、产品生产、管理工作效率，大幅度降低企业生产和交易成本，推动企业技术创新和管理模式改革。

1.2.6　数字经济与其他微观主体行为改变机理研究

（1）政府

国内外关于数字在经济改变政府行为的研究主要包括以下四个方面。一是政府参与数字经济的内在动因与内容诉求。林绍君（2015）[118]从纳税服务的视角出发分析了政府税务部门的工作，认为数字信息技术能够解决传统纳税服务模式存在的问题，因此，政府税务部门应将数字技术与税务服务融合，形成数字化税收平台。穆罕默德等（Mohammad et al.，2018）[119]探讨了数字经济和电子政务之间的联系，结果表明两者之间存在正向的双向影响关系。米塞基恩等（Miceikiene et al.，2017）[120]发现随着互联网在经济社会中的高度渗透以及数字技术的快速发展，政府部门应该运用合适的数字技术来厘清复杂的数据信息。李良成和李莲玉（2019）[121]通过扎根理论研究方法将影响政府绩效的因素分为内驱力和外驱力，其中：内驱力是指电子政务治理能力，主要从数字信息技术的开发应用和为人民服务的观念及能力两方面提升政府治理绩效；外驱力是指电子政务治理体系，主要从制度、业务、信息三个层面提升政府治理绩效。

二是政府与企业博弈关系的数字化改变。梁雯等（2018）[122]基于演化博弈对政府、共享单车企业、消费者三者之间的联系进行了分析，发现政府的正常收益、企业遵守规范制度时企业的收益、消费者使用共享单车的成本都与三者实现长期博弈均衡没有关系，政府主要是通过考虑企业不遵守规范制度所导致的环境压力大小以及消费者的举报状况来决定如何规范企业行为。潘定和谢菡（2021）[123]指出一些电商企业利用数据信息的不对称性欺凌信息弱势的消费者，作者通过构建演化博弈模型，发现政府能够通过加大惩罚力度、增强消费者维权意识以及提高监管效率等来制止电商企业的违规行为，从而使政府与电商企业的博弈实现最优。

三是政府与经济社会治理机制的转变。政府的管理理念、治理机制等在数字经济的影响下发生改变，治理能力及效果明显提高。毛万磊和朱春奎（2017）[124]提出电子治理是电子政务发展的新阶段，电子治理的未来发展趋势应该是坚持以改善公众的使用体验和满意度为核心，进一步提升数据信息公开力度，打造一站式在线服务平台，大力发展电子参与。张勋等（2019）[125]提出数字惠普金融在农村的快速发展能够促进农民增收，激励更多的农民参与创新创业活动，有助于农村经济持续增长。同时，政府在治理过程中也遇到一些困难。张腾和蒋伏心（2021）[126]探讨了数字经济时代政府治理过程中存在的问题以及导致其出现的原因，从而对数字时代我国政府部门治理转换机制进行了整理，主要包括八个方面：治理认知更新、治理技术升级、组织结构优化、政府人才建设、政府制度供给、数据知识管理、监督主体调整、外部环境营造。马述忠和郭继文（2020）[127]分别从技术、贸易、金融、政务以及安全五个方面探讨了数字经济对全球治理带来的有利及不利影响，作者发现在全球治理的过程中，数字时代治理的议题、主体、目的、逻辑等与以往相比没有太大变化，变化比较大的是影响因素、国际格局、侧重领域、治理路径等方面。

四是政府参与国际行为的数字化改变。陈超凡和刘浩（2018）[128]认为中国应该积极参与国际数字贸易，加快发展数字经济，使中国模式和国际标准实现完美对接，作者从而提出4条对策，分别是加强顶层设计与创新驱动、充分发挥比较优势与扩展新兴领域、完善我国法律制度、积极参与全球数字贸易规则制定。庄怡蓝和王义桅（2018）[129]指出中国应该在开放包容互相信任的发展背景下，加强网络基础设施建设、布局网络安全体系、制定数字经济国际规则、发展电子商务跨境联通、培养国际数字人才。

（2）消费者

数字经济驱动消费者行为改变，体现在以下三个方面。

一是消费者的消费模式发生变化。杨继瑞等（2015）[130]认为数字时代的消费模式与传统消费模式相比，不仅具有良好的互动性、结构合理性，还具有消费无边界性、分享性和自主性，有助于促进消费。马香品（2020）[131]提出物质产品的丰富导致了消费的品牌多样化与时间碎片化，线上与线下融合的消费路径能够提升传统消费质量；同时，数字经济对消费者的信息传递模式、心理情景模式与需求动能模式产生了颠覆式影响。张峰和刘璐璐（2020）[132]指出基于互联网和数字技术的数字化消费正逐渐改变传统消费模式，消费将体现在社交、兴趣、娱乐等多个方面，从单一化向多元化转变，更好地满足消费者的需求。

二是消费者的行为和福利发生变化。崔光野和马龙龙（2020）[133]指出数字经济时代背景下消费者行为逐渐从应用性、功能型、一次性、个体消费向体验性、数据型、持续性、社群消费转变。龚雅娴（2021）[134]指出线上与线下销售在数字时代同时存在，这导致了两种新型消费模式的出现，分别是先到实体店铺了解产品再去网上购买的"展厅现象"模式和先从线上商店搜索产品信息再去线下实体店购物的"网络体验"模式。李向阳（2019）[135]基于全球主要数字产业市场集中度情况探讨了数字经济市场集中度较高的原因，进而分析了其对消费者福利的影响，发现高度集中的数字经济一方面会对消费者接受服务的价格和质量产生直接影响，另一方面会对企业提供的产品服务产生间接影响。

　　三是消费者隐私保护成为值得关注的问题。阿拉绍尔等（T. Alashoor et al.，2017）[136]提出网络用户在披露隐私信息时会感到担忧，对隐私较为重视的用户会减少披露隐私的行为，同时会对隐私信息披露的准确性产生负面影响。张玥等（2018）[137]根据隐私计算理论证实了移动社交网络用户对隐私程度关注越高，则其愿意披露隐私的情况越少。不过，哈勒姆和扎纳拉（C. Hallam & G. Zanella，2017）[138]认为用户的隐私关注度对于隐私披露行为没有直接的影响。基斯等（M. J. Keith et al.，2012）[139]对此作出了解释，指出消费者在披露个人隐私前会衡量风险和收益，当披露隐私的收益高于风险成本时，消费者会选择披露个人信息。另外，还有学者对影响消费者隐私披露行为的影响因素进行了研究。相薨薨等（2017）[140]构建了在线支付背景下影响消费者个人隐私信息披露因素的模型，并运用结构方程对其进行验证，发现消费者信任水平、披露敏感信息的环境、披露敏感信息的收益和风险都能影响消费者隐私披露意愿。刘百灵等（2017）[141]认为移动购物用户披露个人隐私的意愿受到隐私担忧、信任、感知满意度等因素的影响。李贺等（2018）[142]通过实证研究发现，感知收益通过影响用户最新意图成为影响社交媒体用户在隐私信息披露方面的重要因素。

（3）平台企业

数字经济驱动平台企业行为改变。现有研究主要包含以下三类。

一是数字经济重塑平台企业供应链。刘睿智等（2019）[143]通过探讨区块链技术的去中心化、分布式存储以及数据安全性等特点，认为充分利用区块链技术能够解决供应链中存在的问题，通过对供应链进行重塑，不仅能够促进交易公平，还能提升决策的正确性。耿子涵（2022）[144]提出互联网平台企业存在供应链融资覆盖领域小、资金供给能力低、信用风险高等特点，因此应该创新供应链金融模式，创新金融产品，加快数据融通，互联网平台要覆盖更多链条，提供一站式服务，同时政府应在政策及资金优惠方面推动互联网供应链金融的健康发展。

二是平台市场支配地位的认定。吕明瑜（2011）[145]提出互联网平台行业的网络效应、锁定效应等对于平台市场支配地位的认定有重要影响。李丹（2015）[146]根据互联网对平台市场支配地位的影响提出了三条建议：在进行相关市场界定时要改善传统的替代性分析法和假定垄断者测试法；在确定市场份额时应具有前瞻性，并且要以销售数量取代销售额作为确定市场份额的基础；还需要重视由于冒尖和锁定导致的市场进入壁垒。许光耀（2018）[147]指出互联网平台企业的边际成本与传统产业相比非常小，因此以往的支配地位认定方法无法使用，同时网络效应和锁定效应产生较高的转换成本导致消费者"别无选择"，影响支配地位认定的主要因素也在于此。邹开亮和王霞（2021）[148]认为

平台市场支配地位的认定主要与技术创新、双边市场、跨界经营
以及用户黏性等有关。

三是平台垄断规制。石先梅（2021）[149]基于数据及数字技术
竞争、垄断租金的形成等方面探讨了平台企业存在违规行为的原
因，发现企业通过数据竞争得到的数据租金是垄断形成的主要原
因，政府在进行垄断规制的过程中应该考虑到数据竞争的效率。
孙晋（2021）[150]提出以往的反垄断规则不适用于数字平台的新
特征，应当根据数字平台的特征对反垄断规则进行合理的调整。
周文和韩文龙（2021）[151]指出我国平台经济的持续稳定增长重
点在于怎样处理平台垄断与数字税问题，因此，政府要从平台经
济领域的反垄断法则的制定和执行、创新监管模式和管理体系等
几个方面加强反垄断治理。

（4）电商

数字经济驱动电商企业行为改变。现有研究主要包含以下两
个方面。

一是学者们关于跨境电商销售模式展开了研究。王楠等
（2018）[152]认为跨境电商主要解决的就物流、信息流、资金流的
流通问题，通过构建三要素电子商务模型，作者将我国的跨境电
商分为四种模式，分别是平台式、自营式、综合服务商式、保税
进口式。张夏恒（2017）[153]按照交易的主体属性，将跨境电商
分为 B2B、B2C、C2C 三类；按照平台经营产品类别分为垂直型
和综合型两类；按照产品流动方向分为跨境进口与出口电商两
类。郑暖和杨莳（2018）[154]分析了跨境电商企业的四种销售方

式，分别是海外搜索引擎营销、海外社交媒体营销、海外电子邮件营销模式以及大数据营销趋势。姜菁斐（2018）[155] 指出跨境电商企业即使与海外品牌相比存在优势，也很难在海外拓展品牌，因此必须要运用更精细的管理来提升企业竞争力，作者认为可以利用"国内团队 + 海外公司 + 海外仓囤货 + 本地渠道"的模式提升海外竞争力，即"B2B2C"的链条发展模式。

二是一些学者对互联网平台下的电商直播销售模式进行了研究。张天莉和罗佳（2019）[156] 认为网络用户对于"短视频 + 电商"的接受意愿很高，短视频电商已经成为短视频变现的新趋势。郭雅文和肖筱（2019）[157] 基于我国网红经济的发展现状分析了"电商 + 直播"销售模式的发展现状，根据其发展瓶颈提出了相关建议。汤思琦（2020）[158] 对于直播带货的兴起与发展进行了详细的分析，认为电商直播销售模式具有依赖主播引流、观众消费者身份重叠、供应链向数字化转型三个特点。吴景美（2020）[159] 把网络直播的商业模式分为了四类：第一视频直播和消费者打赏结合的传统直播平台运营模式；第二电商直播，也就是所谓的直播带货；第三音频直播；第四直播和橱窗相结合，例如抖音直播中主播可以通过开设橱窗功能让消费者在直播间直接购买产品。

1.2.7 文献评述

从国内外现有的研究成果来看，有关数字经济的优秀研究成果有很多，在数字经济内涵和特征研究上，国内外学者和相关研究机构从多种视角阐述了数字经济的内涵和特征，丰富了人们对数字经济的认识。在研究数字经济的经济增长效应、数字经济的影响因素上，现有的文献为本书的研究提供了较好的分析思路，但是也存在不足之处，需要进一步完善。

第一，在数字经济对经济增长的影响机理上，现有文献多是从三大变革、宏观微观、五大发展理念角度阐述了数字经济对经济高质量发展的影响，而直接探讨数字经济促进经济增长内在机理的研究成果略显不足，数字经济在长期中以何种机理如何影响经济增长有待进一步探究。

第二，在数字经济与经济增长效应研究上，多数学者研究了信息技术、软件产业以及互联网等相关产业对经济增长的影响，也有学者初步分析了数字经济对区域经济的影响，但是现有的文献在分析区域间的数字经济发展不平衡问题以及门限特征上的深度还略显不足，在研究数字经济的经济增长效应、区域间的数字经济差异问题上还有很大的探索空间。

第三，在数字经济影响因素识别上，国内外大多数研究成果集中在 ICT 产业、互联网产业等相关产业上，部分学者通过构建数字经济指标体系，运用灰色关联法分析数字经济总指数与分指数之间的关联度，也有学者初步采用了空间计量方法，但是现有的研究成果多是单独分析数字经济内部或外部影响因素，所用的研究方法略显单一。

因此，在现有研究的基础上，本书把研究的重点放在了系统分析数字经济的经济增长效应以及数字经济的影响因素上。本书以"微观—中观—宏观"的分析框架为基础，阐述了数字经济对经济增长的影响机理，利用 2015～2018 年的相关数据探究了中国 267 个地级市数字经济的经济增长和门限特征。然后，将空间计量模型和灰色关联分析法相结合，探究数字经济的影响因素。

1.3　理论依据

1.3.1　内生经济增长理论

在早期，对于研究信息技术与经济增长两者关系问题来说，国内外学者较多运用的是新古典经济增长理论，它强调的是对于某个生产函数来说，规模报酬是不变的，通常情况下，也会出现要素边际产出逐步降低的现象。在实际分析中，该理论规定要使技术要素独立于总资本，在研究影响经济增长的问题时，技术要素、人力要素是外生的。随着研究的不断深入，有些学者发现该理论在分析经济、资本和全要素生产率反向变动现象时存在不足，于是，越来越多的学者转向内生经济增长理论的研究。从 20 世纪 80 年代开始，在阿罗（Arrow）、卢卡斯（Lucas）和罗默（Romer）等的不断探索下，内生经济增长理论逐渐发展起来，该理论认为，在分析经济增长问题时，技术进步是内生变量，其对经济增长起着至关重要的作用。该理论不仅较为有效地缓解了新古典经济增长理论中技术要素面临的困境，充分强调了技术和知识在推进经济发展上发挥的关键力量，而且基于该理论的相关政策建议也更加合理。

当前，数字经济产生的渗透作用已遍及各国政府，数字经济区别于传统经济的关键特征在于它强调的是数据要素对社会带来的影响，在这种环境下产生的创新，正在越来越多的领域内逐步涌现，整个社会的数字化、智能化水平有了明显进步。另外，相较于传统生产要素，如土地、劳动力要素，数据要素凭借着易储存、不受时空限制可重复使用等优势，逐步推进经济的发展，数据信息及其传送手段在优化和提升生产率上也发挥着重要作用。

1.3.2　技术—经济范式

20世纪80年代，卡洛塔·佩雷兹（Carlotta Perez）对技术—经济范式理论做了初步阐述，指出在技术革命的发展浪潮下，技术—经济范式是一种接近完美的实践方式，构建技术—经济范式需要满足的基本条件有基础要素的转移、创新的影响以及严格的组织规则。对于技术—经济范式而言，它强调在技术创新的作用下，不断优化技术结构，进而对整个社会的经济环境、运行方式产生较为深刻的影响。数字经济关注的是数字技术的运用，特别是数字技术与传统行业、政府治理等方面的融合。由此可知，基于技术—经济范式研究数字经济的发展是很有必要的。

数字经济范式的特征主要有以下几点。

第一，大数据是保障经济良好运行的新动力。人们通过数字技术或数据平台搜集到的数据量有着井喷式递增的特征，由此产生了大数据一词。数据要素的优点主要体现在流动性强、易复制和保存等。在人们工作、娱乐等过程中，随时都在产生着数据信息，企业可以借助数字技术，整合分析搜集到的数据，提高企业的市场占有度，进而创造更多的价值，构建特有的价值链。

第二，数字技术的进一步革新推动着整体社会的前进。大数据、人工智能等新型数字技术在三大产业发展中创造了越来越多的财富，也进一步使传统产业的竞争力有了显著进步。例如，在工业上逐步推广新一代数字技术，提高产品的"智商"，在现有两化融合水平的基础上，加快两化融合的发展步伐，进而加快工业转型。另外，在不同新技术的交互影响下，技术系统的运行能力得到提升，在这种发展态势下，可以抓住时机，进一步推动数字经济范式的内部创新迈向一个新的高度。

第三，完善的数字基础设施为经济健康运行提供了强力支撑。对于工业和农业时代来说，基础设施建设主要指的是物理基础设施，如公路等交通建设。在数字经济发展浪潮下，基础设施建设所指的内容更加丰富，不仅需要投入足够的资本建设4G、5G、新基建等数字基础设施，而且也要将更多的数字技术引入到以往的物理基础设施建设中去，对其进行优化升级。数字技术的快速发展为提升经济水平奠定了良好基础。例如，在大数据背景下，网络平台扮演着重要角色，消费者和厂家可以利用平台实现直接交易，这不仅可以降低生产要素成本，也能提高交易效率。另外，厂家可以通过大数据平台了解消费者的偏好信息，精准定位，进而在强化消费者满意度和公司知名度上更进一步。

1.3.3　数字经济三大定律

在数字技术与传统经济的融合发展过程中，梅特卡夫法则、摩尔定律、达维多定律对数字经济的发展有着重要影响，能够激发数字经济活力，促使其实现跨越式发展，这也是数字经济区别于传统经济的重要体现。

（1）梅特卡夫法则

20世纪90年代初期，乔治·吉尔德对网络技术、价值的定律作了初步阐述，在此基础上，梅特卡夫对该法则进行了整合和最终的命名。梅特卡夫法则可以理解为利用节点距离、互联网用户数量等，分析企业的网络价值，互联网用户数越多，计算机的网络价值越大，且这种价值影响呈现指数式递增的特点。

由梅特卡夫法则可知，随着网络平台设备的逐步完善和网民数量逐步增加，可获得的数据信息呈现爆炸式增长的趋势，借助数字手段分析处理这些数据，可以创造更多的价值，可以有效指导企业进行科学决策、精准营销、降低国际化管理成本。同时，在该法则的指导下，也会出现一些负面现象，如网络平台具有正外部性的显著特征，拥有数据优势的平台经过一系列发展会形成自然垄断，长此以往，容易出现"赢者通吃"的局面，对社会整体福利水平的发展有不利影响。

（2）摩尔定律

20 世纪 50 年代末，半导体制造工业以及平面工艺的快速发展为摩尔定律的出现奠定了较为坚实的技术基础，这一定律的早期原型是戈登·摩尔（Gordon Moore）在 1965 年发布的一篇评论报告，报告的主题是让集成电路填满更多的元件。该定律主要说明了信息技术进步的速度，分析的是当价格水平保持不变时，集成电路集成度与性价比的关系。

在数字经济发展浪潮下，人们进入了万物互联的新时代，通过数字平台可以获取到与人们相关的行为信息，数据量呈现指数增长。对于数字经济来说，数字技术的计算能力每过 18 个月就会提高 1 倍，但是，在此过程中产生的宽带等成本却是逐步降低的。例如，在 2005 年，IDC 公司首次对数字经济规模进行了测算，数据量为 32EB，到 2016 年，数据量扩大到 16ZB，经过 10 年左右的发展，总量翻了将近 1000 倍。由此可以看出，数据要素的增长趋势与该定律相符合。

（3）达维多定律

达维多定律最初的提出者是美国学者莫顿，后来，英特尔（Intel）副总裁达西多（Daxidow）将其命名为"达维多定律"。达维多定律的内容可以概括为：对于各个公司或行业来说，如果研究的初代产品投入市场，可以占据市场的一半份额，在市场中占据着有利地位，但是，产品面对的市场形势是不稳定的，企业要抓住时机进行创新，及时淘汰过时的产品，推陈出新，为企业创造更多的财富，进而提高企业的价值和竞争力。该定律进一步指出，随着这种优胜劣汰现象的不断演进，会进一步引发马太效应。

在数字经济时代，最早进入市场的企业，通过发挥数据要素的共享性、可复制性、外部性、边际成本递减、边际收益递增等特性，能够快速占据市场份额，而采取跟随策略进入市场的企业，所拥有的市场份额以及可能获得的利润都远低于最先进入的企业。根据达维多定律，市场领导者要勇于淘汰旧产品，加强自主创新，掌握新市场的主动权。

1.4　研究对象、思路和方法

1.4.1　研究对象

本书的研究对象是数字经济发展对经济增长的作用效果以及数字经济发展的影响因素识别，具体来说，主要涉及两个层面的问题：一是基于数字经济促进经济增长的影响机理，运用面板数据模型和面板门限模型探究 DEI 对 PGDP 的影响效果；二是运用灰色关联分析法和 SAR 模型探究影响数字经济发展的内部因素和外部因素。

基于前文的文献分析，学者们以及相关机构对数字经济内涵的理解主要有以下四种：从范围角度定义数字经济、从结构角度定义数字经济、将数字经济视为一种经济活动以及将数字经济视为一种经济社会形态。结合国内外学者以及相关机构在这一方面的研究成果，在充分考虑国内数字经济发展现状以及数字经济基本特征后，本书认为数字经济的内涵可以表述为：与传统经济发展模式相比，数字经济的新特征日益明显，它充分发挥大数据的影响力，通过网络平台以及多样的数字技术发展平台经济和共享经济，进而推动数字技术与整体社会的深度融合发展。

本书依据国家统计局发布的相关报告[160]，并结合对数字经济内涵和特征的理解，将数字经济的范围概括为以下两点：一是数字经济核心产业，这些产业的逐步发展和壮大为数字经济未来发展提供了有力支持，主要包括 4 个大类和 23 个中类，如计算机制造、数字产品批发、零售和维修、互联网金融、雷达设备制造等；二是产业数字化部分，逐步强化数字技术与三大产业的结合程度，助推传统产业的升级转型，进一步实现产量和效率的提升。通过上述概括和分类，可将数字经济具体划分为智慧农业、数字商贸、数字金融等九个部分。例如：在数字政府建设方面，开放公共数据、打造标准化的服务体系；在智能交通建设方面，充分发挥物联网等技术优势，构造多层次的智能交通系统，强化其对公共交通、收费系统、车辆监管、设施检测等环节的影响力；在数字社会建设方面，发展网络教育、在线医疗，通过网络平台进行慈善、福利等活动。

1.4.2　研究思路

本书首先对数字经济、经济增长等内容进行介绍，通过阐述数字经济对经济增长的影响机理及数字经济发展现状，对2015～2018年全国267个地级市数字经济的经济增长效应进行实证分析，并探究其门限特征，进一步分析影响数字经济发展的主要因素，最后从结论出发，提出了改善数字经济发展不平衡、加快数字经济发展的政策建议。

本书共分为十个部分，具体内容如下。

第一部分：绪论。首先，对本书的研究背景和意义进行概述；其次，从数字经济的内涵、特征、影响因素以及经济增长效应等方面对相关研究成果进行归纳、总结，进一步说明理论依据；最后，介绍了本书的研究对象、思路等。

第二部分：中国数字经济发展现状及困境。从数字经济占比、数字基础设施、数字政府等层面分析了中国数字经济发展现状，进一步探究了数字经济发展的主要困境。

第三部分：数字经济发展推动经济增长的影响机理。从宏观、产业结构升级优化、区域经济发展、城镇化层面分析了数字经济发展推动经济增长的影响机理。

第四部分：数字经济发展的经济增长效应识别。基于2015～2018年267个地级市的样本数据，使用Stata16.0构建面板数据和门限模型，对全国总样本以及地区分样本数字经济发展对经济增长的影响程度进行分析，并对区域间的数字经济差异进行解释，进一步揭示其门限特征。

第五部分：数字经济发展的影响因素识别。基于 2019 年全国 31 省的样本数据，使用 Stata16.0 构建空间截面计量模型，探究全国总样本以及地区分样本数字经济发展的影响因素，并对数字经济发展的空间特性进行描述；进一步运用灰色关联分析法对数字经济发展的内部影响因素进行识别，即分析数字经济总指数与各个分指数之间的关系。

第六部分：数字经济驱动企业行为改变的机理分析。从企业战略管理、企业存货管理、企业财务与税收、企业价值链、企业商业模式创新与绩效、企业网络结构关系的改变方面阐述了数字经济驱动企业行为改变的影响机理。

第七部分：数字经济驱动政府行为改变的机理分析。从政府参与数字经济的内在动因、内容诉求、政府与企业博弈关系的数字化改变、经济社会治理机制的数字化改变、政府参与国际行为的数字化改变方面阐述了数字经济驱动政府行为改变的影响机理。

第八部分：数字经济驱动消费者行为改变的机理分析。一方面分析了数字经济时代消费者的核心地位以及消费者行为的新特征，另一方面分析了数字经济对消费者福利、消费者个性定价、消费支出、消费者权益保护的影响。

第九部分：数字经济驱动其他市场主体行为改变的机理分析。这一部分主要分析了数字经济是如何驱动平台企业行为、电商行为发生改变的。

第十部分：研究结论与展望。立足研究结论和困境，从强化数字人才支撑等方面提出政策建议，进一步指出本书的不足之处以及未来展望。

1.4.3　研究方法

(1)　面板数据模型

面板数据模型在缓解遗漏变量等难题上占有比较优势，它对所能获得到的样本容量没有特别严格的要求，同时，它在一定程度上可以刻画出难以观察到的因素所产生的影响和效果。本书通过 Stata16.0 构建面板数据模型，对全国总样本以及地区分样本数字经济发展的经济增长效应进行分析。

(2)　面板门限模型

为了保证结果的可靠性，本书后续分析进一步使用门限模型，该方法是分析非线性问题的常用方法，具有强稳健性和广泛的适用性。本书以 DEI 和 UR 为门限变量，探究在不同的 DEI 和 UR 下，数字经济对于经济增长的非线性影响。

(3)　空间计量模型

空间计量模型在分析处理数据的空间依赖性及异质性上有很大优势，能够刻画出空间溢出的影响方向。考虑到本书所选样本数据可能存在空间依赖性，使用 Stata16.0 构建空间截面计量模型，探究全国总样本以及地区分样本数字经济发展的影响因素，进一步对数字经济发展的空间特性进行描述。

（4）灰色关联分析法

该方法经常被用来研究某个系统发展和变化的趋势，并对内部因素发生的变化做定量描述和比较分析，进一步对各个因素间、因素与系统间的联系程度作判断。它对数据量的要求比较宽松，可以有效克服小样本、信息不明确的问题。一般来说，当参考数列与比较数列的关联度较大时，它们的方向、速度等就比较相近，联系就越紧密。本书运用该方法，对数字经济发展总指数与四个分类指数进行灰色关联度测算，分析影响数字经济发展的内部因素。

1.5　创　新　点

第一，在数字经济对经济增长的影响机理分析上，从宏观、产业结构升级优化、区域经济发展、城镇化层面分析了数字经济发展推动经济增长的影响机理，也对数字经济驱动企业行为、政府行为、消费者行为、其他市场主体行为发生改变的影响机理进行了分析。

第二，在数字经济的经济增长效应识别上，基于 2015～2018 年 267 个地级市的样本数据，对全国层面、东部和中西部城市、大城市和中小城市、中心城市和外围城市的分样本数据进行实证分析，探究不同地区数字经济发展对经济增长的影响程度，并对区域间的数字经济差异进行解释；以 DEI 和 UR 为门限变量，进一步揭示其门限特征。

第三，在数字经济的影响因素识别上，基于 2019 年全国 31 省（区、市）的样本数据，使用空间计量模型与灰色关联分析法分析影响数字经济发展的外部因素和内部因素。一是通过空间相关性分析和模型选择，将 OLS 模型和 SAR 模型相结合，从全国、东部和中西部层面探究数字经济发展的影响因素，并对数字经济发展的空间特性进行描述；二是使用灰色关联分析法对数字经济发展的内部影响因素进行分析，分析全国、东部和中西部层面数字经济总指数与各个分指数之间的关系。

2

中国数字经济发展现状及困境

近年来，中国数字经济发展呈现良好态势，数字经济占GDP比重逐步提升，数字基础设施逐步完善，数字产业化和产业数字化进程逐步深入，数字政府和数字社会建设速度逐步加快。与此同时，中国数字经济的进一步发展也面临着许多困境，如地区数字经济差异明显，复合型数字人才短缺、信息安全问题突出等。新时期下，立足于国内经济发展环境以及数字经济发展困境，提升全国数字经济发展水平是至关重要的。

2.1 数字经济发展现状

2.1.1 数字经济占GDP比重逐步提升

随着新一轮科技革命的到来，国内数字经济发展劲头迅猛，在中央和地方政府逐步加快数字建设的大环境下，数字经济总体规模也在逐步壮大。随着大数据、物联网、云计算等数字技术与整个社会联结越来越紧密，公共服务、电子政务等领域的发展前景得到了优化，通过贴近民生，满足人们的需求，可以进一步释放生产力，激发各个主体参与经济建设的积极性。数字经济作为一种核心驱动力量，正在为助推经济更好更快发展提供源源不断的动力支持。

据相关数据显示，全国数字经济总量在 2020 年增长到了 40 万亿元左右，相当于 10 年前数字经济总量的 5 倍多，由图 2.1 可以看出，近年来，数字经济总量占 GDP 的比重逐年提升，由 2015 年的 27% 增长到 2020 年的 38.6%，提高了将近 12 个百分点。这表明数字经济这一中坚力量在提升国家总体经济实力上发挥的作用至关重要，是助推经济增长的新引擎。

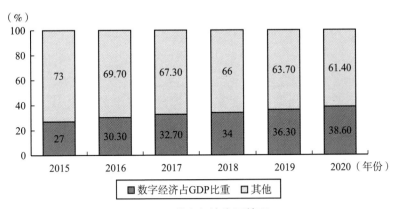

图 2.1 数字经济发展情况

数据来源：中国信息通信研究院。

2.1.2　数字基础设施逐步完善

为更好地融入数字经济新环境，我国逐步加大在互联网资源建设方面的投入力度。根据 CNNIC 在 2021 年发布的报告[161]，全国 IPv4 地址已达到 39319 万个，总数比上年增加了 412 万个；互联网宽带接入端口为 9.82 亿个，同比增长 5.4%；移动电话基站为 948 万个，同比增长 8.1%，这些互联网资源在推进数字经济发展进程中发挥着重要作用。另外，报告进一步指出，全国互联网普及率为 71.6%，相较于 2020 年提高了 4.6%，手机上网占比高达 99.6%，表明数字基础设施建设步伐逐步加快，为扩大网民数量奠定了坚实基础。

2.1.3　数字产业化和产业数字化进程逐步深入

数字产业化强调的是要充分发挥数字技术的影响力，强化互联网、软件、信息技术等产业的创新意识，加快新模式的应用。产业数字化强调的是通过将数字技术运用到传统三大产业，助推三大产业的转型，进一步实现产量和效率的提升。这两个方面的建设在加快转变经济发展方式、推动社会转型上有着重要影响。如图 2.2 所示，2015～2020 年我国数字经济内部结构变化幅度较为稳定，但是从总量上看，2020 年两者所占比重相差将近 62%。这说明数字技术对传统产业的贡献在数字经济发展过程中占据主导地位，进而带动经济的增长。

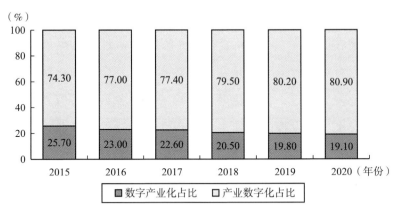

图 2.2　数字经济内部结构

数据来源：中国信息通信研究院。

　　近年来，通过发挥数字核心产业的核心优势和影响力，数字经济的技术基础得到了有效巩固。根据《中国数字经济发展白皮书》，截至 2020 年，全国电信业务收入总额为 1.36 万亿元，较 2019 年增长了 3.2%；全国行政村 4G 和光纤覆盖范围已经超过 98%；软件和信息技术服务业发展趋势较为稳定，实现的软件业务收入较 2019 年增长了 13.3%；互联网和相关服务业创收 1.3 万亿元，增速与 2019 年相比有所下降。

　　图 2.3 是 2016～2020 年数字经济对三大产业的渗透率，可以看出，三大产业数字经济占整个行业增加值的比重逐年提升，说明数字经济与传统产业的融合程度是逐步深化的。产业数字化的发展状况可以概括为以下几点：一是在农业数字化上，国家通过政策扶持，不断完善农村基础设施、推进智慧农业和建设，强

化互联网与特色农业的结合程度，推动农村新业态和共享经济的发展。据有关数据显示，在疫情期间，阿里巴巴、字节跳动相继开展电商助农活动，淘宝、天猫利用网络平台，共销售了12.5万吨滞销农产品[162]，缓解了农民面临的滞销难题，也为农民带来了较为可观的收入。二是在工业数字化上，全国两化融合水平增长速度较为稳定，在两化融合影响下，服务型制造等新模式逐渐发展起来，其发挥的效能主要体现在：通过优化企业在创新发展、顾客满意度等方面的能力，进而提高核心竞争力。三是在服务业数字化上，智能交通、智能物流等新业态新模式的快速发展有助于释放产业红利，是推动数字经济发展的新动能。据中国互联网络信息中心研究数据显示，近年来互联网应用发展态势迅猛，网民群体逐渐壮大，截至2021年6月，外卖、在线医疗和办公的网民数量增加最快，网络支付和购物用户数分别为87221万人、81206万人，使用率均比2020年增长了0.6%，网络视频、直播、游戏等娱乐类应用也有着良好的发展前景。

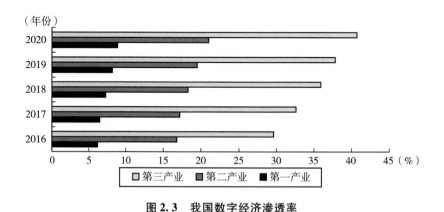

图2.3　我国数字经济渗透率

数据来源：中国信息通信研究院。

2.1.4 数字政府和社会建设速度逐步加快

加强数字政府建设，是提高国家治理能力的一项重要任务。近年来，国家出台了加快数字化转型的各项政策，为建设电子政府、"一站式"政府等创造了良好的发展环境，通过积极落实相关政策，加大数字政府建设的投入力度，推进政务服务线上化，实施"一网通办""跨区通办"等，使得政府服务能力进一步提升。根据 CNNIC 在 2021 年发布的报告[163]，全国政府网站数量在 2020 年末达到 14444 个，开通栏目数量 29.8 万个，政务机构微博数量达到 140837 个，政务头条号、抖音号数量等政务新媒体的发展有效推进了数字政府建设进程，提高了政府决策的科学性和透明度。

党的十九届五中全会指出，要在培养和提升公民的数字素养上下功夫，通过发挥数字技术的优势，推动整体社会的数字化发展，进而提高信息服务的覆盖率，努力实现生产、消费、娱乐等各个领域全覆盖。近年来，各级政府借助数字技术加快城乡发展步伐，探索实施新型治理模式，根据域情或省情，立足实际，采取差异化策略。如浙江省积极建设"城市大脑"，道路拥堵情况得到显著改善，平均每天可自动发现 3 万多起警情，真实性高达 95%；甘肃省推行城乡网格化管理，扩大"网格化＋信息化"的覆盖度，提升了管理效率和民众满意度。

2.2 数字经济发展的主要困境

2.2.1 地区数字经济差异明显

近年来，各地区数字经济发展势头较好，数字经济总规模逐步壮大，2020 年全国共有 21 个省市的数字经济规模突破 5000 亿元，各地区的增速均在 5% 以上。但是，地区间的数字经济差异依然存在，主要体现在两个方面：一是省域层面，赛迪研究院的数据显示[164]，全国数字经济发展水平均值为 29.6，省份最高值和最低值分别是广东（65.3）和西藏（8）。另外，数字经济发展进程可以划分为起步、发展、追赶、新秀和引领 5 个阶段，处于起步阶段的有西藏和青海 2 个省份，处于发展和追赶阶段的有将近 2/3 省份。可以看出，对于不同阶段的省域而言，数字经济水平的差距是比较大的。二是城乡层面，相比于其他城市和乡村，一线、新一线和二线城市有着雄厚的经济、产业基础以及充足的资源要素，进而为数字经济的快速发展提供了各种有利条件。考虑到地区的数字经济水平与经济实力是紧密相关的，往往经济越发达的地区数字经济发展越快，且数字经济对经济发展也有着推动作用，在这种发展趋势下，数字经济差异会更加明显。

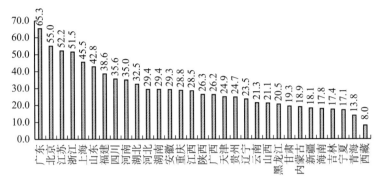

图 2.4 2020 年数字经济发展指数

数据来源：CCID 赛迪。

2.2.2 复合型数字人才短缺

在推动企业数字化转型上，充足的数字人才资源是至关重要的。对于那些借助数字技术逐步成长的企业来说，对复合型数字人才的需求非常迫切，而市场上往往会出现人才供不应求的局面。据有关资料显示，上海和北京是数字人才数量最多的地区，全国数字化人才的地域分布有着"南强北弱"的特点。在数字人才职能的分布上，全国从事产品研发工作的人员比重为 87.5%，仅有 4.5% 左右的人员从事大数据、先进制造等工作，数字人才缺口是比较大的[165]。另外，当前的教育体系没有充分融入数字经济大环境，学校的学科设置、教学手段等方面较为陈旧，在学生数字素养、创新能力以及数字技术普及率方面有待提升，且国内对数字人才的吸引力不足，有近 6 成的人工智能专业的学生愿意去美国进行研究生阶段的学习，毕业后留在国外就业的占比高达 88%。与发达国家相比，我国在培养跨界融合性数字经济人才上还有很大的发展空间。

2.2.3 信息安全问题突出

近年来，数字技术已经运用到社会的多个领域，为人们提供了许多便利。但是，网络环境较为复杂，信息安全问题时有发生，网络诈骗、个人信息泄露等安全隐患损害了人们的切身利益，也会影响数字经济发展的大环境。根据 CNNIC 在 2021 年发布的数据，在全国网络用户中，有 22.8% 的用户个人信息被泄露，有 17.2% 的用户遇到过网络诈骗，有 9.4% 的用户设备遭病毒入侵，有 8.6% 的用户账号或密码被盗，也有超过 6 成的网络用户表示最近半年没有遇到网络安全问题。可以看出，强化网络安全措施，提高人们的防范意识，对于新时期数字经济的发展至关重要。

3

数字经济发展推动经济
增长的机理分析

3.1 宏观层面

在宏观层面上，数字经济可以通过提升技术水平以及政务服务水平助推经济的增长，主要体现为要素配置效率改善、要素组合升级、生产效率提高，以及政府转型升级所构建的良好的制度环境。

3.1.1 要素配置效率改善

在数字经济时代，生产要素将不仅仅限于最简单的土地、劳动、资本等，还包括数字化的知识和信息。具有强大的溢出和渗透效应的数据已经成为新的核心生产要素，并且由于数据强调要素的数字化，富含知识与信息的数据资源对其来说不可或缺。数据要素可无限重复地利用、可实现即时信息共享，且规模报酬也是连续递增的，能够全面克服传统生产要素的稀缺性和排他性，突破传统的资源约束与生长极限，借助相关数字技术对获得的数据进行分析整理，可以挖掘出更丰富的内涵和价值。数据和信息不仅可以直接投入生产，还可以与劳动、资本等传统的生产要素相融合，从而实现与其他要素相互作用、相互促进、相互补充，提高传统生产要素的生产效率。政府和企业能够充分利用社会闲置资源或将资源分配运用至其他边际产出能力更高的生产要素上，从而增加产出，使实际产出逐步接近理想的社会产能，这是目前在假定社会现有生产技术、生产效率函数、要素总量等参数不变的条件前提下实现经济跨越式增长的一条主要可行路径，该路径能够在数字经济时代存在的一个主要原因还是得益于资本市场及微观经营主体积极使用互联网、大数据等数字信息技术对自身进行全面转型及升级后带来的产品市场规模效应扩大，以及整体交易环节成本上的进一步下降。

一方面，随着信息与通信技术大规模的扩散与应用，数字经济将与实体经济深度地融合。目前，数字技术已经成功催生了智能制造、个性化产品定制、网络化供应链协同、服务型制造模式，被广泛深入地应用到了生产制造领域，并且逐步扩散到能源、交通、农业生产等实体经济的各个领域。数字技术融合发展程度较高企业的生产成本往往会具有以下特点。一是有较高的固定成本。由于早期引进的数字技术往往需要先投入大量的具有高知识水平的各类专业人才以及配套必要的数字基础设备，前期的开发以及新产品研制的物资投入和员工薪资等都要求比较高。二是较低的边际成本。在数字经济时代，企业研发出具有数字化属性的产品会具有一定程度的网络外部性；另外，随着 ICT 应用技术水平的日益进步，数字产品和服务的市场价格正在不断地下降，传统产品会逐步被数字产品所替代。当用户数量突破了临界阈值后就会自动产生马太效应，使头部企业的行业地位更加稳固，从而提高企业的经济效益。企业的这种具有高固定成本和低边际成本的特点使得企业有动力去不断扩大其产业规模和经济影响力，从而能在长期发展中持续降低其平均生产成本。随着用户规模的逐步扩大，企业也在不断向自然垄断方向靠近，因此往往可以看到许多数字化产品的细分市场基本上都是寡头垄断市场或垄断市场，例如即时通信领域的腾讯，以及网络消费电商平台领域的淘宝、京东等。

另一方面，在交易发生的整个过程中，市场摩擦的大量存在会直接产生交易成本。而数字信息技术具有的连接功能可以将交易双方的供求信息转化为数据，从而在很大程度上提高交易双方搜集信息的效率和准确度，大大提高了资源配置效率。平台企业就是依托这些技术产生的，例如：消费者可以先通过淘宝、京东等平台了解产品的具体信息，然后结合自己的需求决定是否购买；企业不仅可以通过互联网、大数据等数字信息技术将自己的产品精准有效地推广给合适的群体，还可以通过平台及时了解到消费者对于产品的评价，并依此调整自己的生产发展规划。

3.1.2 要素组合升级

要素组合优化升级主要包含两层含义：一是使原来能够投入的生产要素组合更加丰富；二是新的生产要素通过进一步影响其原有生产要素从而使得边际产出大幅增加。在传统的经济增长理论中，投资主要是指固定资产等物质资本的投资，经济学家也更加重视去探究各类物质资本投资和社会经济增长之间的内在关系。各种物质资本在使用上的独特属性使得企业只能通过增加投资数量来满足双方当期对某一物质资本的需求，由于受到生产要素边际产出递减规律的限制，企业物质资本的规模只能维持在原来某一稳定水平而不能持续扩大。因此，数字信息技术等新兴技术的非竞用性和边际收益递增特性使得许多经济学家、企业、政府等开始特别关注这类新兴技术对经济增长的巨大促进作用。在企业成长过程中，加大对数字技术的研发投入是企业长期发展的必备条件。

另外，在研究生产函数时，传统经济增长理论往往会假定规模报酬不变，但在当前数字经济时代，数据信息可以作为一种新的生产要素投入到生产过程中，会使生产函数的性质和特点变得更加不明确，原有假定不再成立。每一个经济社会主体都会自动产生大量的数据信息并通过互联网联结从而产生流动，然后通过互联网、大数据、云计算等新兴技术进行筛选、归类、汇总和分析，从而提高数据信息的有效使用效率，即生产者可以通过利用收集到的与自身生产经营相关的数据信息来提高企业的生产能力和效率。数据信息的边际产出递增、正外部性等特点将会进一步让这些企业都有很大的动力去不断扩大其生产规模，从而促进企业长期的经济增长。总之，数字信息技术一方面使得数据信息的边际产出得到提高，另一方面其他生产要素也在数字经济的影响下提高了自身的边际产出，也就是说数字经济通过升级要素组合带动了经济效率的增长。

3.1.3 生产效率提高

企业生产率的提高通常是多个方面共同作用的结果，如企业技术创新能力升级、管理模式改进、产品质量持续提高、企业结构升级转变等，因此，这里的生产效率实际上是企业的全要素生产率。具体而言，数字经济主要通过以下两个方面提高企业全要素生产率。

一是社会技术创新能力的提高。首先，企业、高等院校以及科研机构之间的联系由于互联网、大数据等新兴技术的快速发展变得更加便捷，有助于促进产学研深度融合，不仅增加了企业自身的知识存量，还能够促进知识信息在企业内部的传播与扩散，提升企业消化、吸收和运用新技术的能力，最终提升企业创新效率。其次，数字技术的发展无疑为高新企业建设创造了完善的信息基础设施条件，不仅更有利于高技术企业全面优化自身组织结构，提高企业集团内部的信息透明度，以便合理分配企业内部资源，从而进一步提高企业整体管理水平与管理效率，还可以大大促进高技术企业研发设计和供应链管理的协调发展，有针对性地开展各类研发活动，降低企业自身研发成本和风险，从而显著提高企业研发创新效率。最后，数字经济改变了企业的创新模式，互联网商业模式的运用使得消费者能够参与到企业产品生产的过程中，缩小了消费者与生产者之间的距离，从而鼓励企业开展创新活动。

二是商业模式的创新应用与普及。在数字经济时代，基于互联网、云计算等数字信息技术的商业模式创新是推动经济增长的重要源泉。数字经济的迅猛发展不仅改变了传统的产业分工，而且提高了经济环境的不确定性，使得传统的商业模式无法有效满足企业生存发展的各种需要，以至于企业不得不创新商业模式。同时，传统商业模式中的元素逐渐消失，新的商业资源由固定模式向流动模式转化。比如，消费者可以先在实体店感受和感知产品，然后在互联网平台上购买，销售环节因此减少，传统商业模式中的分销商就会因此失去价值，从而被新的商业模式所取代。尽管数字经济背景下的商业模式是动态变化的，企业的商业模式要符合自身实际情况，不能相互模仿，但是它们之间也有共同的逻辑。首先，数字平台是商业模式创新必不可少的。数字平台作为企业与消费者之间价值交换的桥梁，通过严格的管理制度大幅度降低了两者信息的不对称性，保护了消费者权益。其次，企业可以借助平台进行资源整合，有效提升企业产品研发和设计的效率。最后，跨领域合作是一种开放式的合作创新，能够将不同行业、领域的创新元素按照各自价值与需求的关系进行相互联结，最终协同创造产生出价值。

数字经济驱动的商业模式创新主要包括以下三类。

一是以数字技术为载体的价值创造驱动的商业模式创新。在数字技术的驱动下，企业以往单一的价值创造模式逐步被以数字商店和数字网络为核心的商业模式所取代。基于数字经济背景所形成的商业模式，能够充分利用大数据、云计算等新兴的数字技术，同时通过线下活动和线上模式相结合共同加强企业与消费者之间的沟通与联系，不仅可以有效提升信息传输效率，还可以帮助企业和消费者创造出更多的价值。

二是以消费者和企业共同创造价值来驱动的商业模式创新。传统的商业模式创新主要通过价值链内部的各项活动来创造价值，主要体现在生产、技术研发、采购、销售、服务保障等，而数字经济时代的商业机会重点在消费者价值需求和价值创造，消费者的价值主要重视消费者的体验和感知，消费者从产品的使用和交易中获得的精神满足能够帮助企业创造一定的经济效益。消费者是企业价值创造的动力源泉，企业一定要与消费者保持长期稳定的联系，在此基础上进行产品设计和创新，从而更好地满足消费者的需求。随着数字技术创新工作的不断加强，企业与消费者之间的联系越来越便捷，两者共同创造价值，驱动了商业模式的不断创新。

三是以跨界的商业逻辑驱动的商业模式创新。数字经济与传统的工业经济相比具有十分明显的不同，主要体现在数字经济可以实现不同主体和不同区域之间的跨领域合作。通过充分利用数字技术和平台，有效整合产业交易的边界，使得原本的竞争关系转变为良好的供需合作关系，同时也可以使以往的合作关系演变成一种互利共赢的竞争关系，也就是说改变了以往的商业逻辑。在数字经济时代背景下，消费者借助数字平台自组织地减少了分销渠道成本，还可以大幅度减少中心化成本的投入，因此，消费者与企业直接进行交易是目前企业十分重要的商业模式。

3.1.4　政府转型升级

随着信息技术的飞速发展以及互联网等新媒体的广泛应用，数字经济逐步改变着我们的生活，不仅给经济社会持续发展带来巨大影响，同时也给各级政府公共服务和经济社会治理能力的数字化转型带来良好机遇。在数字经济时代，为了保证社会经济持续稳定的发展，政府可以通过数字化转型为"服务型政府"，从而为其提供适应数字经济时代特点的基础经济环境和制度条件，按照服务对象的不同可以分为以下三个方面。

一是政府对民众的服务。政府借助互联网、大数据等数字信息技术，可以快速准确地向民众普及和广泛宣传我国最新颁布的法律法规文件；政府在进行政务服务的过程中可以提高工作效率；政府可以更加快速地了解到民众的真实需求，从而及时制定相关政策以及完善自身管理方式。例如，税务部门已正式上线电子发票系统，改变了过去税务工作人员开具纸质发票的工作方式，同时解决了过去难以识别纸质发票真伪和发票不能及时提供等问题，在很大程度上缩短了税务部门的工作时间，提高了税务部门员工的工作效率，从而大幅度降低企业成本。

二是政府对市场的服务。政府可以通过数字信息技术来完善社会经济的发展环境。比如在新冠疫情大规模暴发后，通过"数字信息技术＋政府服务"的方式有效地推动了疫情后复工复产的进程。一方面，国家政务服务平台成立专门服务于各类小微企业和个体商户的服务网站，从而使国家的各项政策及时地传达到市场，更快地推进企业复工复产；另一方面，各级政府主管部门通过打造"数字政府"，提供了更加有效率以及针对性的服务，帮助企业早日走向正轨。

三是政府内部之间的服务。为了提高政府部门之间信息传递的效率以及及时实现资源共享，政府已经开始推进办公系统自动化的工作。随着互联网技术的迅猛发展，"信息孤岛"现象将逐渐消失，政府部门之间信息不对称的问题得到了解决，有利于政府合理地配置资源。

在数字经济时代，政府可以利用数字信息技术向民众、市场、企业等提供更加高效、便捷的数字化政务服务，从而使政府管理制度和治理模式与数字经济这一新型经济形态融合发展，最终实现经济社会的持续稳定发展。

3.2 产业结构转型升级优化层面

3.2.1 数字经济直接影响产业结构升级

（1）数字经济成为产业结构优化升级的主要动力源泉

第一，数字经济为产业结构升级优化提供了技术支撑，有利于实现产业数字化转型与融合创新。在现代经济活动中，数字技术的进步往往会提高经济效率，促进经济结构和经济发展方式加速转变，推动产业向智能化、数字化方向发展。一方面，数字经济的发展为产业结构优化升级提供了新的技术平台。数字时代的网络基础设施能够增强产业与产业甚至市场与市场之间的联系，从而形成了"共享经济""开放经济"，由此产生了很多技术平台，使得数字技术能够转化为生产力，推动产业更好地发展。另一方面，数字经济发展为产业结构升级提供了新兴技术。在数字信息时代背景下，数字信息技术推动了数字经济发展，进而促进了新兴产业和高新技术产业的出现，不仅为数字经济的发展提供了产业支撑，还驱动了产业结构的升级。先进制造业与数字技术融合逐渐走向智能化、信息化，从而提供更高质量的产品和服务。当今世界正经历百年未有之大变局，新一轮科技革命和产业变革推动了大数据、人工智能等信息技术的蓬勃发展，从而导致了新经济的出现和发展，比如知识经济、数字经济以及共享经济等，新经济会对信息技术进行变革以满足经济发展的需求，为产业结构升级提供强大的技术支撑。

第二，数字经济重塑传统产业价值链。首先，数字经济促进企业向平台化转型，打造以企业平台为基础的企业生态系统，从而重塑传统产业价值链。智能化、数字化企业平台的有效应用，可以消除企业原始的组织边界与信息不对称性，实现平台上供给方与需求方的快速对接，使得企业能够通过充分接触消费者从而了解其需求，不用借助媒介直接进行价值链活动，缩短了价值链分工链条，从而改变传统产业价值链的线性结构模式。其次，数字经济促进价值链向模块化发展。市场运行需要遵循用户本位主义，同样，产业价值链也要通过实现链条节点上企业极致化的分工和合作，从而生产极致异质化的产品来满足不同用户的个性化需求，价值链的模块化就是这种极致化的分工和合作产生的结果。数字经济极致化的特点会使传统产业链条不断拆分，每个企业都只需要负责自己擅长的领域，并且通过对企业负责的环节进行组合和优化配置，整个产业价值链分工就会变得极致化。同时，价值链中的极致化分工模式会由于数字技术的不断突破，促使企业越来越关注价值链中微小的环节，促进产业价值链向模块化方向发展。最后，数字经济促进价值链虚拟化。由于消费需求越来越多元化、个性化，单个企业很难满足多样化的市场需求，因此，实现产业价值链上企业之间的合作发展已是大势所趋。不过，基于传统产业价值链的企业的合作模式受地理距离、信息不对称等方面影响较大，存在很大缺陷，而数字时代下的虚拟价值链能够突破实体要素的限制，很好地解决了这个问题。虚拟价值链可以从市场需求角度而不是传统的生产要素角度对价值环节进行划分，企业还可以利用数据信息的灵活性和敏捷性及时应对市场多样化的需求。虚拟价值链的灵活性重塑了传统产业价值链。

第三，数字经济通过重塑需求端推动产业结构优化。一方面，数字技术的广泛应用使得消费者以往的消费方式和消费习惯都发生了变化，促进了与数字经济相关产业的发展，市场需求的变化进一步推动了产业结构的变革。数字时代背景下的数字消费使商品和服务的消费性质发生了很大改变，尤其是基于数字技术产生的移动支付、平台经济等，能够更好地满足消费者的需求，从而促进相关产业的发展，产业结构更加多样化。另一方面，数字技术的运用提升了产业效率，降低了生产成本，因此产品的价格会降低，有助于刺激消费者购买产品，从而推动相关产业的发展。另外，消费者需求的增加会促使市场上的资源向高新技术产业流动，推动高新技术产业发展，最终升级产业结构。

第四，数字经济的发展为产业结构升级提供政策支持。一是数字技术的迭代和创新应用推动政府持续创新产业政策，不断完善政策实施的路径，给产业结构升级提供更好的政策环境。二是有利于政府制定适应时代发展的产业政策，为高新技术产业提供政策支持，产业政策能够为产业结构的调整提供导向作用。三是数字经济加快产业发展进程，推动产业政策不断调整以促进新兴产业发展，从而实现企业转型升级，高新技术产业向集群化发展演进，为产业结构升级提供有力支撑。

（2）数字经济驱动三次产业转型升级

为了对数字经济影响产业结构升级的具体机制进行全面的分析，下面将从三次产业转型的视角对此进行探讨。

第一，数字经济在农业中的应用一方面体现在通过应用数字技术及时获取和传递农业生产比较关注的土壤、水质及气候条件等信息，将生产要素进行合理配置，从而提高资源的利用率。另一方面，数字信息技术会体现在农业的生产经营过程中，两者的融合发展能够改变传统农业发展方式，使农业在生产经营、流通和管理各环节资源配置效率更为高效，从而提高农业生产效率，推动农业向智能化转型。数字经济主要从以下三个方面影响农业。一是农业的生产方式。在农业中应用数字技术将会改进传统的农业生产方式，有助于提高农业的生产率以及降低农业的生产成本；利用遥感技术、地理信息系统等数字信息技术可以有效获取土壤、水质、农作物的生长特点等信息，实现资金、资源和劳动的合理配置；利用数字技术对农作物的育种、遗传进行更精确地研究，可以优化农产品的质量；充分利用智能化设备能够提高农产品播种、灌溉、施肥等生产过程的效率，推动农业升级优化。二是农业的经营方式。数字技术有助于企业及时了解最新的天气情况、农产品市场需求以及农业相关政策等，帮助管理人员学习新颖的生产管理技巧，从而提高农业的数字化管理水平。三是农业的流通方式。电商企业的快速发展，使得消费者能够不受时间与空间的影响更快地获得产品，农产品在市场上的流通速度和效率都得到了提升，不仅扩大了交易区间，还降低了交易成本；区块链技术在农业中的应用保证了农产品数据信息的透明性，对于保障食品安全有一定贡献。

第二，数字经济对制造业的影响主要在制造业的组织形式、产业模式以及商业模式三个方面得到体现。首先是制造业组织形式的优化。数字时代的制造业创新了产品开发环节，还将数字技术运用在制造过程中，以资源驱动的传统制造业向以技术和数据驱动转型。同时，数字技术的应用能够深入分析制造业的各个生产环节，有助于对此进行优化从而提升制造效率。其次是制造业产业模式的变革。一方面是数字产业化。数字信息技术的快速发展增强了电信行业在我国社会建设和经济增长中的影响，制造业在社会上能够应用的场景变得更加丰富，比如工业互联网的兴起促进了我国实体经济的深入改革与持续发展；另一方面是产业数字化。传统产业与信息科技的深度融合能够驱动制造业向数字化、智能化发展。制造业有效利用数字资源这一全新生产要素，将会促进制造业的组织结构以及制造业生产、销售、开发等多个环节的要素资源配置方式发生改变，从而助推制造业的数字化、现代化转型。最后是制造业商业模式的重构。制造业的要素投入成本、生产成本以及关键技术在数字经济背景下都变得公开透明，传统的商品批量生产方式也在向定制化生产转型，改变了传统的消费模式。特别是互联网的兴起使得消费者能够依据自身需求及时对产品设计提出相应建议，企业也能够据此优化产品，尽可能满足不同消费群体的需求。

第三，数字经济对服务业的影响主要体现在服务模式和服务内容两个方面。服务业受数字化的影响最深，服务业与数字经济的融合催生新模式新业态的出现，进一步驱动产业结构转型。一方面，数字经济与服务业深度融合，不仅提升了服务和消费的便捷性，还可以促进服务业供给端准确把握市场需求，从而满足顾客多样化、个性化的需求，服务模式因此得到创新，产生了电子商务、互联网金融等与数字时代相适应的服务模式，推动服务业向智能化发展。另一方面，互联网、大数据等新兴技术在服务业各行业的全面覆盖，提升了服务业供给效率，拓宽了服务范围，丰富了服务业服务内容。

3.2.2 数字经济间接影响产业结构升级

（1）数字经济推动要素市场化进程

数据要素是一种全新的、高级的生产要素，它能够渗透到劳动、资本等传统的生产要素中，依托传统要素发挥作用。数据要素带来的强大的溢出效应能够升级传统生产要素，提高其质量以及市场化水平。溢出效应主要包含三个方面，分别是信息溢出、技术溢出和知识溢出。

首先，信息溢出推动优质、高效的生产要素自由流动，在很大程度上缓解了信息不对称问题。一方面，数字技术使信息流动速度变快，生产要素的供给方与需求方能够快速精准匹配对方的需求，生产要素能够快速获取有益信息，取得信息优势，可以自主地向优质化、高效化流动，推动市场协调发展。另一方面，劳动力要素、资本要素、技术要素和数据要素在数字时代加快融合，无论是在市场间还是在市场内，其流通速率都得到了提高，并且各要素存在的溢出效应对于处理要素市场上的信息不对称状况有很大贡献。另外，信息溢出效应可以帮助企业在要素市场中形成竞争优势，进一步推动要素市场化。

其次，技术溢出有助于数字产业化、产业数字化发展，推动区域经济结构转型升级与产业集聚。一方面，数字技术的创新发展推动了传统产业的转型升级。企业的核心技术能力很大程度上取决于数字技术的发展水平，数字技术水平的提高不仅有助于提升企业生产的产品质量，对于企业的生产效率与绩效的提高也有一定帮助，能够推动数字经济与实体经济深度融合，促进区域经济结构加速转型升级，缓解区域经济发展不平衡问题。另一方面，产业数字化、智能化的转型升级能够促进高水平的技术进步与创新，从而催生数字经济新模式、新业态，进一步形成数字产业化，而且会导致产业生产组织和经营环境发生变化，推动产业内部与外部的集聚，进而产生产业规模效应。数字产业化能够通过产业集聚缓解信息不对称问题，提高企业间协同合作的效率，加快要素市场化。

最后，知识溢出推动人力资本合理化、高级化。一方面，数字经济的快速发展促使大众能够充分了解以及熟练掌握数字技术，整体劳动力对数字经济的了解和应用程度也会提高，人力资本通过知识溢出效应能够更好地满足产业结构转型升级的需要；另一方面，社会上整体人力资本水平的提高有利于大众更好地理解商品和服务的基本信息，提高供需双方商品和服务匹配的准确性，降低搜寻、交易、运输等成本，全要素生产率得到提高。另外，数字时代的溢出效应能够使人力资本向合理化、高级化的方向发展，提升全要素生产率，推动要素市场化与区域经济协调发展。

（2）数字经济对产业结构升级的影响路径分析

通过以上分析可知，数字经济通过溢出效应可以推动要素市场化进程。要素市场化能够通过市场这只"看不见的手"缓解要素市场的错配和扭曲问题，促进劳动力、资本、技术、数据等要素自由高效流动，从而实现合理配置，调整市场经济结构，提升经济运行效率，促进产业结构转型优化升级。也就是说，数字经济通过优化要素市场配置，降低要素错配水平，提升要素市场配置规模与效率，从而推动产业结构升级，实现经济增长。下面将对要素市场化进行深入分析。

一是劳动力要素市场化。数字经济打破了传统劳动力市场的限制，正在重塑劳动力和就业市场，让就业和职业选择更加灵活和多样，提高了劳动力资源配置效率。劳动力市场化主要从两个方面来影响产业结构升级。一方面，数字经济的发展带来很多新兴岗位，提供了更多就业机会。新兴产业的兴起不仅促进相关产业收益提高，也提高了高技术人才的收入水平，对于缓解劳动力价格扭曲问题有一定帮助。另一方面，劳动力市场化能够使得劳动力不受时间和空间的限制而自由流动，优化了劳动力供需结构，有助于促进不同层级的人力资源在劳动力市场的配置，特别是降低高技术人才在劳动力市场的错配程度。知识技术密集型产业的发展是高人力资本共同作用的结果，同时，低技术产业也可以通过高技术人才的溢出效应使得生产效率得到提高。

二是资本要素市场化。资本要素市场化主要从企业生产和消费者消费两个层面来影响产业结构。在企业生产层面，数字经济发展为中小企业融资平台提供了更多可获得资金和信息服务，资金供需双方能够通过互联网连接起来，从而突破时间与空间的束缚，使得资本要素能够进行合理配置，有助于解决资本市场上新兴产业和中小企业的融资困难问题。另外，数字技术的应用让资本市场上的信息变得更加透明，信息不对称问题得到缓解，数字平台的应用有助于实现资本市场法治化，进一步降低交易成本和投资风险。在消费者消费层面，互联网消费金融的快速发展一方面提升了消费者的消费能力，另一方面使得消费者对高技术和高质量产品的需求更加强烈。数字经济通过改变消费需求与结构，实现消费结构的不断优化升级，进而推动产业结构升级。

三是技术要素市场化。数字经济的发展有助于技术要素高效流动与合理配置，从而推动技术要素市场化，进而促进产业结构升级。首先，技术要素市场化能够引导市场资源向技术创新领域流动，实体经济能够与技术创新快速融合，两者的相互作用推动产业转型为以创新驱动引领发展的生产模式。其次，数字经济促进技术要素市场化，不仅丰富了市场上技术要素的供给，而且提升了技术创新能力及效率，从而推动产业发展。另外，技术要素市场化使得创新主体之间的联系变得更加密切，有利于各主体之间共享创新成果，产品技术含量和附加值也随着产品创新而得到提高，从而实现了技术创新和产品创新的协同发展。最后，技术要素市场化使得知识产权保护体制变得更加完善，从而推动科技成果转化为生产力，促进产学研协同发展，为产业结构升级注入新动能。

四是数据要素市场化。一方面，数据要素市场上数字技术的广泛应用能够提升数据产品的生产效率。数字技术可以精确收集、计算、整理、分析数据材料，提升数据挖掘与整理效率，还可以通过不同的访问接口将不同的信息系统连接起来，在进行分类、存储、共享和统一管理之后，形成庞大的数据库和数据服务系统。另一方面，数字经济发展完善了数据要素的价格机制、供求机制以及竞争机制，能够赋能产业发展，促进产业结构升级。

3.2.3 数字经济影响产业结构升级的空间效应

推动产业结构转型升级最主要的就是要让各生产要素在产业、区域之间自由地流动，能够自发流向经济效率更高的产业。通过上面的分析可知，数字经济通过推动资本、劳动力、技术和数据要素向先进生产力集聚，很大程度上提高了要素配置效率，促进了产业结构升级。不过，生产要素在产业以及区域间的流动和集聚并不是独立的，既会影响周边地区也会受周边地区的影响，地理距离越近所受到的影响越大。目前数字经济在各地区的发展并不平衡，数字经济发达的地区更有利于推动产业结构升级，而且产业结构升级具有一定的空间集聚特征，还能够通过空间溢出效应影响周边地区产业结构。

数字经济有助于实现资源的开放共享，与此同时，数字技术和数据要素的出现突破了数字经济发展在空间上的限制。一方面，传统生产要素在地区之间的流动不再受地理距离的约束，而且不同地区的企业能够运用数字技术进行更加深入的交流，现有研究已经表明，技术进步对本地区及邻近地区的产业结构升级都具有促进作用。另一方面，数据要素因其不受时空约束、流通成本低等特性，具有很强的流动性，数据要素的流动性同样不受地理距离约束，地区之间的数字经济联系变得更加密切，从而提高其他地区的要素配置效率，因此数字经济对产业结构升级的影响能够影响到周边地区，表现出空间溢出效应。另外，数字经济单个地区的产业结构升级会表现出竞争效应与示范效应，从而推动邻近地区产业结构升级。

总之，数字经济既可以推动本地区产业结构转型升级，在数字技术与数据要素的作用下，还能够对邻近地区的产业结构升级表现出正向的空间溢出效应，进而带动其他地区产业结构升级。

3.3　区域经济发展层面

3.3.1　边际成本递减，形成规模经济效应

与劳动、资本等生产要素相比，数据要素具有易复制性、非损耗和非排他性等优势，在对数据进行存储时通常只需要较低成本，特别是边际成本，小到几乎可以忽略，当社会上的数据数量不断增多、数据的总价值迅速攀升时，边际效益递增的特征就会表现出来。另外，网络还具有强外部性和正反馈效应，当用户数量逐渐增多以至于超过某一临界值时，网络的价值就会变大，外部的用户看到这种现象会被吸引，从而加入到网络中，因此网络的价值会快速增长。一方面，在工业经济时代，当产量增加到一定水平以后边际成本呈递增趋势，要素投入增加到一定水平以后边际报酬呈递减趋势，然而在数字经济时代，数据要素和网络效应的共同影响使得这种规律失效。另一方面，当其他生产要素投

入维持不变时，即使数据要素的投入增加到临界值以外，边际产出也不会下降，甚至还有可能增加。另外，网络中用户的数量越多，其所具有的价值量越高，边际成本可能会随着用户数量的增多而减小。

工业时代的规模经济体现在：企业的平均成本一开始随着生产规模的扩大逐步递减，达到一定规模后继续扩张会出现平均成本递增的现象，不过企业规模由于资本存量、内部交易成本等限制很难持续扩张。在数字经济时代，企业生产成本呈现出高固定成本和低边际成本的特点，对于数字产品来说，它的高固定成本包括沉淀成本以及由数字经济特性产生的成本，主要指的是企业在研发、设备建设、人才资本和消费者补贴上的投入份额，低边际成本指的是随着企业不断扩大生产规模，额外生产一个商品的成本逐渐向零趋近。企业通常倾向于通过扩大生产规模来降低长期平均成本，进而形成规模经济效应。另外，在工业时代，规模经济主要发生在供给侧，然而在数字经济发展下，数字技术及数字手段的不断发展为供需双方均可实现规模经济提供了可能性，双方在互动发展过程中形成的正反馈效应会使成本继续降低。

3.3.2 提高匹配效率和生产协同，降低生产及供应成本

当今时代网络传播速度越来越快，现代通信技术也在不断升级，数据能够在社会中更好地存储与传播，因此，将社会中生

产、生活的相关信息转换成数据的形式已是大势所趋，不仅能够大幅度提升信息的传播速度，同时有助于降低获得信息的成本，另外，数据信息的易获得性大大缓解了传统经济中的信息不对称问题和信息孤岛问题。一方面，在传统市场上生产者往往不能及时了解消费者的需求，以至于市场上会出现意料之外的供不应求或供过于求的情况。在数字经济时代，传统的"以产定销"的生产模式转向"以销定产"，生产者能够凭借数字技术快速精准地获得有关消费者需求的信息，从而有助于生产者在满足市场需求的情况下对有限的资源进行合理配置，数字经济带来的这种变化能够降低生产者库存积压的风险，进一步降低了生产成本及存货成本。另一方面，生产者之间的合作效率随着数字技术的应用而得到提高。通过构建数字化协同研发平台，生产者可以享受到更多的研发资源，根据平台上收集的信息及时调整产品研发策略；同时，部门之间沟通的效率也得到加强，从而能够加快高新技术产品转化速度。数字化网络供应平台能够打破地理距离的限制，特别是大数据、人工智能等技术在制造业企业里的广泛应用，很大程度上提高了生产供应链不同环节的匹配效率，供应链中的连接、检索和交互问题得到很大改善，负责产品设计、制造、供应及集成等的企业能够实现有机联合，从而降低了供应链成本，提升了供应链效率。另外，一些材料、零部件等供应商能够通过数字化供应链平台提前介入到下游企业的研发环节，从而形成协同发展的格局。

3.3.3　突破时间空间限制，实现范围经济

范围经济是指在企业的业务经营范围不断拓展的情况下，同时生产两种或两种以上产品所产生的成本低于单独生产各种产品的成本，它分析了产品种类和平均成本两者的关系，是企业实施多样化战略的理论基础。范围经济在企业发展中带来的竞争优势主要体现在：分摊固定成本，通过优化资源利用率等降低变动成本；满足消费者的个性化需求；打造品牌优势等。对于传统经济来说，范围经济更关注的是产品之间的关联性，关联性越高，平均成本下降的特征就越明显。然而在数字经济时代，关联性并不是范围经济的重点，甚至将其降到最低，如计算机等设备上的广告植入，这些广告和产品之间几乎是无关的，这充分说明了在数字经济发展中范围经济的适用范围将进一步拓宽。数字信息借助网络平台能够完全突破传统地域空间界限，将世界各地的用户快速连接起来，同时由于网络采用光速传输信息，可以真正实现随时随地对各类信息的及时收集、传递与加工。借助网络平台，数字经济弱化了物理上的空间距离，有效解决了市场分割困境，有利于加快形成区域一体化市场，从而有效形成范围经济。而一体化市场又有助于企业感知消费者的差异化需求，并通过定制化柔性生产，形成长尾效应。数字经济发展可以减弱"新经济地理学"产业集聚的地理资源环境等外部决定条件的限制，实现信息实时、远距离传输，强化了产业集聚的内部决定条件，如生产协同、技术创新和知识溢出等，为相关产业创新转型提供强大助力。

3.3.4 促进区域创新

数字经济是驱动我国未来经济增长的强大动力，同时，在创新驱动的发展战略下，数字经济在创新型国家建设和区域创新系统中也有着不可忽视的贡献。研究表明，数字经济对区域创新的影响主要体现在微观层面上企业的进化效应、中观层面上产业的扩散效应以及宏观层面上区域的规模效应。

第一，在企业微观层面上数字经济表现出进化效应。创新是企业积极应对市场环境变化以及竞争压力的结果，具有投入高、风险高、收益高的特性，企业要想创新成功，必须拥有能够实施创新的强大动力和完备条件。一般来说，中小企业往往缺少足够的研发人才，可融资的渠道也并不广泛，很难创新成功，因此，风险厌恶型企业在新环境下通常采取保守措施，不会主动寻求创新。不过，数字经济的发展促使企业的行为发生了改变。一方面，数字经济使得市场上的信息更加透明，企业不得不进化才能在新的市场环境中更好地生存和发展。在过去的市场条件下，由于存在信息不对称问题，消费者很容易买到假冒伪劣产品，随着市场信息越来越透明化，若企业生产的产品效用较低或者没有异质性，企业将会被市场所淘汰。另一方面，数字经济带来了许多新的条件和手段，比如企业能够通过物联网、区块链等数字技术充分整合企业的物流、信息流、资金流等，有助于企业创新活动的开展。在数字经济的影响下，企业的供给因消费者需求不确定而很难确定的问题得到了很大改善。企业在电商购物模式下可以了解到消费者的实际需求，从而有计划地进行生产，而且企业可以根据消费者的消费记录来预测未来的消费需求，从而有效降低交易成本和市场风险。另外，数字经济下的资源调配不再具有局限性，有助于开展需求导向性创新。企业能够吸引顾客加入到生产制造过程中，通过广泛动员社会人力资源，能够使产业端和创新端紧密连接起来，从而提升研发成功率。

第二，产业中观层面上数字经济表现出扩散效应。在数字经济时代，同时也是共享经济时代，数字信息是具有可重复利用、可进行共享特点的核心要素。通过网络平台企业能够直接模仿同类型其他企业的创新成果，从而实现整个产业的创新。一些基础数字技术如大数据、移动通信、互联网等由于具有网络示范效应有助于实现研发资源的集成共享，从而促进产业内部的知识外溢。同时，创新成果不受传统产业集聚空间范围的局限，能够渗透到产业链的上游和下游。创新型企业能够通过前后向关联效应向中下游企业发出信号，促使产业链上的企业共同创新，进而提升生产效率和产品质量，带动产业链的升级。比如数字经济催生的创新平台能够让上下游制造业与服务业主体进行深入的合作交流，以富士康、洛可可、阿里巴巴分别作为制造企业、设计企业、销售企业所构建的"淘富成真"创新平台为例，能够将让智能硬件供应链条上的企业在平台上实现有效对接，从而提升产品开发和创新效率。

第三，在区域宏观层面，数字经济的规模效应能够促进区域自主创新。数字资源是数字经济增长模式下的核心要素，其投入具有显著的规模效应。当用户规模扩大，电子商务、人工智能等硬件投入的边际成本也会随之减少，同时企业的边际收益会增加。若整个供应链都应用到了数字技术，产业之间的边界就会越来越不清晰，相关市场形成的规模效应会使社会经济呈现爆发式增长。企业的规模报酬递增使得研发成本降低，共享资源促进了企业技术与再创新效率的提高，从而推动区域创新。

通过以上分析可知，企业在数字经济环境下具有进化效应，必须进行变革创新才能适应更透明的市场环境，并且数字经济为企业提供了实施创新的资源与条件；同时，数字经济通过知识扩散效应推动了产业链上下游企业的协同创新；在宏观层面上，数字经济的规模效益推动了区域创新。这三个方面的创新共同作用，推动了区域整体上的创新增长。

3.4　城镇化层面

如今，数据已经成为整个经济与社会发展的关键要素，它与劳动力、资本等传统生产要素共同影响社会发展。本节通过分析数字经济背景下人力资本水平、收入分配结构、流通效率以及居民消费过程的变化，探讨数字经济影响新型城镇化发展的具体机制。

3.4.1　数字经济提升人力资本水平

在社会生产过程中，数字经济不断推动生产力发展，为新型城镇化提供强大动能。随着数字技术的完善，传统的劳动资料正在被改造或替代，比如 AI 机器人的发展可以替代传统工具。数据要素因其独特的非竞用性、外部性和财产性等与传统生产要素有很大区别，使得经济社会的发展能够打破传统要素的限制，数据要素成为数字经济时代重要的劳动资料。同时，劳动对象也逐渐从实体要素转向虚拟要素或者与之结合，劳动工具变得更加智能化。

无论是古典经济学还是新经济增长理论，都不可否认劳动力对社会发展的重要性，特别是在新经济增长理论中，劳动力成为比物质更能促进经济增长的源泉。数字时代知识和技术的溢出效应使得人力资本的潜力逐渐增大。如今，我国十分重视培养高素质和强技能的人才，经济发展越来越需要人力资本提高数字素养与能力，人力资本积累水平越高、拥有的知识和技术经验越丰富，数字经济越能够促进经济增长。数字经济主要通过直接、间接两个方面提升人力资本水平。一方面，员工在数字网络下能够更加方便地获取知识，低技能的劳动者能够享受到更多的溢出效应，数字经济可以通过提升劳动者的能力直接提升人力资本水平。首先，随着数字技术的发展，慕课、学习通等互联网教育平台蓬勃兴起，劳动者可以在平台上面获得更多的高质量教育资源，从而提高劳动者基础性的能力；其次，很多教育机构开设了大量与互联网、大数据等相关的课程，可以帮助劳动者提升信息技术水平，有助于劳动者完成特定工作。另一方面，数字经济通过推动新型城镇化从而进一步促进人力资本投资和积累。新型城镇化不仅吸引了大量的劳动力由农村转移到城镇，而且还导致了第一产业的劳动力向第二、三产业流动，因此，市场上的劳动力为了提升自己的竞争力不得不提高自己的劳动水平。另外，新型城镇化带动了高新技术产业的发展，吸引了高素质劳动力的集聚，从而提升城镇整体人力资本水平。主要体现在：新型城镇化在很大程度上促进了教育等基础公共服务质量的提升，使得劳动力有更多的途径提高自身素质及技能。

同时，城镇人力资本水平的提升会促进创新水平的提高。首先，城镇人才的集聚为实现持续创新提供了强大的支撑。随着数字技术的广泛应用，各阶段的劳动者都能够运用较低的成本学习到丰富的知识技能，资源的获取、传递和共享变得更加便利，城镇人才的供给增多，从而进一步驱动创新。其次，高等院校和科研院所能够给城镇创新活动提供其所需要的基础知识与共性技术，当前许多城市选择从高校和科研院所中引进人才，从而增加地区的人才储备，提升经济与创新实力，数字经济使得大量的高水平创新创业人才聚集在城镇，为促进城镇创新奠定了基础。

总之，数字经济的发展催生了许多新产业、新业态和新模式，在为劳动者增加就业机会的同时，也帮助劳动者提升了相关技能水平。另外，人力资本水平的提高也能够激励城镇创新，进而带动城镇经济增长。

3.4.2 数字经济改善收入分配结构

数字经济改变了城镇居民的分配关系，主要体现在以下两个方面。

一是数字经济优化了居民收入分配结构。数据信息作为关键生产要素不仅可以给使用者提供有效信息，还可以让数据所有者在财富分配过程中拥有更大优势。数字经济的发展，提高了城镇互联网普及率、完善了城镇数字基础设施、缩小了城乡之间的数字鸿沟。同时，随着共享经济、零工经济以及普惠经济等形态的快速发展，许多新的工作岗位应运而生，尤其是在一些活跃的电子、文化、娱乐、传媒等市场，对劳动力的需求持续攀升，这不仅可以提高一部分周期性失业或摩擦性失业人员的就业概率，还能够让已经参加工作的人员重新选择就业岗位甚至是行业。一般来说，在职人员跳槽或转行的决策可以提高其收入水平，使其可支配收入得到提高。劳动力在市场创造效应的推动下能够加速流动与集聚，从而提高劳动力资源的配置效率和社会劳动回报率。因此，数字经济发展所带来的劳动力市场上就业机会的增多能够提升社会的平均收入水平，尤其是能够提升低收入人群的劳动收入。另外，目前社会上许多在职人员都有较多可自由分配时间，劳动力市场上就业机会的增多为他们选择第二职业提供了现实可能性，使得初次收入分配结构进一步优化。数字技术的普及应用能够保证公共产品与服务的有效供给，从而提升居民福利水平。

二是数字经济具有强大的技术溢出效应与知识溢出效应，能够提升再分配的公平性。数字技术的普及应用使得政府能够更加便利地分配教育、医疗、社会保障等公共资源，让欠发达地区的人们也能享受到社会发展成果带来的福利，也就是说，数字经济的发展使得地区之间公共产品与服务的供给不会有太大差距，促进了地区之间的协调发展。以教育资源为例，大量高水平的教师会由于经济发达地区拥有较为丰富的资源而选择去该地区发展，经济不发达地区由于没有足够的资源吸引不到人才，从而导致地区间教育发展不平衡。随着数字经济水平的提高，许多互联网平台开通了线上教学，经济不发达地区的学生可以在互联网平台上接触到全国各地高水平教师的免费课程，可以足不出户地学习优秀的学习资源，为将来从事高技术行业奠定基础。总之，公共资源的合理分配有助于保证公共产品与服务的有效供给，提升城镇居民福利水平，推动新型城镇化进程。

3.4.3　数字经济提升流通效率

因受到时间和空间的限制，传统的产品需要在有形的市场上交换或流通，不过在数字经济背景下，具有生产要素和劳动产品两种形态的数据并不受此限制。数据可以通过数字平台进行整合与流通，既可以降低市场上产品的流通费用，还能够提升产品的流通速度，从而使得流通效率得到提高，进而促进新型城镇化发展。

第一，新型城镇化发展过程中面临着多种多样的金融需求，数字平台的快速发展促进了数字普惠金融在城镇层面的应用，从而推动城镇经济增长，并且周边城镇也会因空间溢出作用而得到发展，从而推动新型城镇化进程。一方面，与传统的金融不同，数字普惠金融不仅拥有较低的交易成本，而且不受时空的限制，能够依靠数字平台在市场上进行交换或流通，从而能够更加便利地满足城乡居民和中小微企业的金融需求。同时，数字信息的发展使得社会信用体系变得更加完善，能够在多平台上进行互联互动，在很大程度上缓解了融资活动中的信息不对称问题，极大降低了新型城镇化发展过程中的金融风险。另一方面，城镇基础设施建设过程中所需要的资金可以通过数字普惠金融得到保障。随着新型城镇化规模逐渐扩大，城镇中企业的数量会越来越多，企业的规模也会扩大，在促进人口城镇化的同时还能够推动经济增长，而且还会带来一定的空间溢出效应，推动城镇周边地区的发展，从而促进新型城镇化的协调发展。

第二，数字经济依托数字平台，既增加了产品的流通方式，又提高了产品的流通效率。随着平台经济的快速发展，依托数字平台的电商行业得到了蓬勃发展，而且越来越多的人能够依托平台进行创业，进而改善人们的生活。从流通方式来看，产品流通的方式已不再依靠传统的线下交易，而是变成线上线下相结合的方式，同时，数字平台记录的各种交易信息缓解了信息的不对称，为电商行业的良好发展提供了保障。数字经济对农村居民的影响更为明显，能够促进农村电商的快速发展，使得农产品可以通过线上线下相结合的方式进行售卖，一方面由于农产品很容易腐烂，这种方式可以降低农民的收入损失，另一方面这种售卖方式使得农产品的销售渠道变得更广。从流通的效率来看，数字经济的广泛应用降低了产品流通的成本，产品流通的速度与效率得到提高。在电商行业中，数字产业化的发展催生了智慧物流，人们在产品流通过程中能够实现规范化管理并且及时准确地掌握产品的物流信息，既减少了产品流通的时间，还使得产品流通的效率得到提升，特别是对保质期较短的农产品来说，流通效率的提高就意味着农民收入的增加，农民收入水平的提高促进了城乡的协调发展。

3.4.4　数字经济实现居民消费过程数字化

越来越多的产品实现了数字化的生产，使得居民消费也趋向数字化。由于数字平台能够记录消费者的交易信息，企业通过对这些信息进行采集、存储以及分类，可以作出更加合理的生产决策，因此数字经济背景下产品的生产与消费能够相互作用，从而实现劳动者生产消费与个人消费的统一。数字经济能够产生技术溢出效应，使得消费过程实现数字化，不仅改变了城乡居民以往的消费方式与消费规模，还改变了传统的消费结构，通过缩小城乡消费差距推动了新型城镇化发展。

第一，数字经济改变了传统的消费方式，缩小了城乡之间消费规模的差距，通过扩大内需推动了新型城镇化发展。一方面，数字经济促进了跨境电商、电商直播带货以及平台经济等线上经济新模式的快速发展，在此背景下，实体产品的消费可以突破时间与空间的限制，通过数字平台实现更加便捷的消费，大幅度降低消费过程中产品的搜寻成本与买卖双方沟通的成本。另一方面，消费者可进行消费的内容在数字经济时代也发生了很大变化。消费范围除了包括已经与数字经济融合的传统消费商品，比如通过支付宝等平台进行线上理财、通过扫描二维码线上点餐等，还包括私人订制的数字产品，比如线上一对一的课程、软件安装的远程服务等，能够更加充分地满足人们的需求。此外，数字平台通过收集个人的网络数据，能够有针对性地向用户提供广告营销与产品投放，从而提高供给与需求的匹配效率，进而缩小了城乡之间消费规模差距，驱动了新型城镇化的发展。

第二，数字经济通过实现消费结构的转型升级，缩小了城乡居民消费差距，提高了新型城镇化发展的协调性。一方面，数字经济使得居民的收入分配结构得到优化，居民的收入水平的提高一定程度上使其消费意愿得到增强，进一步提升整体的消费需求。另一方面，随着城镇数字基础设施的不断完善，居民可以通过网络视频、文字等形式了解到更多的消费产品，居民的消费思维在这个过程中自发发生改变，不会只关注物质需求，而是会更加重视精神层面的需求。数字经济催生的诸如智慧教育、智慧交通等个性化、多元化、虚拟化的产品及服务，通过提供更多的消费渠道、打造更多的消费场景、提高消费者的体验感，实现了消费结构的转变，提升了居民生活水平，有助于实现以人的全面发展为目标的新型城镇化战略。

4

数字经济发展的经济增长效应识别

第3章从理论层面阐述了数字经济发展对经济增长的影响，在此基础上，本章从实证层面分析数字经济发展的经济增长效应，通过构建面板数据和门限模型，对全国层面267个地级市和分地区样本数字经济发展的经济增长效应进行估计并揭示其门限特征。

4.1 研究假设

4.1.1 直接影响

基于第3章数字经济对经济增长影响机理的分析，可以发现，数字经济能够从微观、中观、宏观层面推动经济的增长。数字经济发展对经济增长的影响可以概括为以下几点：一是数字产品的边际成本逐步降低，在数字技术的帮助下，顾客多样化的、本质的需求更容易显现出来，进而有利于相关企业制定差异化战略，能够产生规模经济性和范围经济性；二是将更多的数字技术运用到传统三大产业中，加快三大产业的创新步伐，使其紧跟数字经济大潮流，充分发挥数字技术关键作用，形成产业核心优势，不断优化三大产业的核心竞争力，为传统产业能够在激烈的市场环境中长久地生存下去创造更多的可能性，进而为经济增长方式的转变贡献一份力量；三是从提高效率层面阐述了数据要素、数字技术等在政府调控、企业生产经营中发挥的重要作用。

另外，结合中国数字经济的发展现状，考虑到东部、中西部地区的经济特征、资源条件等方面具有一定的差异性，数字经济发展对经济增长的正向带动作用在这些地区可能存在着不小差异。因此，本书提出以下假设。

假设1：数字经济发展可以促进经济增长。

假设2：数字经济发展对经济增长的影响具有区位异质性。

4.1.2　门限特征

长期以来，由于各种条件的限制，不同区域的经济发展是有差异的，在数字经济浪潮下，经济发展较为落后的地区可能面临着新的发展机遇，借助"弯道超车"的发展方式，逐渐缩小与较发达地区间的差距。一方面，对于经济发展较为落后的地区而言，可以借助网络平台、大数据等手段，学习其他发达地区在技术、创新、制度等方面的经验，提升技术创新和数字化政府水平，为经济社会运行创造良好的发展环境；可以结合自身发展优势，借助物联网等数字技术大力发展当地的特色产业，推动传统产业的数字化转型。另一方面，对这些地区的厂商而言，数字经济有助于它们较快地融入专业化分工的大环境中，提高其协作能力。数字技术可能会使原来的价值链分化出更为精细、精准的环节，依托数字平台发展的企业之间是普遍联系的，这些企业始终严格贯彻合作共赢的重要原则。在这一发展趋势下，厂商可以凭借自己的优势产品，加入全国甚至全球的价值链体系中，通过共同创造价值、协同生产，提升地区的经济增长水平。考虑到在不同的核心解释变量（*DEI*）、控制变量（*UR*）下，*DEI* 对被解释变量（*PGDP*）的影响是不相同的，因此，本书提出以下假设。

假设 3：以 *DEI*、*UR* 为门限变量时，数字经济发展对经济增长的影响是非线性的。

4.2 样本选择与数据来源

由于可获得的省级数据样本量较小，在分析数字经济发展对经济增长的影响时难免会产生估计误差，因此，本书选取 2015 ~ 2018 年 267 个地级市的平衡面板数据为样本进行分析。DEI 来源腾讯研究院发布的《"互联网 +"数字经济指数报告（2016 - 2018）》《数字中国指数报告（2019）》，被解释变量（*PGDP*）、控制变量（*IS*、*UR*、*GI*、*OP* 等）的主要来源有：2016 ~ 2019 年发布的《中国城市统计年鉴》《中国城市建设统计年鉴》、各地级市的统计公报等。本书对 PGDP 和 HC 进行了对数处理，为了消除极端数据的影响，对变量 *DEI*、*IS*、*UR*、*GI*、*OP* 和 *FI* 进行了上下 1% 分位的缩尾处理。本书使用 Stata16.0 软件进行后续实证分析，部分缺失值需要借助线性插值法和指数增长率法进行初步补充。

4.3　变量选取

本书学习和借鉴以往学者在研究相关问题时的做法，并立足实际研究情况，最终选取的变量如下：被解释变量（*PGDP*）、核心解释变量（*DEI*）、控制变量（*IS*、*UR*、*GI*、*OP*、*HC*、*FI*、*EG*）、门限变量（*DEI*、*UR*）。

4.3.1　被解释变量

各个地区的经济发展规模和速度往往需要通过经济发展水平来体现。可以用来衡量经济发展水平的指标有很多，在实际研究中，GDP、人均 GDP 指标经常被用来表示某个地区的经济规模状况，增长率指标强调的是经济发展速度。本书借鉴杨文溥（2021）[166]、张家平（2018）[167]、叶初升（2018）[58]、张灿（2017）[168]、李晓钟（2020）[169]、刘姿均（2017）[170]等学者的做法，以人均 GDP 为本部分的被解释变量，用它来说明不同地级市的经济状况，在后续研究中，对其取对数。该指标不仅可以体现出不同地级市居民的平均收入水平，也能刻画出居民的富裕程度，能够在一定程度上减轻人口数量对 GDP 的影响。

4.3.2　核心解释变量

通过阅读相关文献，本书借鉴段博（2020）[171]、张莉娜（2021）[172]、姜松（2020）[62]、刘传明（2020）[173]等学者在选取数字经济变量上的做法，使用 2016~2019 年腾讯研究院公布的指数表示数字经济发展水平。相较于单独使用网站数、网民数等作为数字经济发展水平的代理变量，或者构建数字经济评价指标体系进行研究，数字经济指数的覆盖范围更加广泛，在一定程度上可以避免主观性。该指数由四个分指数加权平均计算得来，具体的计算公式如下：

$$DEI = \beta insfra + \beta industry + \beta venture + \beta city \qquad (4.1)$$

其中，DEI 表示总指数，$insfra$、$industry$、$venture$、$city$ 分别表示基础、产业、双创和智慧民生指数，β 表示权重。

4.3.3　控制变量

（1）产业结构（IS）

一方面，随着服务业的快速发展，我国产业结构转型的速度也在逐步加快，这有助于调动各个地区和行业的自主创新积极性，强化创新溢出效应，进一步提升经济实力；另一方面，在数字经济的发展浪潮中，各种各样的数字经济平台扮演着重要角色，拓宽了经济交易渠道，在一定程度上减少了对环境的危害，进而推动经济的绿色持续发展。本书借鉴杨文溥（2021）[166]、段博（2020）[171]等学者的做法，将该变量表示为第三产业产值/GDP。

（2）城镇化水平（UR）

城镇化对于加速要素流动、协调资源分配、缩小地区差距、推动经济转型来说至关重要。城镇化的发展状况可以间接表明一个地区的人力规模，而人口较为密集的地区是加快房地产业、服务业等发展的沃土，因此我们不能忽视城镇化在助力经济发展中的作用。本书借鉴李晓钟（2020）[169]、钟文（2021）[178]等学者的做法，将该变量表示为城镇人口/总人口。

（3）政府调控（GI）

地方政府运行与经济增长的关系是十分广泛的，政府在经济运行中发挥的职能有干预资源运用、调整投资、维持公共服务等，各地区政府可以采用放松环境管制、降低准入门槛等手段，充分保障要素资源的合理配置，进而推动各个区域的经济发展。本书借鉴李宗显（2021）[176]、钟文（2021）[178]等学者的做法，将该变量表示为政府支出/GDP。

（4）对外贸易依存度（OP）

改革开放以来，对外贸易在推动我国经济发展中发挥着重要驱动作用，加强对外贸易能使国家充分发挥比较优势，有利于引进资本和优质资源，提升生产率，进而促进经济的发展。本书借鉴韩宝国（2018）[57]、杨文溥（2021）[166]等学者的做法，将该变量表示为进出口总额/GDP，为了避免回归误差，根据 2015～2018 年的平均汇率，将其转化为人民币。

（5）劳动力投入水平（HC）

对于一个地区的经济发展来说，劳动力投入水平的高低是不可小觑的。就业数量能够体现各个城市的人力资源丰富程度，高素质的劳动力不仅能提升行业的产能效率，也能在提升创新实力方面做出贡献。本书借鉴汤骑璆（2020）[177]等学者的做法，使用城镇单位从业人员期末人数表示劳动力投入水平，并对其取自然对数。

（6）投资（FI）

随着投资结构的优化调整，充分发挥投资优势，促使投资资源在不同地区间的合理分配，保持较为稳定的投资增速，可以助推经济发展。固定资产投资是 FI 的重要组成部分，它可以对社会生产力进行合理配置，对于一个地区来说，固定资产投资的增长有助于其吸引更多的资本。本书借鉴宁朝山（2020）[61]、汤骑璆（2020）[177]等学者的做法，使用固定资产投资总额/GDP 表示投资。

（7）环境治理能力（EG）

在经济更好更快发展的大趋势下，越来越多的地方政府将绿色这一新发展理念贯彻到当地的经济建设中去，它们深刻地意识到保护和优化生态环境与搞好经济建设是不冲突的，是可以做到两者兼顾的，在各地政府加快经济建设进程的同时，要更加积极主动地用长远的眼光看待生态问题。本书借鉴姜松（2020）[62]等学者的做法，使用污水处理厂集中处理率表示环境治理能力。

书中涉及的各变量定义见表4.1。

表 4.1 变量的定义

变量性质	变量名称	符号	变量描述
被解释变量	经济发展水平	PGDP	人均 GDP
核心解释变量	数字经济发展水平	DEI	数字经济指数
	产业结构	IS	第三产业产值/GDP
	城镇化水平	UR	城镇人口/总人口
	政府调控	GI	政府支出/GDP
控制变量	对外贸易依存度	OP	进出口总额/GDP
	劳动力投入水平	HC	城镇单位从业人员期末人数
	投资	FI	固定资产投资总额/GDP
	环境治理能力	EG	污水处理厂集中处理率

4.4 模型设计

在研究区域经济问题时，多数学者使用面板数据模型进行分析，该模型在缓解遗漏变量等难题上占有比较优势，对所能获得到的样本容量没有特别严格的要求，同时，它在一定程度上可以刻画出难以观察到的因素所产生的影响和效果。通过前文对影响机理、研究假设的阐述，本书以 2015～2018 年 267 个地级市的样本为数据基础，通过 Stata16.0 构建面板数据模型，对全国层面和区域层面数字经济发展的经济增长效应进行估计，然后通过构建面板门限模型，分别把门限变量设定为 DEI 和 UR，进一步揭示数字经济发展对经济增长的非线性影响。

4.4.1　面板数据模型

本书采用 2015～2018 年 267 个地级市的面板数据分析数字经济发展与经济增长之间的关系。利用 F 检验和 Hausman 检验确定最终的面板回归模型，本书设计的面板数据模型如下：

$$PGDP_{it} = \alpha_0 + \beta_1 DEI_{it} + \beta_2 IS_{it} + \beta_3 UR_{it} + \beta_4 GI_{it} + \beta_5 OP_{it}$$
$$+ \beta_6 HC_{it} + \beta_7 FI_{it} + \beta_8 EG_{it} + \varepsilon_{it} \tag{4.2}$$

其中，下标 i 为城市，t 为年份，DEI_{it} 指的是 i 城市在 t 时期的数字经济水平，$PGDP_{it}$ 指的是 i 城市在 t 时期的人均 GDP，即经济发展水平，劳动力投入水平（HC）、城镇化水平（UR）、政府调控（GI）、对外贸易依存度（OP）、投资（FI）、环境治理能力（EG）、产业结构（IS）为控制变量，α_0 是个体效应，ε_{it} 是随机扰动项。

4.4.2　面板门限模型

汉森（Hansen，1999）对静态面板的门限回归方法进行了阐述，消除可能存在的个体效应是其所使用的方法的第一步，进一步使用 LS 估计，通过自举程序检验门限效应是否存在，紧接着对门限参数以及斜率参数的渐进分布进行说明。在此基础上，经过多年发展，王群勇研究的 xthreg 命令被逐渐运用到学者的实际研究中。

单一门限的回归方程如下：

$$y_{it} = \mu_i + \beta_1 x_{it} I(q_{it} \leqslant \gamma) + \beta_2 x_{it} I(q_{it} > \gamma) + \varepsilon_{it} \quad (4.3)$$

其中，下标 i 和 t 分别为城市和年份，x_{it} 为解释变量，y_{it} 为被解释变量，ε_{it} 是随机扰动项，μ_i 代表个体效应，q_{it} 表示门限变量，γ 表示需要进行估计的门限值。根据 q_{it} 大于或小于 γ，将观测值分为两个区域，不同区域回归得到的 β_1 和 β_2 是不同的。式（4.3）可进行以下两种形式的变形：

$$y_{it} = \begin{cases} \mu_i + \beta_1 x_{it} + \varepsilon_{it}, & q_{it} \leqslant \gamma \\ \mu_i + \beta_2 x_{it} + \varepsilon_{it}, & q_{it} > \gamma \end{cases} \quad (4.4)$$

$$x_{it}(q_{it}, \gamma) = \begin{cases} x_{it}I, & q_{it} \leqslant \gamma \\ x_{it}I, & q_{it} > \gamma \end{cases} \quad (4.5)$$

对 γ 赋值，用 OLS 对 β 进行估计，得到 β 的估计量为：

$$\hat{\beta}(\gamma) = [X^*(\gamma)'X^*(\gamma)]^{-1}X^*(\gamma)'Y^* \quad (4.6)$$

其中，X^* 和 Y^* 是组内偏差，残差平方和为 $\hat{e}^*(\gamma)'\hat{e}^*(\gamma)$，用 LS 进行估计，$\hat{\gamma}$ 的表达式如下：

$$\hat{\gamma} = \arg_{\gamma} \min S_1(\gamma) \quad (4.7)$$

紧接着，验证门限效应：

$$H_0: \beta_1 = \beta_2 \qquad H_1: \beta_1 \neq \beta_2$$

F 统计量表示为:

$$F_1 = \frac{S_0 - S_1(\hat{\gamma})}{\hat{\sigma}^2} \tag{4.8}$$

接下来构建置信区间。通过 γ 的似然比统计量,验证 γ 与 γ_0 是否一致,如式(4.9)所示:

$$LR_1(\gamma) = \frac{S_1(\gamma) - S_1(\hat{\gamma})}{\hat{\sigma}^2} \xrightarrow{Pr} \delta \tag{4.9}$$

δ 是随机变量,分布函数及其反函数可表示为:

$$P(\delta \leqslant x) = \left[1 - \exp^{-x/2}\right]^2 \tag{4.10}$$

$$c(\beta) = -2\log(1 - \sqrt{1 - \beta}) \tag{4.11}$$

当给定置信水平时,利用反函数,可以计算出临界值。如 1%、5%、10% 置信水平下,临界值分别为 10.59、7.35 和 6.53。当 $LR_1(\gamma_0)$ 高于临界值时,就可以拒绝接受 $\gamma = \gamma_0$,多个门限值的分析步骤也是如此。

本书使用王群勇的门限回归模型和 xthreg 命令,分别以 DEI、UR 作为门限变量,建立的门限模型如下。

(1)单门限模型

$$\begin{aligned}
PGDP_{it} = {} & \alpha_0 + \beta_1 DEI_{it} I(DEI_{it} \leqslant \gamma) + \beta_2 DEI_{it} I(DEI_{it} > \gamma) \\
& + \beta_3 IS_{it} + \beta_4 UR_{it} + \beta_5 GI_{it} + \beta_6 OP_{it} + \beta_7 HC_{it} \\
& + \beta_8 FI_{it} + \beta_9 EG_{it} + \varepsilon_{it}
\end{aligned} \tag{4.12}$$

$$PGDP_{it} = \alpha_0 + \beta_1 DEI_{it} I(UR_{it} \leq \gamma) + \beta_2 DEI_{it} I(UR_{it} > \gamma)$$
$$+ \beta_3 IS_{it} + \beta_4 GI_{it} + \beta_5 OP_{it} + \beta_6 HC_{it} + \beta_7 FI_{it}$$
$$+ \beta_8 EG_{it} + \varepsilon_{it} \qquad (4.13)$$

(2) 双门限模型

$$PGDP_{it} = \alpha_0 + \beta_1 DEI_{it} I(DEI_{it} \leq \gamma_1) + \beta_2 DEI_{it} I(\gamma_1 < DEI_{it} \leq \gamma_2)$$
$$+ \beta_3 DEI_{it} I(DEI_{it} > \gamma_2) + \beta_4 IS_{it} + \beta_5 UR_{it} + \beta_6 GI_{it}$$
$$+ \beta_7 OP_{it} + \beta_8 HC_{it} + \beta_9 FI_{it} + \beta_{10} EG_{it} + \varepsilon_{it} \qquad (4.14)$$

$$PGDP_{it} = \alpha_0 + \beta_1 DEI_{it} I(UR_{it} \leq \gamma_1) + \beta_2 DEI_{it} I(\gamma_1 < UR_{it} \leq \gamma_2)$$
$$+ \beta_3 DEI_{it} I(UR_{it} > \gamma_2) + \beta_4 IS_{it} + \beta_5 GI_{it} + \beta_6 OP_{it}$$
$$+ \beta_7 HC_{it} + \beta_8 FI_{it} + \beta_9 EG_{it} + \varepsilon_{it} \qquad (4.15)$$

(3) 三门限模型

$$PGDP_{it} = \alpha_0 + \beta_1 DEI_{it} I(DEI_{it} \leq \gamma_1) + \beta_2 DEI_{it} I(\gamma_1 < DEI_{it} \leq \gamma_2)$$
$$+ \beta_3 DEI_{it}(\gamma_2 < DEI_{it} \leq \gamma_3) + \beta_4 DEI_{it} I(DEI_{it} > \gamma_3)$$
$$+ \beta_5 IS_{it} + \beta_6 UR_{it} + \beta_7 GI_{it} + \beta_8 OP_{it} + \beta_9 HC_{it}$$
$$+ \beta_{10} FI_{it} + \beta_{11} EG_{it} + \varepsilon_{it} \qquad (4.16)$$

$$PGDP_{it} = \alpha_0 + \beta_1 DEI_{it} I(UR_{it} \leq \gamma_1) + \beta_2 DEI_{it} I(\gamma_1 < UR_{it} \leq \gamma_2)$$
$$+ \beta_3 DEI_{it}(\gamma_2 < UR_{it} \leq \gamma_3) + \beta_4 DEI_{it} I(UR_{it} > \gamma_3)$$
$$+ \beta_5 IS_{it} + \beta_6 GI_{it} + \beta_7 OP_{it} + \beta_8 HC_{it} + \beta_9 FI_{it}$$
$$+ \beta_{10} EG_{it} + \varepsilon_{it} \qquad (4.17)$$

4.5 面板数据模型实证分析

4.5.1 描述性统计

由表 4.2 可知，人均国民生产总值（*PGDP*）的平均值为 10.8401，最大值和最小值分别是 12.2807 和 9.3045，表明我国各个城市间的经济发展规模存在不小差距，要重视区域间的协调发展；数字经济发展水平（*DEI*）的平均值为 1.1166，标准差为 2.0889，说明数字经济发展水平有着较大的地区差异；产业结构（*IS*）的均值为 1.0705，标准差为 0.4887，说明当前三大传统产业的内部结构虽有了较大调整，但各地区还需逐步加快产业结构转型的步伐；城镇化水平（*UR*）标准差为 13.4376，平均值为 57.3018，表明不同地级市间的 *UR* 离散程度较大，改革开放以来，我国城镇化发展的步伐加快，推动了社会变迁和民生改善，但要充分认识不同地区的比较优势，加强城市间的合作，推动差异化发展和新型城镇化建设；政府调控（*GI*）的标准差为 0.2964，说明政府在各地区间的调控作用差距不大；对外贸易依存度（*OP*）平均值是 0.2046，最大值和最小值分别为 1.6127 和 0.0021，可能由于地理位置因素，东部城市或沿海城市在对外贸易上占据一定发展优势；劳动力投入水平（*HC*）平均值为 12.9073，标准差为 0.8710，说明不同地区之间的就业人数存在不小差距，要加强创新创业引导，重视就业指导培训，吸引人才就业；投资（*FI*）最大值为 5.7549，最小值为 0.2182，说明地区间的投资水平存在差距，各地区要发挥优势，增强外资吸引力，同时也要注意资源的合理分配；环境治理能力（*EG*）的标准差高达 9.3214，说明在环境治理上地区差距较大，各地区要把握好经济发展与生态保护两者的关系。

表 4.2   变量描述性统计结果

变量名称	样本个数	均值	标准差	最小值	最大值
PGDP	1068	10.8401	0.5345	9.3045	12.2807
DEI	1068	1.1166	2.0889	0.0580	15.4414
IS	1068	1.0705	0.4887	0.4349	3.4067
UR	1068	57.3018	13.4376	31.9000	94.6265
GI	1068	0.2964	0.2682	0.0880	1.6663
OP	1068	0.2046	0.2976	0.0021	1.6127
HC	1068	12.9073	0.8710	11.0306	16.1049
FI	1068	1.1998	0.9700	0.2182	5.7549
EG	1068	90.2851	9.3214	30.0000	100.0000

数据来源：作者计算整理。

4.5.2 基准回归结果

第一步，本书通过观察 VIF 值，对 *DEI*、*UR*、*HC*、*GI* 等数据的多重共线性进行分析；第二步，基于总样本和分样本的 F 检验和 Hausman 检验结果，选取最终模型；第三步，通过逐步回归法分析数字经济发展对经济增长的影响，并在此基础上对该效应的区域异质性和稳健性进行分析。

（1）模型选择

第一步要做的是分析样本的多重共线性。由表 4.3 可知，本书所选变量的 1/VIF 均没有超过 1，且 Mean VIF 为 1.95，表明所选数据不存在多重共线性。

表 4.3   多重共线性检验结果

变量	VIF	1/VIF
DEI	2.1	0.4772
IS	1.34	0.7469
UR	1.69	0.5906
GI	3.18	0.3149
OP	1.43	0.7015
HC	1.94	0.5146
FI	2.87	0.3488
EG	1.08	0.9272
Mean VIF	1.95	

数据来源：作者计算整理。

接下来是确定最终的面板数据模型。由表 4.4 可知，F 检验下的 P 值均为 0，说明可以拒绝使用混合回归模型进行分析，Hausman 检验下的 P 值也均为 0，说明对于总样本和分样本来说，都应该选用固定效应模型进行后续研究。

表 4.4 F 检验和 Hausman 检验结果

区域	F 检验		Hausman 检验		模型选择
	F – Statistic	Prob	Chi2	Prob	
全国层面	86.22	0.0000	181.86	0.0000	固定效应
东部城市	43.3	0.0000	62.48	0.0000	固定效应
中西部城市	48.94	0.0000	120.03	0.0000	固定效应

数据来源：作者计算整理。

（2）逐步回归分析

逐步回归分析的估计结果如表 4.5 所示。在不考虑其他控制变量的前提下，DEI 的系数为 0.0517，通过了 1% 显著性水平的检验，意味着 DEI 每增长 1%，会带动 PGDP 增长 0.0517%。从模型 2 到模型 8 核心解释变量的系数可以看出，随着控制变量的个数逐步增加，DEI 的系数值呈现出了递减趋势，但数字经济对经济增长的影响总是显著且正向的，每个模型都通过了 1% 置信水平的检验，说明使用模型 1 进行分析较为简单，需要加入控制变量，模型 8 的设定比较稳定、合理，也说明了假设 1 是成立的。

接下来进行控制变量的分析。由模型 8 可以看出，IS 的系数为 -0.2481，它对经济增长的影响是负向且显著的，这与郑嘉琳、徐文华（2021）[174] 的结论一致，出现这种现象的原因可能在于虽然当前我国的服务业发展态势较好，所占比重呈现递增趋势，但是工业的粗放式发展难以在较短的时间内得到根本转变，加快转变经济发展方式仍是重中之重；城镇化水平（UR）的系

表4.5 数字经济发展对经济增长的整体效应估计结果

变量	模型 1	模型 2	模型 3	模型 4	模型 5	模型 6	模型 7	模型 8
DEI	0.0517*** (8.77)	0.0451*** (7.13)	0.0161*** (2.78)	0.0226*** (4.27)	0.0236*** (4.51)	0.0241*** (4.61)	0.0241*** (4.65)	0.0238*** (4.58)
IS		0.1294*** (2.76)	-0.2356*** (-5.04)	-0.2699*** (-6.37)	-0.2819*** (-6.70)	-0.2657*** (-6.25)	-0.2449*** (-5.72)	-0.2481*** (-5.81)
UR			0.0705*** (15.99)	0.0609*** (15.01)	0.0602*** (14.97)	0.0608*** (15.13)	0.0591*** (14.63)	0.0568*** (13.72)
GI				0.2885*** (13.26)	0.2440*** (10.14)	0.2402*** (9.99)	0.1228*** (2.72)	0.1311*** (2.90)
OP					0.1767*** (4.17)	0.1825*** (4.31)	0.1559*** (3.62)	0.1481*** (3.44)
HC						0.1085** (2.35)	0.0947** (2.05)	0.0993** (2.16)
FI							0.0373*** (3.06)	0.0362*** (2.98)
EG								0.0023** (2.36)

续表

变量	模型 1	模型 2	模型 3	模型 4	模型 5	模型 6	模型 7	模型 8
_cons	10.7823 *** (1235.21)	10.6512 *** (220.86)	7.0325 *** (30.55)	7.5264 *** (35.54)	7.5548 *** (36.01)	6.1026 *** (9.37)	6.3540 *** (9.73)	6.2233 *** (9.52)
N	1068	1068	1068	1068	1068	1068	1068	1068
F	76.9067	42.5948	122.6333	156.1086	130.9234	110.6495	97.1771	86.2160
R^2	0.0877	0.0963	0.3156	0.4393	0.4513	0.4551	0.4614	0.4652

注：* 表示 10% 水平上显著，** 表示 5% 水平上显著，*** 表示 1% 水平上显著；括号内是 t 值。

数显著为正，说明加快新型城镇化进程是推动经济发展迈向新台阶的必要举措；政府调控（*GI*）的系数为 0.1311，通过了 1% 显著性水平的检验，说明政府在完善监管角色的同时，保障了资源要素的协调配置，发挥了公共基础设施的惠民作用，有效推动了经济发展；对外贸易依存度（*OP*）的系数为 0.1481，说明对外贸易快速发展，有利于引进先进技术和理念，为经济发展提供一定支持；劳动力投入水平（*HC*）的系数显著为正，说明劳动力水平的不断提升可以促进投入产出效率提升，进而带动经济发展；以固定资产投资/GDP 表示的投资（*FI*）系数为正且显著，充分说明了投资作为"三驾马车"之一对经济的驱动作用是非常显著的；环境治理能力（*EG*）的系数为 0.0023，在 5% 的水平上显著，说明保护环境与壮大经济是可以协调统一的，而不是相互矛盾的，要意识到环境保护的重要性，人与自然和谐共生有助于经济持续健康发展。

4.5.3　区域异质性分析

考虑到不同城市的地理位置、自身优势和经济特征不同，本书用三种划分标准对全国样本进行划分，进而分析可能存在的区域异质性，分析结果见表 4.6。首先，验证东部、中西部城市 *DEI* 对 *PGDP* 的影响差异，模型 1 和模型 2 是两个地区的固定效应回归结果，通过对比两者核心解释变量的系数，可以看出中西部城市数字经济的经济增长效应更加突出，数字经济可以为较落后地区带来更大的经济活力；其次，从大城市和中小城市层面进行分析，这里借鉴蒋长流（2020）[175] 的做法，两个地区实证结果如模型3和模型4所示，模型3使用的样本为一线、新一线和二线城市，模型4使用的是不包含以上城市的其他城市，核心解释变量的系数分别为 0. 0117 和 0. 0453，说明中小城市数字经济的经济增长效应较为强劲；最后，借鉴李宗显（2021）[176]、汤旖璆（2021）[177] 的做法，验证中心、外围城市 DEI 对 $PGDP$ 的影响差异，模型5、模型6是其回归结果，模型5使用的样本来源为直辖市、省会城市等，模型6使用的样本是不包含以上城市的其他城市。可以发现，相比中心城市，外围城市的数字经济发展对经济增长的促进作用更为明显。

表4.6　　　　数字经济发展对经济增长的区域异质性检验

变量	模型1	模型2	模型3	模型4	模型5	模型6
DEI	0. 0157 *** (4. 24)	0. 0274 ** (2. 42)	0. 0117 *** (4. 70)	0. 0453 * (1. 94)	0. 0112 *** (4. 02)	0. 0455 *** (3. 21)
IS	− 0. 2444 *** （− 3. 60）	− 0. 2866 *** （− 5. 01）	− 0. 2105 *** （− 2. 83）	− 0. 2619 *** （− 5. 41）	− 0. 1415 * （− 1. 74）	− 0. 2712 *** （− 5. 75）
UR	0. 0472 *** (8. 38)	0. 0634 *** (11. 06)	0. 0559 *** (7. 38)	0. 0540 *** (8. 75)	0. 0516 *** (4. 53)	0. 0536 *** (10. 55)
GI	0. 2543 *** (2. 78)	0. 0927 * (1. 91)	1. 5443 *** (3. 41)	0. 0906 ** (2. 11)	0. 8678 (1. 52)	0. 1309 *** (2. 80)
OP	0. 0583 (0. 90)	0. 1586 ** (2. 34)	− 0. 2407 *** （− 4. 46）	0. 2361 *** (4. 00)	0. 0370 (0. 25)	0. 1506 *** (3. 29)
HC	0. 1291 (1. 63)	0. 1009 * (1. 74)	0. 1178 (1. 29)	0. 0977 * (1. 89)	0. 0365 (0. 45)	0. 1066 ** (2. 07)
FI	0. 0589 ** (2. 58)	0. 0298 ** (2. 18)	0. 0031 (0. 05)	0. 0375 *** (3. 04)	0. 0819 (0. 98)	0. 0358 *** (2. 84)

续表

变量	模型 1	模型 2	模型 3	模型 4	模型 5	模型 6
EG	0.0073 *** (3.93)	0.0010 (0.87)	0.0103 *** (3.65)	0.0018 * (1.67)	0.0093 ** (2.43)	0.0020 ** (1.97)
_cons	5.8334 *** (4.88)	6.1048 *** (7.61)	4.7667 *** (3.21)	6.5577 *** (9.08)	6.1328 *** (4.16)	6.4102 *** (8.96)
N	396	672	192	876	132	936
F	43.2997	48.9449	35.3328	66.6751	14.6703	75.1375
R^2	0.5452	0.4412	0.6752	0.4511	0.5633	0.4641

注：＊表示 10% 水平上显著，＊＊表示 5% 水平上显著，＊＊＊表示 1% 水平上显著；括号内是 t 值。

由此可见，在较落后的地区，数字经济更能发挥出自身的作用，驱动城市经济增长的效果会更加明显。出现这种结果的原因可能在于东部、中心和大城市自身的经济实力和数字经济水平较强，公共基础设施等方面都比较完善，相比于中西部、外围和中小城市，吸纳的数字红利可能较少，在这些较发达地区，数字经济在一定程度上起着"如虎添翼"的作用；而中西部、外围和中小城市可以借助数字经济的发展，进一步降低生产费用，推动经济转型，在这些较落后地区，数字经济在一定程度上起着"雪中送炭"的作用。

4.5.4 稳健性检验

(1) 替换核心解释变量

本书借鉴钟文（2021）[178] 的做法，使用数字金融指数替换数字经济指数进行固定效应回归分析，检验模型的稳健性，因海东市该指标缺失，剔除海东市后共有 266 个城市样本。由表 4.7 可知，模型 1 是全国总样本的回归结果，模型 2 和模型 3 是东部、中西部城市的回归结果，通过分析发现 *DEI* 对 *PGDP* 的影响显著为正，绝大多数变量的系数都是显著的，且这种正向促进效应在中西部城市更加明显，由此可见，替换核心解释变量后模型依然稳定。

表 4.7 替换 *DEI* 的估计结果

变量	模型 1	模型 2	模型 3
DEI	0.7746 *** (9.34)	0.7724 *** (7.78)	0.7773 *** (6.13)
IS	-0.3021 *** (-7.39)	-0.3309 *** (-5.09)	-0.3107 *** (-5.78)
UR	0.0158 ** (2.52)	0.0090 (1.19)	0.0190 ** (2.00)
GI	0.0599 (1.42)	0.1513 * (1.74)	0.0438 (0.96)
OP	0.1385 *** (3.41)	0.0299 (0.50)	0.1671 ** (2.50)
HC	0.1346 *** (3.09)	0.2428 *** (3.25)	0.1063 * (1.95)
FI	0.0360 *** (3.12)	0.0664 *** (3.10)	0.0273 ** (2.06)
EG	0.0006 (0.61)	0.0051 *** (2.90)	-0.0005 (-0.43)
_cons	4.2599 *** (6.64)	2.9608 ** (2.59)	4.4955 *** (5.72)

续表

变量	模型 1	模型 2	模型 3
N	1064	396	668
F	101.8694	54.3072	57.2554
R^2	0.5078	0.6005	0.4816

注：* 表示 10% 水平上显著，** 表示 5% 水平上显著，*** 表示 1% 水平上显著；括号内是 t 值。

（2）剔除重点城市

由于重点城市在人口数量、经济水平等方面与其他地级市存在不小差距，可能会出现异常值的情况，需要进一步验证所选模型的稳健性，使用的具体方法是逐步剔除重点城市。模型 1 是不包含直辖市的回归结果，模型 2 是不包含省会城市的回归结果，模型 3 是不包含副省级城市的回归结果，模型 4 是不包含计划单列市的回归结果。从表 4.8 可以看出，无论使用哪种方式缩减样本，数字经济发展对经济增长的影响均是正向且显著的，另外，控制变量的显著性与前面一致，也说明模型是稳健的。

表 4.8 剔除重点城市估计结果

变量	模型 1	模型 2	模型 3	模型 4
DEI	0.0300 *** (4.47)	0.0424 *** (3.57)	0.0296 *** (3.70)	0.0265 *** (4.30)
IS	-0.2577 *** (-5.97)	-0.2682 *** (-5.76)	-0.2520 *** (-5.70)	-0.2482 *** (-5.76)

变量	模型 1	模型 2	模型 3	模型 4
UR	0.0557 *** (13.00)	0.0540 *** (11.14)	0.0556 *** (12.41)	0.0560 *** (13.19)
GI	0.1321 *** (2.91)	0.1295 *** (2.80)	0.1338 *** (2.90)	0.1322 *** (2.90)
OP	0.1462 *** (3.38)	0.1500 *** (3.35)	0.1442 *** (3.24)	0.1443 *** (3.29)
HC	0.0984 ** (2.07)	0.1087 ** (2.14)	0.0967 ** (2.05)	0.0985 ** (2.12)
FI	0.0366 *** (2.99)	0.0362 *** (2.89)	0.0361 *** (2.91)	0.0364 *** (2.96)
EG	0.0022 ** (2.27)	0.0021 ** (2.03)	0.0022 ** (2.22)	0.0023 ** (2.33)
_cons	6.3245 *** (9.38)	6.3401 *** (8.93)	6.3661 *** (9.58)	6.2916 *** (9.57)
N	1052	956	1016	1048
F	85.5718	77.1305	80.9002	84.1504
R^2	0.4671	0.4653	0.4619	0.4639

注：* 表示10%水平上显著，** 表示5%水平上显著，*** 表示1%水平上显著；括号内是 t 值。

4.5.5 内生性检验

尽管本书根据国内外学者的研究成果，将多个影响经济增长的控制变量考虑在内，但还是有可能出现内生性问题。一是 DEI 的快速发展能够为 PGDP 的增长带来新动力，PGDP 的增长也会反过来带动 DEI 水平的提升。数字经济发展与经济增长之间可能会互相影响，存在反向因果关系。二是影响经济增长的因素有很多，虽然能对控制变量进行选择和控制，但是难以避免残差项中存在影响经济增长的因素，可能会出现遗漏变量问题。

为了有效解决上述可能出现的问题，本书借鉴钱海章（2020）[179]、黄群慧（2019）[180]、赵涛（2020）[181]、韦施威（2022）[182]、胡山（2022）[183]等学者的做法，使用 1984 年人均邮局数作为数字经济的工具变量。一方面，考虑到数字经济的发展需要借助于坚实的信息技术基础，且历史上不同地区的电信基础设施建设水平能够对当地的互联网建设产生不小影响，是推动互联网等网络技术发展和广泛应用的重要基础，邮局数量的多少在较大程度上能反映该地区的信息沟通水平，邮局数量较多的地区互联网普及率较高，进而会影响到数字经济发展程度，该工具变量符合相关性要求；另一方面，历史上的人均邮局数对当下整体经济的发展产生的作用很小，该工具变量符合外生性要求。考虑到本书使用的是面板数据，而 1984 年的人均邮局数没有时间维度，是一个截面数据，故对工具变量进行调整，最终采用人均邮局数与上一年国际互联网用户数的交互项作为数字经济的工具变量。从相关性层面看，数字经济的繁荣发展需要借助互联网力量，两者之间是紧密联系的；从外生性层面上看，某个地级市的经济增长幅度对上一年国际或全国层面互联网用户数的影响是很小的，所以工具变量是相对外生的。因 1984 年有些地级市的指标缺失，剔除后共有 209 个城市样本。

当使用 ivreg2 命令进行 2SLS 回归时，人均邮局数与上一年国际互联网用户数的交互项对数字经济第一阶段回归结果显示

Ftest of excluded instruments 值为 52. 89, 远远大于 10, 说明是不存在弱工具识别的。另外, 不可识别检验显示, Kleibergen-Paaprk LM 统计量的 P 值为 0. 0000, 强烈拒绝不可识别原假设。从表 4. 9 可以看出, 模型 1 是 OLS 回归结果, 模型 2 是面板固定效应回归结果, 模型 3 是使用 xtivreg2 命令引用工具变量的回归结果, Weak identification test 显示, CD Wald F 统计量为 51. 204, 也可以拒绝所选工具变量为弱工具变量。在考虑内生性问题后, 从核心解释变量上看, 数字经济发展对经济增长的影响仍是正向且显著的, 核心解释变量的系数值为 0. 0402, 相较于之前有所提升, 由于 T 值等于回归系数值与回归系数标注误差之商, 说明设定的模型误差较小、较为稳健。从控制变量上看, *IS*、*UR*、*OP*、*HC*、*FI*、*EG* 控制变量的显著性、方向与 OLS、面板固定效应回归结果基本一致, 政府调控变量对经济增长的作用不明显, 出现这种情况的原因可能有以下两点: 一是使用工具变量进行检验时缩减了城市样本量, 样本量的减少可能会带来一定的估计偏误; 二是政府支出对新时期经济增长的驱动作用有所下降, 也说明了要充分发挥市场在资源配置中的决定性作用。总体来看, 工具变量回归与基准分析得到了类似的结论, 模型是基本稳定的。

表 4. 9　　　　　　　　　　内生性检验估计结果

变量	模型 1	模型 2	模型 3
DEI	0. 0182 *** (2. 74)	0. 0238 *** (4. 58)	0. 0402 *** (2. 81)
IS	-0. 1013 *** (-4. 47)	-0. 2481 *** (-5. 81)	-0. 2811 *** (-5. 27)

变量	模型 1	模型 2	模型 3
UR	0.0231 *** (24.94)	0.0568 *** (13.72)	0.0533 *** (10.21)
GI	−0.6393 *** (−10.05)	0.1311 *** (2.90)	0.0747 (0.91)
OP	0.3033 *** (7.90)	0.1481 *** (3.44)	0.0993 * (1.76)
HC	0.0606 *** (3.96)	0.0993 ** (2.16)	0.1366 *** (3.47)
FI	0.1742 *** (10.42)	0.0362 *** (2.98)	0.0603 *** (3.24)
EG	0.0022 ** (2.02)	0.0023 ** (2.36)	0.0022 * (1.76)
_cons	8.5449 *** (40.26)	6.2233 *** (9.52)	
固定效应	No	Yes	Yes
N	1068	1068	836
F	257.3307	86.2160	76.2785
r2	0.6603	0.4652	0.4891

注：* 表示 10% 水平上显著，** 表示 5% 水平上显著，*** 表示 1% 水平上显著；括号内是 t 值。

4.6 数字经济发展对经济增长的门限回归分析

通过前面对面板固定效应回归结果的分析，我们对数字经济发展与经济增长之间的关系有了初步判定。基于前面对相关机理内容的阐述，下面进一步分析两者之间的非线性关系。本书执行的是王群勇的 xthreg 命令，门限变量设定为 *DEI*、*UR*，主要分析步骤如下：第一步，确定门限效应的客观存在性，在此基础上，初步估计可能存在的门限个数；第二步，确定模型选取的最终形式，对门限值的显著性进行检验。

4.6.1 以 *DEI* 为门限变量

（1）全国层面的门限检验结果

由表 4.10 和表 4.11 估计结果可以看出，把门限变量设定为 *DEI* 时，单一门限的 P 值是 0.0433，F 值统计量为 13.85，门限值为 0.2734，在 5% 的置信水平上是显著的，但是双门限没有通过显著性检验，所以在全国层面只有单一门限效应。

表 4.10 门限检验结果

门限变量 *DEI*	F 值	P 值	1% 临界值	5% 临界值	10% 临界值
单门限	13.85	0.0433	18.5476	12.8983	10.9486
双门限	3.42	0.9033	20.4870	13.9654	11.6821

表 4.11 门限值估计

门限值	估计值	95% 置信区间
单门限	0.2734	[0.2519, 0.2763]

图 4.1 是以数字经济发展水平（*DEI*）为门限变量时的最大

似然比函数图。蓝色的实线是 LR 统计量，LR 水平线由另一条红线表示，它指的是当置信水平设定为 5% 时的临界值，蓝红线的交点可以确定门限值的区间。由该图可知，数字经济发展水平（*DEI*）与直线 LR = 0 相交于点 0.2734，单门限值为 0.2734，通过了最大似然检验。

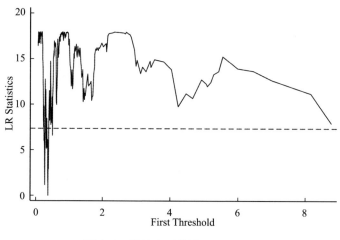

图 4.1　似然比函数图　（0.2734）

（2）东部城市的门限检验结果

根据表 4.12 和表 4.13 的门限估计结果，在对东部城市进行分析时，单一门限的门限值是 0.3387，门限估计区间为 [0.3119，0.3392]，P 值和 F 值统计量分别是 0.0000 和 24.06；第二个门限的门限值是 0.3799，门限估计区间为 [0.3364，0.3801]，P 值和 F 值统计量分别是 0.0033 和 26.28，两者在 1% 的置信水平上都是显著的；第三个门限的 P 值为 0.7633，远大于

0.1，因此，在这种情况下，双重门限的存在性得到了验证。

表 4.12　　　　　　　　门限检验结果

门限变量 DEI	F 值	P 值	1% 临界值	5% 临界值	10% 临界值
单门限	24.06	0.0000	18.8756	14.5361	13.0143
双门限	26.28	0.0033	21.0911	14.4327	11.7913
三门限	14.23	0.7633	49.4656	39.5055	33.2861

表 4.13　　　　　　　　门限值估计

门限值	估计值	95% 置信区间
双门限	0.3387	[0.3119, 0.3392]
	0.3799	[0.3364, 0.3801]

　　由图 4.2 和图 4.3 可以看出，两个门限值均通过了 LR 检验，说明存在两个门限值。

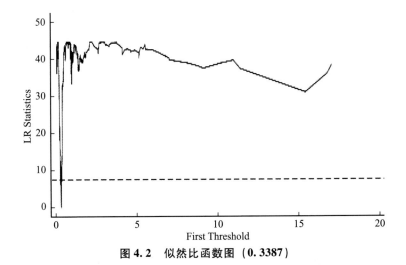

图 4.2　似然比函数图（0.3387）

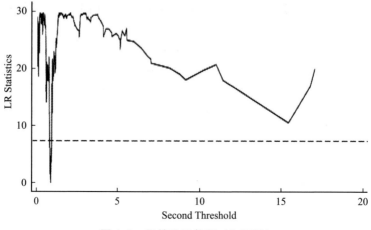

图 4.3 似然比函数图 (0.3799)

(3) 中西部城市的门限检验结果

根据表 4.14 的估计结果，当以数字经济发展水平（*DEI*）为门限变量对中西部城市进行分析时，单一门限的 P 值是 0.1067，没有通过 10% 置信水平的检验，说明在中西部地区两者之间不存在非线性关系。

表 4.14　　　　　　　　　　　　**门限检验结果**

门限变量 *DEI*	F 值	P 值	1% 临界值	5% 临界值	10% 临界值
单门限	11.37	0.1067	16.528	13.7464	11.4992

(4) 门限结果分析

表 4.15 报告了当门限变量设定为 *DEI* 时，不同区域的 *DEI* 对 *PGDP* 的门限效应。模型 1 是全国层面的检验结果，可以看

出，当数字经济发展水平（*DEI*）低于 0.2734 时，*DEI* 对 *PGDP* 的影响是显著的、负向的，说明在这一区间 *DEI* 对 *PGDP* 存在显著的"挤出效应"；当数字经济发展水平（*DEI*）高于 0.2734 时，这种影响是正向且显著的，说明数字经济的发展能够正向拉动经济增长，这在一定程度上表明了随着 *DEI* 的不断发展，可能会拉大落后地区与较发达地区之间经济上的差距。模型 2 是东部城市的检验结果，当数字经济发展水平（*DEI*）处于中低门限值区间（门限值低于 0.3799）时，*DEI* 的系数为 - 0.5959、- 0.1022，通过了 1% 显著水平的检验，说明在数字经济发展水平较落后地区，*DEI* 对 *PGDP* 的影响为负；当数字经济发展水平（*DEI*）处于高门限值区间（门限值高于 0.3799）时，*DEI* 的系数为 0.0150，通过了 1% 显著水平的检验，说明在 *DEI* 较高地区，数字经济能够正向带动经济的增长。

表 4.15 以 DEI 为门限变量的回归结果

变量	模型 1	变量	模型 2
$DEI \leqslant 0.2734$	- 0.2134 *** (- 2.81)	$DEI \leqslant 0.3387$	- 0.5959 *** (- 5.68)
$DEI > 0.2734$	0.0249 *** (4.81)	$0.3387 < DEI \leqslant 0.3799$	- 0.1022 *** (- 3.83)
		$DEI > 0.3799$	0.0150 *** (4.26)
IS	- 0.2559 *** (- 6.01)	*IS*	- 0.2492 *** (- 3.87)
UR	0.0512 *** (11.39)	*UR*	0.0295 *** (4.81)

续表

变量	模型1	变量	模型2
GI	0. 1300 *** (2. 89)	GI	0. 3110 *** (3. 57)
OP	0. 1442 *** (3. 37)	OP	0. 0416 (0. 68)
HC	0. 1078 ** (2. 35)	HC	0. 1424 * (1. 89)
FI	0. 0343 *** (2. 83)	FI	0. 0538 ** (2. 49)
EG	0. 0023 ** (2. 35)	EG	0. 0051 *** (2. 84)
_cons	6. 4593 *** (9. 87)	_cons	7. 0406 *** (6. 13)
N	1068	N	396
F	78. 5748	F	42. 4621
R^2	0. 4717	R^2	0. 5967

注：*表示10%水平上显著，**表示5%水平上显著，***表示1%水平上显著；括号内是 t 值。

4. 6. 2　以 UR 为门限变量

（1）全国层面的门限检验结果

由表4. 16 和表4. 17 可以看出，当门限变量设定为 UR 时，单一门限的门限值是 61. 7985，门限估计区间为 [61. 4700，61. 8741]，P 值和 F 值统计量分别是 0. 0000 和 70. 56，说明在 1% 的置信水平上是显著的；第二个门限的门限值是 72. 5900，门

限估计区间为 [70.9800, 72.8467]，P 值和 F 值统计量分别是 0.0033 和 19.69，通过了 5% 的显著性检验；第三个门限的 P 值为 0.8367，远大于 0.1，因此，在这种情况下，双重门限的存在性得到了验证。如图 4.4 和图 4.5 所示，两个门限值 61.7985 和 72.5900 均与 LR = 0 相交，说明通过了 LR 检验。

表 4.16　　　　　　　　　门限检验结果

门限变量 *UR*	F 值	P 值	1% 临界值	5% 临界值	10% 临界值
单门限	70.56	0.0000	21.8439	15.2680	13.2162
双门限	19.69	0.0033	17.7417	13.9183	12.0404
三门限	10.63	0.8367	56.9176	41.9227	36.1267

表 4.17　　　　　　　　　门限值估计

门限值	估计值	95% 置信区间
双门限	61.7985	[61.4700, 61.8741]
	72.5900	[70.9800, 72.8467]

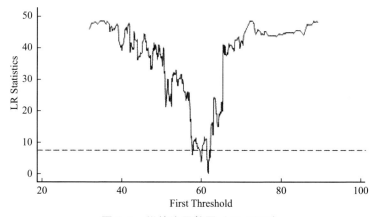

图 4.4　似然比函数图 (**61.7985**)

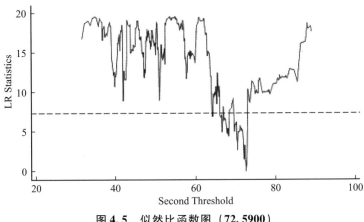

图 4.5　似然比函数图（72.5900）

（2）东部城市的门限检验结果

由表 4.18 和表 4.19 可以看出，当以城镇化水平（UR）为门限变量时，单一门限通过了 1% 的显著性检验，P 值和 F 值统计量分别是 0.0000 和 53.24，门限值和门限估计区间分别为 42.0900 和 [41.9000，42.1500]；第二个门限通过了 5% 的显著性检验，P 值和 F 值统计量分别是 0.0133 和 16.29，门限值和门限估计区间分别为 73.6737 和 [72.8400，73.8963]；第三个门限的 P 值大于 0.1，所以该模型只有两个门限值。由图 4.6 和图 4.7 可以看出，两个门限值均通过了 LR 检验，说明存在两个门限值。

表 4.18 门限检验结果

门限变量 UR	F 值	P 值	1% 临界值	5% 临界值	10% 临界值
单门限	53.24	0.0000	16.3663	12.9867	11.2129
双门限	16.29	0.0133	17.2058	11.5554	9.5680
三门限	10.77	0.2900	58.0765	32.4894	25.8022

表 4.19 门限值估计

门限值	估计值	95% 置信区间
双门限	42.0900	[41.9000, 42.1500]
	73.6737	[72.8400, 73.8963]

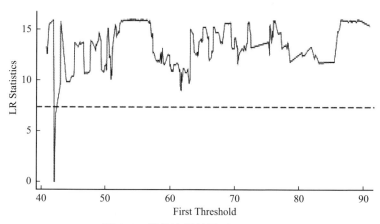

图 4.6 似然比函数图 (42.0900)

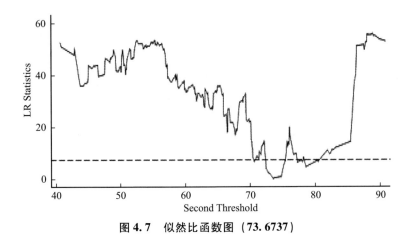

图 4.7　似然比函数图（**73.6737**）

（3）中西部城市的门限检验结果

根据表 4.20 和表 4.21 的估计结果，当以城镇化水平（*UR*）为门限变量时，单一门限的 P 值是 0.0000，F 值统计量为 63.49，门限值为 60.07，门限估计区间为 [59.5832，60.2277]，在 1% 的置信水平上是显著的；第二门限的 P 值是 0.3500，未通过 10% 的显著性水平，因此该模型只存在一个门限值。结合图 4.8 可以看出，该门限值通过了 LR 检验。

表 4.20　　　　　　　　　　　　门限检验结果

门限变量 UR	F 值	P 值	1%临界值	5%临界值	10%临界值
单门限	63.49	0.0000	15.5127	12.5811	10.9779
双门限	7.8	0.3500	21.1098	12.5500	11.1965

表 4. 21   门限值估计

门限值	估计值	95% 置信区间
单门限	60.07	[59.5832, 60.2277]

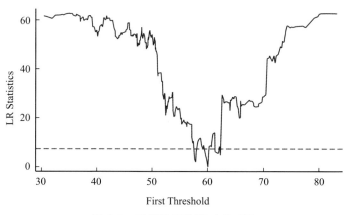

图 4.8 似然比函数图 (60.07)

(4) 门限结果分析

表 4.22 报告了以城镇化水平（*UR*）作为门限变量时，不同区域 *DEI* 对 *PGDP* 的门限效应。模型 1 是全国层面的检验结果，从三个区间可以看出，*DEI* 对 *PGDP* 的影响是正向的，均在 1% 的置信水平上显著，*DEI* 每增加 1 个单位，将会带动 *PGDP* 增长 0.1701，0.0722，0.0352 个单位，但是这种正向效应呈现递减趋势，说明在低城镇化水平地区，*DEI* 对 *PGDP* 有更加显著的带动作用，出现这种情况的主要原因可能在于：东部城市各方面实力比较雄厚，城镇化建设进程较快、水平较高，经过一段时期的发展，在进一步推进城镇化进程时遇到了瓶颈，在这种情况下，继

续提高城镇化水平虽然有利于经济发展，但其产生的正向作用是越来越小的。所不同的是，对于大多数中西部城市来说，自身的城镇化水平有较大的提升空间，可以采取多种措施进行改善，比如增加要素资源的投入，强化基础设施建设等，进而为经济创造更多、更大的成长空间。模型 2 是东部城市的检验结果，可以看出，UR 门限值低于 42.0900 时，DEI 每增长 1 个百分点，可以带动 $PGDP$ 增长 0.35 个百分点；门限值高于 42.0900 低于 73.6737 时，DEI 每增长 1 个百分点，可以带动 $PGDP$ 增长 0.0848 个百分点；门限值高于 73.6737 时，DEI 每增长 1 个百分点，可以带动 $PGDP$ 增长 0.0162 个百分点，由此可以看出，在城镇化水平越高的地区，DEI 对 $PGDP$ 的促进作用反而越弱。根据模型 3 中西部城市的检验结果，再次验证了这种正向带动效应呈现递减趋势，说明 DEI 对 $PGDP$ 的驱动作用在低城镇化水平地区更为显著。

表 4.22　　　　　　　　　　以 UR 为门限变量的回归结果

变量	模型 1	变量	模型 2	变量	模型 3
$UR \leqslant 61.7985$	0.1701 *** (10.33)	$UR \leqslant 42.0900$	0.3500 *** (4.49)	$UR \leqslant 60.07$	0.2448 *** (8.98)
$61.7985 < UR \leqslant 72.5900$	0.0722 *** (7.55)	$42.0900 < UR \leqslant 73.6737$	0.0848 *** (8.12)	$UR > 60.07$	0.0563 *** (4.89)
$UR > 72.5900$	0.0352 *** (6.32)	$UR > 73.6737$	0.0162 *** (4.20)		
IS	-0.1254 *** (-2.84)	IS	-0.1833 *** (-2.65)	IS	-0.1323 ** (-2.29)
UR		UR		UR	

变量	模型 1	变量	模型 2	变量	模型 3
GI	0.1352 *** (2.80)	GI	0.1873 ** (1.99)	GI	0.1219 ** (2.35)
OP	0.1445 *** (3.14)	OP	0.0674 (1.01)	OP	0.1383 * (1.91)
HC	0.0858 * (1.74)	HC	0.0854 (1.05)	HC	0.0810 (1.31)
FI	0.0517 *** (4.00)	FI	0.0861 *** (3.71)	FI	0.0393 *** (2.70)
EG	0.0038 *** (3.70)	EG	0.0074 *** (3.84)	EG	0.0023 * (1.89)
$\_cons$	9.2959 *** (14.17)	$\_cons$	9.2698 *** (8.03)	$\_cons$	9.3681 *** (11.72)
N	1068	N	396	N	672
F	56.4132	F	34.6220	F	35.3388
R^2	0.3906	R2	0.5197	R2	0.3630

注：* 表示 10% 水平上显著，** 表示 5% 水平上显著，*** 表示 1% 水平上显著；括号内是 t 值。

4.7　小　　结

本书基于 2015～2018 年 267 个地级市的样本数据，通过固定效应模型分析，得出的结论是：对于总样本和分样本来说，数字经济发展均能正向带动经济增长，对于全国层面来说，数字经济每增长 1%，会带动经济增长 0.0238%。但是，DEI 对 $PGDP$ 的影响具有区域异质性，相比于东部城市、大城市和中心城市，数字经济发展的经济增长效应在中西部城市、中小城市和外围城市中更加显著。由此可以看出，研究假设 1 和研究假设 2 成立。

本书假设 DEI 与 PGDP 之间存在非线性关系，通过面板门限模型检验，得出的结论是：当门限变量设定为 DEI 时，发现全国层面存在单门限效应，东部城市存在双门限效应，中西部城市不存在门限效应，且 DEI 对 PGDP 的影响是由负向到正向的，说明 DEI 对 PGDP 的影响在初期表现为"挤出效应"，随着 DEI 水平的不断提高，"正向拉动效应"更加明显；当以城镇化水平（UR）作为门限变量时，发现全国层面和东部城市存在双门限效应，中西部城市存在单门限效应，DEI 对 PGDP 的影响总是正向的，但是这种正向作用是递减的，说明在城镇化水平较低的地区，DEI 对 PGDP 的正向带动作用更加显著。由此可以看出，研究假设 3 成立。

5

数字经济发展的影响因素识别

通过前面对数字经济发展的经济增长效应进行的初步分析，可以发现数字经济差异在我国不同地区间是仍然存在的。为了进一步揭示影响各地区间数字经济发展的主要因素，进而推动数字经济的整体健康发展，本章使用空间计量模型和灰色关联分析法对 DEI 的影响因素进行识别。

5.1 数字经济发展影响因素的空间计量分析

空间计量经济学的研究内容往往与区域的经济发展有关，在分析截面和面板数据的空间效应上发挥重要作用。通常情况下，在对具体的区域或城市问题进行分析时，所选取的样本数据大多情况下会存在空间依赖或相关性，要根据这种空间特性，采取合适的模型进行分析。

5.1.1　影响因素选取与数据来源

（1）被解释变量

数字经济发展水平（*DEI*）：本部分使用的数字经济指数来源中国电子信息产业发展研究院，该指数由基础、产业、融合、环境四个层面构成，相较于单独使用互联网普及率、网站数、网民数或者构建数字经济评价指标体系进行研究，数字经济指数的覆盖范围更加广泛，可信度更高，能够综合反映各省份的数字经济发展水平。

（2）解释变量

数字基础设施水平（*WZ*）：在数字经济发展浪潮下，虚拟流空间可以在一定程度上克服实体空间的不足，经济较为落后的区域也能充分把握机会实现经济上的赶超，缩小其与较发达区域之间的差距，但是，这种经济上的赶超需要数字基础设施提供支持，完善的基础设施在其发展过程中起着重要基础作用。本书使用网站数量来表示各地区的数字基础设施水平，原始数据来源《中国统计年鉴2020》。

大数据发展水平（*SJ*）：对于推动数字经济发展来说，大数据产业的不断优化和升级是一重要影响因素。本书使用赛迪智库《中国大数据产业发展评估报告》中的大数据发展指数衡量各地区的大数据发展水平，该指数主要包括三个部分：发展环境、大数据应用和产业，可以体现不同地区大数据技术的发展状况和产业规模。

产业数字化水平（DS）：随着数字化发展的逐步深入，各个地区的产业规模在逐步壮大，各种各样的数字技术相继出现，使人们的生活方式大大改变，也为数字经济与三大产业的融合发展创造了机会。本书使用电子商务销售额/GDP 表示各地区的产业数字化水平，反映了数字经济发展过程中线上经济的实际情况，原始数据来源《中国统计年鉴2020》。

对外贸易依存度（OP）：在对外开放较快发展的大环境下，对外贸易在各地区产生的影响也越来越深。一方面，对外贸易的不断发展，能够为我国引进更加优质的资本和差异化的产品或服务，为数字经济发展提供支持；另一方面，对外贸易的发展也有助于各个地区学习借鉴国外较为先进的数字技术，进而提升我国整体的数字经济水平。本书借鉴焦帅涛（2021）[184]等学者的做法，使用进出口总额/GDP 表示对外贸易依存度，为了避免回归误差，将其转化为人民币，原始数据来源《中国统计年鉴2020》。

政府调控水平（GI）：数字经济的发展需要政府政策的大力支持，这一点在数字基础设施建设上更为凸显。对于数字经济发展较为落后的地区来说，政府的调控措施能够充分调动数字资源的合理分配，缓解市场失灵状况，进一步缩小地区间的数字经济差异。本书借鉴刘军（2020）[40]等学者的做法，使用政府支出/GDP 衡量政府调控水平，原始数据来源《中国统计年鉴2020》。

数字支持程度（FZ）：本书使用国家信息中心《中国信息社会发展报告》中的发展方式指数表示数字支持程度，它主要由研

发投入、能效和创新三个分指数构成。发展方式指数可以在一定
程度上综合体现各个地区对数字经济发展的投入力度，对于数字
经济发展来说是一个必不可少的影响因素，良好的支持环境可以
助推数字经济向前发展。

本部分使用的是 2019 年我国 31 个省份的截面数据，在影响
因素预处理上，对数字经济指数和网站数量进行了对数处理，使
用 Stata16.0 进行空间计量分析，表 5.1 是各个变量的描述性统
计结果。

表 5.1 变量描述性统计

变量名称	样本个数	均值	标准差	最小值	最大值
WZ	31	15.0871	18.8364	0.1000	73.2000
OP	31	0.2293	0.2287	0.0127	0.8925
GI	31	0.2976	0.2127	0.1198	1.2886
DS	31	14.7146	13.3206	4.4010	65.6914
SJ	31	46.6577	15.3366	24.4000	78.8000
FZ	31	0.2748	0.1661	0.0648	0.6881

数据来源：作者计算整理。

5.1.2 模型设计

(1) 空间相关性检验

在做具体计算前，第一步要实施的便是对所选样本数据是否
具有空间相关性做初步判断。如果真实存在这一特性，可进行空

间模型的选择；反之，采取一般估计方法分析即可。通常使用莫兰指数 I（Moran's I）来检验空间相关的客观存在性，它的取值总是在 $[-1，1]$ 的区间内，取值趋向于 1 时，说明观测值本身的相近特性会使其逐渐集聚起来，对于本书而言，这就意味着高 *DEI* 省份与高 *DEI* 省份相邻，低 *DEI* 省份与低 *DEI* 省份相邻，反之亦然。

全局 Moran's I 可以通过以下公式计算得出：

$$\text{Moran's I} = \frac{\sum_{i=1}^{n}\sum_{j=1}^{n} W_{ij}(Y_i - \bar{Y})(Y_j - \bar{Y})}{S^2 \sum_{i=1}^{n}\sum_{j=1}^{n} W_{ij}} \qquad (5.1)$$

局部 Moran's I 可以通过以下公式计算得出：

$$\text{Moran's I}_i = \frac{(Y_i - \bar{Y})}{S^2}\sum_{j=1}^{n} W_{ij}(Y_j - \bar{Y}) \qquad (5.2)$$

其中，$S^2 = \dfrac{\sum_{i=1}^{n}(Y_i - \bar{Y})^2}{n}$ 为样本方差，Y 表示数字经济指数，n 为 31 个省份，W_{ij} 为空间权重矩阵。

（2）空间计量模型

在实际研究空间数据时，需要比较分析空间计量模型与非空间线性回归模型的适用性。学者们通常把 OLS 模型的分析结果作为比较对象，如前文所言，如果实际研究时忽略样本数据的空间特性，只使用 OLS 模型进行分析，便不能充分展现空间效应，也会使估计结果出现误差。一般来说，空间计量模型主要有以下三种。

①空间自回归模型（SAR）。SAR 模型可以解释为当空间相关现象出现的主要原因在于不同变量间高度的依赖性时，该模型就会出现。它关注的重点是因变量之间的内生性交互效应，也就是因变量与其滞后项之间的空间相关性，同时，它也被称作空间滞后模型（SLM），计算公式为：

$$y = \rho W y + X\beta + \varepsilon \tag{5.3}$$
$$\varepsilon \sim N(0, \sigma^2 I_n)$$

其中，ρ 是空间自回归系数，如果 $\rho = 0$，可以转化为一般的线性回归模型，X 表示的是 $n \times k$ 数据矩阵，W 表示的是空间权重矩阵。

②空间误差模型（SEM）。该模型重点关注的是随机扰动项之间的交互效应，同时，它也叫作空间自相关模型，计算公式为：

$$y = X\beta + \mu \tag{5.4}$$
$$\mu = \rho M\mu + \varepsilon$$
$$\varepsilon \sim N(0, \sigma^2 I_n)$$

其中，M 为空间权重矩阵，ρ 是空间相关误差的参数，该模型可以进一步表述为有个别遗漏变量可能存在着空间相关性，且该变量不属于自变量，却能够对因变量产生或多或少的影响。

③空间杜宾模型（SDM）。SDM 重点关注的是 x 与 y 之间的外生性交互效应，计算公式为：

$$y = \rho W y + X\beta + WX\delta + \varepsilon \tag{5.5}$$
$$\varepsilon \sim N(0, \sigma^2 I_n)$$

其中，$WX\delta$ 表示邻居自变量的影响，δ 为对应的系数向量。

(3) 空间权重矩阵

进行空间计量分析的一个重要环节就是度量各个地区之间的空间距离,定义和选择合适的空间权重矩阵是必不可少的。本书主要运用传统的邻接空间权重矩阵(W_1)和改进的数字经济联系空间权重矩阵(W_2)作后续研究。

①邻接空间权重矩阵(W_1)。设定空间权重的关键点就是量化各个地区的空间位置,通常情况下,需要利用地区之间的邻近关系去定义矩阵。根据地区的空间位置关系,确定相邻的地区(用1表示)和不相邻的地区(用0表示)。

②数字经济联系空间权重矩阵(W_2)。在分析区域经济问题时,要注意到范围经济、溢出效应等带来的影响,经济实力的强弱往往与影响范围的大小有关。数字经济联系空间权重矩阵考虑到了不同地区间距离和数字经济发展水平的双重影响,设定的矩阵如下:

$$W_{ij} = \begin{cases} \dfrac{y_i \times y_j}{d_{ij}^2}, & i \neq j \\ 0, & i = j \end{cases} \tag{5.6}$$

其中,y_i 和 y_j 代表地区 i 和地区 j 的数字经济发展水平,d_{ij} 是根据各地区的经纬度数据计算的地理欧式距离。

5.1.3 数字经济发展影响因素的实证结果分析

首先,借助 Pearson、Spearman 相关系数对影响因素的相关

性进行说明，根据 VIF 对多重共线性进行判断；其次，在计算
Moran's I 指数的基础上，验证空间相关性的客观存在性，并利用
Moran 散点图刻画我国 31 个省（自治区、直辖市）2019 年数字
经济发展的空间特征；最后，根据最大似然 LM – error、LM – lag
以及稳健的 LM – error、LM – lag 的检验结果，进行空间模型的选
择，并在此基础上进行后续实证分析。

（1）验证相关性和多重共线性

由表 5.2 可知，两个系数的显著性都超过了 0.1，说明所选
的影响因素变量都与数字经济发展水平有着较为显著的关系；同
时，本书所选影响因素变量的 1/VIF 均没有超过 1，Mean VIF 为
3.65，这说明了所选数据没有多重共线性。

表 5.2 相关性及共线性检验结果

变量	相关性		指标共线性	
	Pearson 相关系数	Spearman 相关系数	VIF	1/VIF
WZ	0.83 ***	0.95 ***	4.21	0.2374
OP	0.71 ***	0.68 ***	6.21	0.1611
GI	– 0.79 ***	– 0.90 ***	1.53	0.6555
DS	0.52 ***	0.56 ***	4.53	0.2209
SJ	0.85 ***	0.78 ***	3.97	0.2518
FZ	0.30 *	0.37 **	1.48	0.6768

注：* 表示 10% 水平上显著，** 表示 5% 水平上显著，*** 表示 1% 水平上显著。

（2）空间相关性检验

表 5.3 是基于 W_1 矩阵的检验结果，可以看出，数字经济总指数和分指数的 Moran's I 均为正，取值介于 0.204 ~ 0.468 之间，且都通过了 5% 置信水平的检验，可以说明各省份的数字经济发展水平存在显著的空间正相关性。

表 5.3 空间相关性检验结果

项目	Moran's I	z	p-value
数字经济指数	0.373	3.463	0.000
基础分指数	0.302	2.851	0.002
产业分指数	0.370	3.375	0.000
融合分指数	0.468	4.336	0.000
环境分指数	0.204	2.111	0.017

数据来源：作者计算整理。

为进一步刻画各个地区数字经济发展的空间特征，基于邻接空间权重矩阵和 2019 年的截面数据，画出我国 31 个省（自治区、直辖市）数字经济发展水平的 Moran 散点图，可以划分为四个区域，如图 5.1 所示，可以看出，处于高 - 高集聚区的有上海、重庆等 12 个地区；处于高 - 低集聚区的有四川、广东和北京 3 个地区；处于低 - 高集聚区的有海南等 4 个地区；处于低 - 低集聚区的有吉林、云南、内蒙古等 12 个地区。

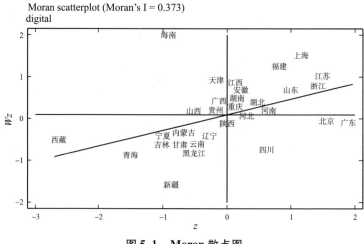

图 5. 1　Moran 散点图

（3）空间模型选择

最大似然 LM – error 和最大似然 LM – lag 的检验结果如表 5.4 所示。LM – error 和稳健的 LM – error 统计量均没有通过显著性检验，而 LM – lag 和稳健的 LM – lag 统计量都通过了 1% 显著性水平的检验，因此，基于所选样本数据，构建 SAR 模型识别 *DEI* 的影响因素。

表 5. 4　　　　　　　　　LM 检验结果

检验	邻接空间权重矩阵（W_1）
LM – error	0. 554
Robust LM – error	0. 281
LM – lag	13. 222 ***
Robust LM – lag	12. 949 ***

注：＊表示 10% 水平上显著，＊＊表示 5% 水平上显著，＊＊＊表示 1% 水平上显著。

本书构建的 SAR 模型如下：

$$\ln DEI = \rho W \ln DEI + \beta_1 WZ + \beta_2 OP + \beta_3 GI + \beta_4 DS + \beta_5 SJ$$
$$+ \beta_6 FZ + \varepsilon \tag{5.7}$$

其中，W 是空间权重矩阵，WZ、OP、GI、DS、SJ、FZ 分别代表数字基础设施水平、对外贸易依存度、政府调控水平、产业数字化水平、大数据发展水平和数字支持程度，ρ 是空间自相关系数，ε 为残差项。

（4）空间自回归模型回归分析

根据前面的分析可知，数字经济发展具有较强的空间自相关性，不能直接使用 OLS 模型进行分析，这会造成一定的误差。因此，本书将 OLS 模型和 SAR 模型相结合进行分析，进一步说明使用空间方法的重要性。模型 1 使用的是 OLS 模型，调整后的 R^2 为 0.9408，说明模型的解释能力较好，但是所选变量对数字经济发展的影响并不都是显著的，如变量 OP、DS、FZ，这也说明了如果忽视空间相关性，仅进行 OLS 模型分析，个别变量对数字经济发展的影响效应无法得到充分体现。

模型 2 是基于 W_1 矩阵的总样本回归结果，可以看出，OP、DS、FZ 等影响因素的系数是十分显著的，且 ρ 的取值为正，通过了 1% 的显著性水平的检验，这也可以表述为某个省份的数字经济发展对周边省份的数字经济发展会产生正向影响，再次验证了 DEI 的空间溢出效应。接下来，分析各个影响因素对数字经济发展的影响程度：

　　数字基础设施水平与数字经济发展是正相关的，且通过了 1% 显著性水平的检验，说明完善的数字基础设施是推进数字经济向前发展的前提条件，各地区要充分发挥数字设施的基础性作用，为数字经济的健康发展奠定良好基础；对外贸易依存度对数字经济发展的影响是正向且显著的，对外贸易依存度每提升 1%，数字经济发展提高 0.6634 个百分点；产业数字化水平的影响系数为 −0.0048，在 1% 的置信水平上显著，究其原因，数字经济的快速发展对传统行业造成了一定冲击，出现了"挤出效应"，另外，产业数字化的影响系数较小，这也表明了在推进工业数字化进程中，电子商务的作用是比较小的，关键还是要重点发展电子信息等产业；大数据发展水平与数字经济发展呈正相关关系，说明数字产业是助推数字经济发展的重要驱动力；政府调控水平对数字经济发展的影响是负向且显著的，出现这种情况的原因可能有以下两方面，一是当数字经济发展水平达到一定程度时，过多的政府调控会对造成负向影响，不利于其进一步发展，二是数据或指标选取上可能略有不足，没有使政府的影响效应得到充分体现；数字支持程度的影响系数为 −0.2506，负向影响较大，这与其他学者的结论相似，这一现象值得我们深思，在创新能力较强、资本实力较为雄厚的区域，随着科研资本的不断投入和创新能力的不断提升，创新能力的准入门槛可能会进一步提高，对于那些创新能力较弱的公司和产业来说，它们对数字经济发展的影响不能充分体现，反而会被逐步过滤掉，这也说明了数字支持程度对数字经济发展的有效产出略有不足。

（5） 区域异质性分析

考虑到不同地区的经济特征，本书基于邻接空间权重矩阵进行区域异质性分析，因为使用的是截面数据，样本量较小，所以将从东部、中西部层面进行研究。根据模型 3 和模型 4 可知，数字基础设施水平、对外贸易依存度、政府调控水平对数字经济发展的影响是显著的，对于东部地区来说，产业数字化水平和数字支持程度对数字经济发展的作用效果不明显，对于中西部地区来说，产业数字化水平和大数据发展水平对数字经济发展的作用效果不明显，出现这种情况的原因可能在于，数字经济与三大产业的融合水平还比较低，同时，中西部地区由于自身资源条件等方面的限制，数字产业化水平还比较低，大数据产业对数字经济发展的驱动作用需进一步加强，这也在一定程度上体现了地区间的数字经济差异。

（6） 稳健性检验

考虑结果的稳健性在实际研究中是至关重要的，本书在这一部分使用数字经济联系空间权重矩阵替换邻接空间权重矩阵，模型 5 是基于该矩阵的 SAR 模型回归结果，根据表 5.5 可知，相比于 W_1 矩阵，在这种条件下，所有影响因素的变化方向是一致的，且自变量系数的显著性变化不大，这充分表明该模型是较为稳健的。

表5.5　　　　　　　　OLS 与 SAR 模型估计结果

变量	模型 1 OLS	模型 2 邻接 SAR	模型 3 东部 SAR	模型 4 中西部 SAR	模型 5 数字 SAR
WZ	0.0105 *** (4.83)	0.0090 *** (6.06)	0.0082 *** (6.19)	0.0157 *** (5.41)	0.0112 *** (6.20)
OP	0.3133 (1.44)	0.6634 *** (4.10)	0.3632 *** (2.65)	0.8640 ** (2.47)	0.2140 (1.17)
GI	− 1.0387 *** (− 8.94)	− 0.9297 *** (− 11.57)	− 1.8728 *** (− 5.28)	− 0.9873 *** (− 11.14)	− 1.0156 *** (− 10.64)
DS	− 0.0043 (− 1.33)	− 0.0048 ** (− 2.28)	− 0.0016 (− 0.74)	0.0035 (0.59)	− 0.0047 * (− 1.81)
SJ	0.0064 ** (2.46)	0.0051 *** (2.91)	0.0054 *** (2.77)	0.0001 (0.03)	0.0049 ** (2.20)
FZ	− 0.2475 (− 1.69)	− 0.2506 *** (− 2.58)	− 0.0789 (− 0.87)	− 0.4506 *** (− 3.52)	− 0.2596 ** (− 2.17)
_cons	3.2034 *** (26.18)	2.9920 *** (32.45)	3.1639 *** (21.14)	3.1808 *** (28.90)	3.2353 *** (32.05)
ρ		0.0131 *** (4.85)	0.0218 *** (4.61)	0.0107 *** (2.83)	0.2174 ** (2.19)
Wald		23.477 ***	21.258 ***	8.009 ***	4.799 ***
Likelihood ratio		17.477 ***	11.833 ***	6.735 ***	4.419 ***
Lagrange multiplier		13.222 ***	7.065 ***	5.611 **	4.402 ***

注：* 表示10%水平上显著，** 表示5%水平上显著，*** 表示1%水平上显著；括号内是 t 值。

5.2　数字经济发展的灰色关联度分析

为了进一步探究数字经济发展的影响因素，下面运用灰色关联分析法对数字经济发展的内部因素进行分析，即分析数字经济总指数与各个分指数之间的关系。

5.2.1 灰色关联分析法

在实际分析中，关联度分析的方法有许多，比如主成分分析等，但是这些方法对样本数据的要求比较高，不仅要求有充足的样本量，而且各变量还要无关。相比之下，灰色关联分析法的比较优势较为明显，它常被用来研究某个系统发展和变化的趋势，并对内部因素发生的变化作定量描述和比较分析，进一步对各个因素间、因素与系统间的联系程度作判断。该方法对数据量的要求比较宽松，可以有效克服小样本，信息不明确的问题。因此，本书运用灰色关联分析法，分析数字经济总指数和分指数之间的关系。具体的分析步骤如下。

（1）确定序列矩阵

$$
(Y_0, x_1, x_2, \cdots, x_i) = \begin{pmatrix} Y_0(1) & x_1(1) & x_2(1) \cdots & x_i(1) \\ \vdots & \vdots & \vdots \quad \vdots & \vdots \\ Y_0(k) & x_1(k) & x_2(k) \cdots & x_i(k) \end{pmatrix}
$$

$$(5.8)$$

其中，Y_0 表示数字经济指数，也被称为影响序列，x_1、x_2、x_3、x_4 表示基础分指数、产业分指数、融合分指数、环境分指数，也被称为比较序列。

（2）求各序列的初值像（初值化）

$$x_i'(k) = \frac{x_i(k)}{x_i(1)} \tag{5.9}$$

其中，$i = 1, \cdots, n$，$k = 1, 2, \cdots, m$。

（3）求差序列

差序列的表达式如下：

$$\Delta_{0i}(k) = \left| Y_0'(k) - x_i'(k) \right| \tag{5.10}$$

差值矩阵为：

$$\begin{pmatrix} \Delta_{01}(1) & \cdots & \Delta_{0n}(1) \\ \vdots & \vdots & \vdots \\ \Delta_{01}(m) & \cdots & \Delta_{0n}(m) \end{pmatrix} \tag{5.11}$$

另外，用 $\Delta_{\max}$ 和 $\Delta_{\min}$ 分别表示最大差和最小差。

（4）计算关联系数

关联系数的表达式如下：

$$\delta_{0i}(k) = \frac{\Delta_{\min} + \rho\Delta_{\max}}{\Delta_{0i}(k) + \rho\Delta_{\max}} \tag{5.12}$$

其中，$0 \leqslant \rho \leqslant 1$，在实际分析中，通常取 $\rho = 0.5$，式（6.13）为计算出的关联矩阵：

$$\begin{pmatrix} \delta_{01}(1) & \cdots & \delta_{0n}(1) \\ \vdots & \vdots & \vdots \\ \delta_{01}(m) & \cdots & \delta_{0n}(m) \end{pmatrix} \tag{5.13}$$

（5）计算关联度

$$\gamma_{0i} = \frac{1}{m} \sum_{k=1}^{m} \delta_{0i}(k) \qquad (5.14)$$

5.2.2 灰色关联度的测算

利用灰色关联分析方法，得到的数字经济指数与四个分指标的灰色关联分析结果如表5.6所示。

表5.6　　数字经济指数与分指数的灰色关联分析结果

省份	基础分指数	产业分指数	融合分指数	环境分指数
北京	0.7631	0.6667	0.9183	0.8673
天津	0.8364	0.6667	0.9040	0.6749
河北	0.8263	0.8375	0.8688	0.6667
辽宁	0.7534	0.9317	0.7158	0.6667
上海	0.8474	0.6667	0.8747	0.6811
江苏	0.8098	0.9624	0.6667	0.6888
浙江	0.9544	0.9266	0.6667	0.6829
福建	0.8494	0.9173	0.7033	0.6667
山东	0.8642	0.9395	0.6681	0.6667
广东	0.8270	0.7837	0.7084	0.6667
海南	0.9232	0.6667	0.8513	0.8579
山西	0.7488	0.7042	0.7548	0.6667
吉林	0.6667	0.7667	0.7529	0.9771
黑龙江	0.8700	0.6667	0.6899	0.8764

续表

省份	基础分指数	产业分指数	融合分指数	环境分指数
安徽	0.8429	0.6772	0.8261	0.6667
江西	0.8037	0.6792	0.9337	0.6667
河南	0.9549	0.7693	0.8539	0.6667
湖北	0.6667	0.8799	0.7144	0.8019
湖南	0.9452	0.6667	0.8703	0.6980
内蒙古	0.7945	0.6667	0.8699	0.6824
广西	0.6667	0.9370	0.6794	0.8043
重庆	0.7554	0.7215	0.7282	0.6667
四川	0.7267	0.7544	0.9597	0.6667
贵州	0.7687	0.6667	0.7092	0.7826
云南	0.7224	0.7126	0.6667	0.7934
西藏	0.9573	0.6667	0.9508	0.9964
陕西	0.7991	0.7635	0.6667	0.7131
甘肃	0.8899	0.8155	0.6667	0.7691
青海	0.7816	0.6981	0.6667	0.8825
宁夏	0.7200	0.6903	0.9325	0.6667
新疆	0.9639	0.6667	0.8937	0.8496
全国	0.8256	0.5604	0.6349	0.5489
东部	0.8413	0.8150	0.7769	0.7078
中西部	0.8023	0.7285	0.7893	0.7647

数据来源：作者计算整理。

①总体来看，基础分指数、产业分指数、融合分指数、环境分指数和数字经济总指数之间的关系总是正向的，关联度最小值为 0.6667，关联度最大值为 0.9964。对于全国层面来说，各个分指数对数字经济发展的影响从大到小排序为：基础分指数

（0.8256）>融合分指数（0.6349）>产业分指数（0.5604）>环境分指数（0.5489）；对于东部地区来说，基础分指数（0.8413）>产业分指数（0.8150）>融合分指数（0.7769）>环境分指数（0.7078）；对于中西部地区来说，基础分指数（0.8023）>融合分指数（0.7893）>环境分指数（0.7647）>产业分指数（0.7285）。可以看出，各个分指数对数字经济发展的影响是比较稳定的。

②基础分指数。无论从全国层面，还是从东部、中西部层面来看，基础分指数与数字经济总指数的灰色关联度是最高的，说明了数字基础设施在助推数字经济进一步发展上作出了巨大贡献，完善的基础设施为各个地区数字经济的健康发展奠定了良好基础，要充分重视数字资源在城乡地区的合理分配，更要充分发挥4G、网站等传统数字基础设施的基石作用，进一步激发5G、IPv6等新型数字基础设施的创新力量。

③产业分指数。由表5.6可以看出，对于东部地区而言，产业分指数对数字经济发展的影响程度大于中西部地区，且在所有分指数中，产业分指数与中西部地区数字经济发展的关联度是最小的。这一点是可以理解的，东部地区凭借自身地理位置、经济实力等方面的优势，在发展数字经济相关产业上面临的困难和障碍较小，相比中西部地区拥有更多的发展机遇，这也说明了我国不同地区之间仍存在着较为明显的数字经济差异，如果忽视这种现象，会大大影响中西部地区数字经济实力的提升，也势必会造成地区间的差距问题。

④融合分指数。对于东部和中西部地区而言，融合分指数与

数字经济发展的关联度分别为 0.7769 和 0.7893，可以看出，在中西部地区，三大产业数字化对数字经济发展的效果更为显著，这也说明了数字经济的进一步发展离不开与传统行业的交汇融合，而且在两者的共同作用下，可以在一定程度上较快地缩小不同地区间的数字经济差异。

⑤环境分指数。相比于基础分指数、产业分指数和融合分指数，环境分指数对数字经济发展的影响是略小的，且环境分指数对中西部地区数字经济发展的影响程度大于东部地区，这与中西部地区大力发展政务新媒体、电子政府是大有关系的。比如，河南省在 2020 年共开通 851 个政府网站，政府网站数量和政务机构微博数量均位居全国前三位，且高达 98.2% 的政务事项可以实现网上办理，大大便利了民众生活。因此，要加强数字政府建设，为实现国家治理体系和治理能力现代化营造良好的数字环境。

5.3　小　　结

本章通过空间相关性分析和模型选择，将 OLS 模型和 SAR 模型相结合进行分析，验证了使用空间方法的重要性，进一步指出 SAR 模型在研究不同省域 DEI 的影响因素上更加具有优势。根据分析结果，发现不同省份的 DEI 具有正向且显著的空间相关性。影响因素变量系数表明：数字基础设施水平、对外贸易依存度、大数据发展水平与 DEI 呈正相关关系，政府调控水平、产业数字化水平、数字支持程度与 DEI 呈负相关关系。这说明在推进数字经济发展进程中，不仅要重点关注各地区的基础设施建设、逐步加快对外开放和三大产业的数字化进程，更要把握好数字经济与三大产业的关系，抓住机遇，让数字技术更快更好地融入各行各业，为数字经济的逐步壮大创造良好的环境。

进一步使用灰色关联分析法对数字经济发展的内部影响因素进行分析。通过分析数字经济总指数与各个分指数之间的关系可以发现：对于总样本和各地区分样本来说，基础分指数、产业分指数、融合分指数、环境分指数和数字经济总指数之间的关系总是正向的，且基础分指数的关联度是最强的，但是其余三个分指数在不同地区与数字经济总指数的关联度是存在差异的，说明我国不同地区之间仍存在着较为明显的数字经济差异，各地方要充分重视这种现象，抓住主要矛盾，鼓足干劲、共同努力，携手解决差异问题。

6

**数字经济驱动企业行为
改变的机理分析**

6.1 企业战略管理

6.1.1 传统企业管理存在的问题

(1) 管理理念较为落后

数字技术的出现和应用不仅方便和丰富了人们的生活，也影响着社会发展的各个方面。对于企业生产经营来说，企业管理工作的好坏直接影响着企业的健康、持续发展。新时期下，企业发展的内外部环境是不断变化的，传统的管理体系已不能很好地满足新时期的发展要求，传统企业的进一步发展面临着各种各样的新困难和新挑战，抓住时机、紧跟潮流，借助数字技术搭建新的平台，推动企业管理变革显得尤为重要。在企业实际经营过程中，多数企业未能及时更新自己的发展理念，由于领导阶层的思维陈旧，忽视新时期的发展特点，难以充分认识自身所处的新环境，在进行企业日常管理工作时，依然采用传统的管理模式或管理方法，大大制约了企业的转型发展。比如诺基亚在制定企业经营战略时，将发展重心一直放在传统业务拓展上，忽视新技术对市场环境带来的影响，导致自身核心竞争力下降，最终退出了竞争舞台。

（2）管理手段较为陈旧

在数字经济热潮下，传统企业发展不仅面临着新机遇，也面临着新挑战。为了提升自身在新环境下的适应性，企业要从发展大局出发，做好生产管理、营销管理、客户管理等多方面的管理工作。随着大数据、互联网影响范围的不断扩展，企业可以通过多种途径收集、处理相关数据信息，信息传播的速度也在不断加快，面对新环境下各式各样的数据冲击，尤其是一些有关企业的负面信息，企业要做到有的放矢，及时进行形象维护，致力于形成自己的品牌效应，打造属于自己的数据价值网。另外，企业所接触到的信息是复杂的、多变的，且有些信息是虚假的、不真实的，在这种情况下，企业难以对发展环境、市场竞争状况作出准确评估，企业基于这些信息作出的战略规划是有一定风险的。为了避免发生类似情况，对企业管理手段进行升级与变革是必不可少的。然而，大多数企业的管理手段比较陈旧，没有很好地将数字技术融入企业管理当中，数字化水平有待提升。

（3）管理内容不够全面

作为市场活动的重要参与者，企业在推动社会发展进步、提升社会整体经济实力上发挥着重要作用。近年来，新型技术的不断发展为企业的转型升级提供了更多可能性，在数字技术作用下，各行各业的生产经营呈现出数字化的发展趋势，不同业务部门间的联系更加紧密，交流合作更具"智慧"。随着企业内部网络的不断升级，适时进行精细化管理，兼顾好企业各方面管理工作是企业管理顺利转型的重中之重。但是，在实际经营过程中，有相当多企业的管理内容不够全面，不能充分把握不同阶段的主次任务，进而对企业的整体管理产生负面影响。比如，企业过度关注产品的销售，通过各种渠道提高产品销量，忽视生产环节的产品设计、成本、库存管理，这往往不能使营销效果发挥最大作用，也会流失大量潜在客户；过度关注员工为企业带来的实际利益，忽视员工的基本权利，不仅会打击员工的工作积极性，也会造成业绩的下滑，进而影响企业的数字化发展。

6.1.2 企业战略管理的新变化

在数字经济影响下，企业数字化发展的内外部环境发生了改变，数字技术与传统企业的协同合作，成为推动企业生产、研发、销售等环节创新发展的不竭动力。

在这一时期，要深刻把握企业战略管理发生的新变化，立足于这些新变化，不断加快商业模式、战略管理的转型步伐，致力于实现更多的价值增值。一是坚持自上而下与自下而上相结合。从传统的战略制定方式上看，企业通常使用的是自上而下的决策方式，这种方式可以提升决策制定和实施的效率，但往往只能体现领导层的想法，容易引发过度集权问题，制约新思想、新观点的出现。数字技术推动了各类网络数据平台的发展，企业可以借助网络平台集思广益，不断优化发展战略。二是战略制定的动态调整。以往企业在制定相关战略时，经常把重点放在顶层设计上，强调的是长时间内战略的稳定性，企业的生产经营要严格按照既定的计划进行，缺乏灵活性。但是，战略的制定不是一成不变的，需要根据各方环境的变化适时进行调整，顾客实际偏好、竞争对手行为的改变等都会对企业的战略决策产生一定的影响。三是战略规划的开放合作。以往企业在制定某个阶段的战略计划时，往往需要依靠专业工作组，这些组内成员一般来自专业咨询公司或企业内部管理层级，有关决策是否通过的讨论只是在小范围内进行，这在一定程度上影响了决策的科学性。新时期下，企业借助各式各样的非正式沟通方法，高效、迅速地收集有关决策数据，调动了多方成员参与战略制定的积极性。四是关注顾客价值。在以往的战略制定环节，企业将更多的注意力放在了如何获取更多的财务收益上，通过分析企业的实际市场规模、市场占有率等，预估企业未来的获利水平。在企业制定年度或季度财务报表时，也会使用营业利润、投资回报率等具体指标来衡量企业的发展状况。但是，这一做法难以适应新时期的发展需求，新时期强调更加完美的用户体检，通过提供多样化的产品或服务，挖掘潜在的顾客价值，进而带动企业的快速成长。

6.1.3 数字经济赋能企业战略管理

(1) 营销模式改变

产品的销售问题是企业经营发展的重要环节，产品销量的高低直接关乎企业获利的多少。新型技术的应用推动着企业组织结构发生改变，其逐渐呈现出扁平化、网络化的发展特点。借助这一新型结构，各行各业能够根据搜集到的数据信息，对市场需求变化快速做出反应，大大提升了企业的运营效率。然而，随着供给市场上产品或服务种类的不断增加，消费者基于了解到的各种信息对产品或服务进行评估，往往会耗费大量的时间和精力，严重影响顾客的消费满意度。传统经济发展模式下的粗放型营销方式弊端逐渐显现，企业仅仅借助广告宣传等手段开展营销活动耗费时间长、成本高，已不能满足新时期下消费者的多样化需求。在此背景下，推动企业营销模式的精细化发展显得尤为重要。企业可以根据消费者的实际需求偏好，推动研发、生产环节商品的升级改造，为消费者提供高满意度的产品或服务，优化消费者的用户体验，减少不必要的信息噪声，牢牢把握好需求端的各种机遇，创造更多的收益来源。

（2）生产模式改变

当企业营销方式发生变革时，企业的生产环节也会受到影响。营销模式的精细化发展，使得产品或服务的生产呈现出以下两个新特征。一是模块化生产。传统经济发展模式下，企业生产过程强调的是批量化、单一化，这种模式往往会忽略消费者的个性化需求，使企业损失大量潜在客户和潜在收益。为此，在新时期下，企业的生产过程要根据消费者实际需求迅速作出反应，不断推动个性化产品或服务的模块化生产。模块化生产通常包括两个方面的内容，即产品共有部分和产品特有部分，这就要求企业在进行模块化生产前，将两部分有机结合，根据不同消费者的特有需求进行组合调整，提高产品的适配度和生产效率。二是柔性化生产。数字技术在企业中的合理运用，为企业的柔性化生产创造了更多可能，企业能够更轻易地借助数字化力量，对整个生产线进行智能化改造。另外，基于大数据平台等获得的数据信息，企业能够对拥有的要素资源进行合理配置，最大限度地释放产能，进而提高企业的存货周转率。

（3）用工模式改变

传统经济发展模式下，企业进行员工招聘、订立用工合同是比较直接的，缺少一定弹性。在这种情况下，企业往往需要担负沉重的成本费用，同时，数字经济环境对企业劳动力结构、资源配置方式等方面产生了不小影响，数字技术的普遍适用要求企业推进劳动力结构的不断升级，将技术与劳动力更好地结合在一起，这对企业的用工模式提出了新要求。如果两者之间出现匹配错位，会严重限制新技术产生的经济效应。数字技术的出现和使用有效避免了这种现象的出现，数字技术能够从企业实际需求出发，按需招人，快速、精准地识别高技术人才，在这种契约关系作用下，实现两者之间的高度协作，推动"零工经济"的发展。另外，这也大大方便了员工参与到企业管理中来，员工可以有选择地进行灵活就业，能够在一定程度上突破原有组织的限制，克服以往长期、稳定就业模式的弊端。在"零工经济"以及新用工模式影响下，企业更多强调的是"为我所用"的招聘理念，由此推动企业管理成本的持续下降，创造更多的价值增值。

6.2　企业存货管理

数字经济时代的到来，给各行各业的发展提供了广阔的发展空间，也加剧了市场的竞争，越来越多的企业想要通过降低成本、加快资金周转等提升自身竞争力。为了实现这一目标，需要重点关注存货管理问题。存货是企业经营发展的一项重要有形资产，能够为产品的生产提供资源支持。企业持有一定数量的存货可以在一定程度上规避风险，保障正常的经营活动，科学有效的管理手段也能更好地帮助企业应对紧急情况，将产出水平维持到一个均衡状态。为了提高企业在新环境下的持续经营能力，要适时对存货管理进行优化调整。

6.2.1　传统存货管理存在的问题

（1）存货管理制度有待完善

从相关制度层面来分析，其出现的问题主要归纳为以下三个方面。一是入库制度不完善。目前来看，许多企业在货物入库时只进行数量核查，没有做到及时记录货物的类别等内容，这种做法在初期对企业造成的影响较小，经过一段时间，企业往往会因为货物种类、数量的模糊计量损失较多利益。二是出库制度不完善。这一问题主要归根于企业没有合理划分和明确不同职工的岗位职责，最终导致职工身兼多职问题的出现。对于企业而言，当某个职工既要负责采购货物又要从事入库工作时，员工与外部人员勾结的风险会大大增加，通过与供应商协调，抬高货物定价，从中获得差价。三是监管制度不完善。这种现象在货物出库环节较为明显，监管方法不合适以及监管措施不到位，会引发出库环节货物分派无序、混乱等问题，有可能出现存货数量虚减的假象，从而对企业的生产销售造成不利影响。

（2）存货管理信息化程度有待加强

在大数据等新型技术影响下，各行各业越来越注重存货管理的信息化发展，但是多数企业的信息化程度还有待提升。在实际运用中，需要重点解决以下几个问题：一是大多数企业在进行存货管理时，使用的是比较传统的方式，如使用专人负责存货的盘查、出库等工作。虽然人工管理存货有可以借鉴的地方，但是人们的精力和能力并非时刻都能保持最佳，当员工遇到的货物种类、收发次数较多时，难免出现一些失误，为了避免这种情况的出现，往往需要企业调派更多的人手，这无疑会增加企业的管理成本。二是当企业信息化水平处在较低水平时，如果想将更多的新型技术运用到存货管理中，往往需要面临更高的费用，这种现象对小微企业的影响更为显著，在一定程度上会削减其必不可少的管理模块，进而影响新型技术的充分应用。三是要充分考虑到存货信息化管理是存在时滞效应的，在实际经营中，货物的入库盘点、出库等环节离不开单据的及时记录，该做法便于以后进行货物的核查，但这些工作离不开专人负责，其从开具单据到审批单据等多个环节需要一定的时间，这就决定了存货信息化管理是存在时滞的，受这种情况影响，企业在制定和实施相关决策时，很有可能出现与实际需求不匹配的现象，进而对企业的生产经营产生不利影响。

（3）存货管理人员综合素质有待提升

在企业存货数字化发展过程中，相关管理人员扮演着重要的角色，提升管理人员的专业能力显得尤为重要。然而，在企业实际招聘过程中，往往对存货管理人员的综合要求停留在一个较低的水平，这种行为通常会给管理人员带来一种误导，会使他们忽视存货管理工作的必要性，仅仅认为存货管理一般只是用来保障正常生产的，从而对最优订货量等缺乏关注，增加企业的成本重担。当负责存货管理工作的员工综合素质水平较低时，企业未来发展的步伐也会有所停滞，采购、供给、销售问题也会越发凸显，随着产品销售数量的不断增加，产生的成本也呈递增趋势，这不仅会损害企业的切身利益，也会影响企业的可持续发展。另外，职业道德水平的缺失也会给存货管理工作带来各种挑战：一方面，企业员工缺乏职业道德，会以较低的热情对待工作，会对工作效率产生负面影响；另一方面，负责仓库管理工作的员工可能借助职务的便利，通过与其他部门人员的勾结行为，虚报或谎报库存数量，侵吞企业的实际资产。

6.2.2 数字经济赋能企业存货管理

（1）对采购环节的影响

对于以往大多数企业而言，它们在采购过程中最看重的一直是所购买原料或商品的成本、从购买到入库所耗费的时间等内容。然而，从企业持续经营发展的角度来看，只关注这些内容是远远不够的，企业要紧跟潮流，适时转变思维，从多个方面来挖掘采购环节扮演的重要角色，把更多的关注放在和存货供应商、合作伙伴的沟通合作上，努力保持长久的合作关系。借助新型数字技术，越来越多的企业在降低采购成本、制定采购战略上迈出了更大的步伐。为了进一步优化和完善存货管理工作，可在以下几个方向下功夫。一是完善购货订单的整体流程。借助大数据等网络平台，完成订单的自动化传递，将线上订单更快、更及时地传递给供应商，这可以在很大程度上节约采购时间、提高采购效率、增强采购工作的精准性，也可以降低整个环节的物流成本和采购成本；二是加强采购方与供应商的沟通合作。企业作为原材料或商品的采购方，应更加关注与供应商之间建立长久的、良性的、可持续的合作关系，通过共享数据资源，实现采供双方在生产上的强强联合。采购方借助大数据平台，可随时随地与供应商进行交流沟通，发布自己的实际库存量以及预计采购量，这样一来，供应商能够通过信息共享，了解企业的实际需求，提前准备交易的货物，大大提升了交易效率。三是提高抗风险意识，适时做好风险管理工作。为了保障企业生产、经营活动的高效性和流畅性，企业管理者要不断完善已有的原材料供应网络，提升自身对整个网络的控制力度。考虑到企业的生产经营与供应商有着密切的联系，在对供应商作出选择时，评估其绩效、风险等内容就显得尤为重要。当评估后发现其存在问题时，要重新审视采购方案，加强与供应商的交流，保障经营活动的正常开展。

（2）对生产环节的影响

这一环节的存货管理工作对整个企业的生产经营活动有着重要的影响，怎样将库存成本维持在一个较低的水平，努力实现利润的新增长，是各行各业长期追求的一个目标，在这一过程中企业要重点把握好两者之间的关系，坚持适度原则。当存货数量不足时，会出现供不应求的现象，企业的销售量会受到影响，顾客对企业的满意度也会持续下降；当存货数量过多时，会出现供过于求的现象，这时产品滞销，企业内部会囤积大量的存货，进而产生过多的管理费用，对企业的创收能力产生负面影响。在数字经济热潮下，一方面，一大批企业借助大数据等新型技术，打造和完善自己的数据库，通过数据库集成各种生产、库存信息，能够更加方便地了解和熟悉整个生产流程的详细信息，实时掌握库存信息的变化，从而制定出更加科学的存货管理方案。另一方面，企业根据掌握的消费者购买信息，通过科学计算，能够找出使企业最大程度获利的存货数量，进一步提升企业的存货管理水平。借助于企业已有的数据库，能够将消费者购买信息与存货需求信息结合起来，根据销售信息的变化程度适时调整企业的存货计划，将库存维持在一个合理水平。另外，大数据能够对存货位置进行全程监测，为企业的生产经营提供更加准确的信息，更好地帮助企业进行供求匹配。

（3） 对销售环节的影响

当企业生产经营经历了采购、生产步骤后，迎来了产品或服务的销售问题。在这一环节，需要重点关注的是如何与顾客建立持久的、健康的销售关系。企业要立足于掌握的顾客需求偏好数据，进一步开拓市场，尽可能对原有的市场做不同的分区，更好地满足顾客的多样化、异质性需求，在充分预测顾客行为以及新需求的推动下，优化企业的商业模式，激发起潜在用户对公司产品或服务的兴趣，实现企业的价值增值。由此可以看出，充足的顾客消费数据不仅在很大程度上影响着企业的生产经营过程，也影响着存货管理方法的最终确定。借助大数据等新型技术，管理者可以快速了解顾客需求偏好数据，根据已有的数据对顾客未来可能发生的行为进行合理预测，确定最佳的方法，对存货进行科学高效的管理。同时，借助销售终端所提供的大量实时数据，真正把握好顾客的需求偏好，选择最合适的细分方法对市场做进一步划分，为产品生产和销售创造更多机会。数字经济的重要作用还体现在对存货的反向管理上，合理预测顾客的购买行为是企业进行下一步生产的重要依据，企业由此制订的生产计划是其进行采购的重要依据，而实际的采购数量又会对企业的仓储工作产生一定的影响。数字经济的快速发展给企业接触和使用销售终端提供了更多可能性，企业据此来把握需求信息，制定采购策略，进而优化不同环节的存货管理工作。

6.3 企业财务与税收

6.3.1 数字经济对财务管理的影响

对于任何公司来说，财务工作都是其保障正常生产、开展多样化经营活动的关键环节，财务管理工作的关键地位，决定了对它的组织和管理必须更加具备灵活性、敏捷性。将大数据等新型技术应用于企业的财务环节，为财务工作的智能化发展提供了更多可能性，能够帮助企业更快地整合财务信息，在一定程度上能够扩展财务管理工作的发展空间，集中化处理以及合理配置财务资源，进而优化和提升企业的财务管理效率。

（1）数字经济下企业财务管理转型的必要性

①融入数字经济新环境的需要。回顾近几年经济发展的变化趋势，可以看到，国家和各地政府积极主动地融入数字经济发展的大环境，通过制定和实施一系列有助于加快数字经济发展步伐的相关政策，为整体社会的转型进步创造了更多机会。在国家、企业、个人等多方主体的共同努力下，数字经济的发展迈上了新台阶，新经济的繁荣发展为助推各地区经济总量的增长增添了更多活力，也对企业的转型发展有了更高的要求。当经济发展程度处在较低层次时，企业获取和使用相关数据的方式相对简单，一般情况下，仅仅使用比较传统的财务管理方法是可以顺利地完成企业财务工作的。在数字经济影响下，企业接触和使用到的生产、经营数据是呈爆发式增长的，此时，沿用以往的模式或方法难以满足新时期要求，以往的财务模式或方法更像一种事后管理，其在维持和保障企业正常运转上是存在一定滞后性的，这也会降低企业整体的运作效率。为了更快融入数字经济大环境，企业要以积极主动的态度拥抱新技术，推动财务管理工作的转型升级。

②推动财务管理模式、价值改变的需要。一方面，数据资源在企业日常经营发展中扮演着越来越重要的角色，在此影响下，企业的财务管理价值也有了新的内涵。为了充分发挥这一价值的最大效能，企业要把发展的重点放在财务管理模式的转型升级上，通过财务资源的充分共享，借助人工智能等新型手段，让财务管理更具"智慧"。另一方面，传统财务工作的作用主要体现

在事后管理、事后监督，存在一定的滞后性，业财两个部门的工作是分开来的，较为独立，这在很大程度上会造成信息失真问题的出现，从而导致企业作出不合理的决策，进一步限制财务效能的展现。随着各地区数字经济发展进程的逐步加快，越来越多的企业充分借助数字技术，使得财务管理工作更具智能化，会计信息的处理或载体都出现了新特征。这项工作在以往的基础上有了较大改变，在合理分配企业数字资源、实现价值增值上有了更多关注，以往效率较低的模式已经满足不了新形势下企业的发展，具备智能化的管理模式已是大势所趋。

③促进人才队伍转型的需要。当数字技术在企业中的运用达到一定程度时，就会对企业内部财务人员的未来发展提出新要求。以往财务工作的开展主要依靠人力，借助计算机等手段进行数据的整理、核算。在新型技术作用下，财务管理方法或手段有了新变化，不仅可以缩短处理财务工作所需的时间，优化企业整体的运作效率，也能推动员工适时转变工作理念，深化业务、财务和管理流程的相互配合。为了进一步提升企业的核心能力和影响力，加快财务转型的步伐是势在必行的，为此，企业更要关注、优化和壮大财务人才专业化队伍，更好地适应组织内部的发展。这里主要指的是精通财务工作的管理人才、业财人才、应用人才以及技术人才。企业要立足于不同财务人员所承担的义务与责任，对其进行专业化培训，提升其专业化技能以及在数字经济环境下的适应性与综合实力。

（2）数字经济下企业财务管理的特征

①业财工作更具融合性。任何企业想要健康、持续地开展生产经营活动，必须要重视资金的管理和控制工作，这一内容同样是财务工作的关键一环，正确处理资金的使用问题可以保障企业生产经营的正常进行，企业在这一过程中要加强财务工作与其他部门工作的深度合作。但是，对于传统的经营模式来讲，公司内部不同部门之间的工作是分开来的，彼此之间的协作程度较低，交流次数少，往往更容易引发"信息孤岛"难题，这无疑会影响公司整体的运作水平。同时，由于数据资源的充分共享受到限制，这也增加了财务管理工作的难度，财务人员不能做到全面了解市场释放的信号以及经济发展现状，在处理、分析财务数据时容易出现略微偏差，影响企业科学地制定相关决策。数字技术的充分应用，为公司财务管理工作的变革提供了强大动力，通过在企业内部打造统一的数据共享平台，加强各部门间的沟通合作，借助数据资源助推企业实现价值增值。对于公司业务部门来说，财务部门能够帮助其抵御一些常见风险，帮助其制定和完善与业务管理相匹配的风控战略。从这个角度看，新时期财务工作的实际范围得到了大大拓展，业财融合的进程加快，助力财务工作将发展重心放在事前管理和控制上，提升企业抵御风险的能力，为企业的进一步成长提供广阔平台。

②财务管理工作向集约化发展。在传统经济模式下，企业以往使用的财务方法或模式为财务管理工作提供了许多便利，助力企业实现了不少的价值增值。在数字经济时代，继续使用以往经

济模式的管理方法会有一些缺陷，难以较好地适应新环境的变化。例如，当企业经营缺乏数据技术的有力支持时，企业获得的数据资源无法在不同部门间实现充分传递和共享，不能有效、合理地配置内部资源，从而影响其经营效率。另外，一部分企业在生产经营过程中，往往面临着较高的营运成本，处理财务业务的手段有限，不能较好地满足员工以及实际经营的新需求，从而影响企业财务工作向更高水平迈进。在新时期，企业财务管理工作需要进一步改进，数字经济的不断繁荣为这种改进提供了源源不断的动力。例如，越来越多的企业投入大量的时间、金钱等着力构建财务共享平台，加快业财深度交融的步伐，这不仅使得不同部门间信息共享的局面得以形成，也细分了原有的财务工作，进一步助推其向集约化方向发展。

③财务活动更具智能化、数字化与自动化。智能化主要体现在将更多的数字技术应用到各行各业的财务工作中，使得企业的财务工作更加具有"智慧"。这一特征在业财融合方面比较明显，通过网络平台将更多有价值的信息集中在一起，促进信息资源的共享，进而优化和提升企业财务工作的效能。在此影响下，越来越多的企业加入业财融合的队伍中，打造和推进财务一体化处理系统，不断适应新经济的发展，充分实现信息资源的共用共享。财务活动数字化一直追求的是积极推动企业的各项业务向数字转变，借助越来越多的数字化工具进行财务工作，如财务云等。财务活动自动化通常说的是企业借助电脑、运用 RPA 等数字手段自动化地完成某项具体的财务工作，在这个过程中几乎不需要专门的财务人员进行操作管理，大大缩减了人力耗费，从而降低了

企业管理成本，提高了财务运作效率。

（3）数字经济赋能企业财务管理

①实现业务数据化、数据标准化。着眼于新时期的经济增长，数据要素作为新的增长点以及企业的重要资产，持续为企业的快速发展贡献力量。各种新型数字技术强化了部门之间信息资源的同步性和共享性，基于此，企业不断加快管理数据湖的建设步伐，为企业实现价值增值提供动力。数字化在企业运用中的一个重要体现，就是借助数字技术收集、整理和共享信息资源，加强业财融合，在推动企业数字化转型上更进一步。比如，企业在制定每一季度或每一年度的财务报告时，不仅要体现有关财务方面的有效信息，更要充分描述非财务方面的关键信息。基于企业获得的各方数据资源，要合理使用各种新型数字技术，进行信息的进一步整合、处理，更要深刻把握财务工作与其他部门工作之间的深刻联系，进而发现企业生产经营的一般规律，从多种途径为企业创造更多的利润与价值。一般来讲，业财融合的实现关键在于各种数据资源的大力支持，在业务数据化、数据标准化的作用下，企业财务转型的进程加快。财务工作应更具"智慧"，企业要立足于自身智能财务的现实情况，充分考虑企业的发展规划，既要深入开展智能财务建设，又要考虑由此带来的各项收支，统筹兼顾，借助数字化转型充分挖掘数据资源的内在价值，进一步推动财务的精细化管理。

②提升工作效率和风控能力。在数字经济的影响下，企业通用的财务核算工具或手段有了进一步升级，最为明显的是财务机

器人的出现与应用：一方面，它能够让一部分财务人员从原先较为烦琐的工作中解脱，降低企业的人工消耗，这些工作人员可以将节省的时间用来提升自身的潜力与价值，增加对决策、管理等方面的学习，优化提升自身财务工作处理能力，也可以借助数字技术优势，加强信息的整合与处理，在助力业财融合的过程中，逐步将发展重心向管理会计人员转变；另一方面，其凭借自身处理工作的准确性和高效性优势，能够大大优化财务工作的整体运作效率，提升财务处理的实际水平以及财务报告的真实性和有效性，推动财务报告实现质的提升。从风控能力上看：第一，数字经济拓宽了企业财务数据的来源渠道，能够从多方面、多角度收集、整合以及处理广泛的财务数据，同时，数字技术的不断发展使得企业收集的数据更加透明，且容易被追踪，这样一来，企业财务管理工作的整体结构得以优化，在实际的工作处理流程中更容易找到企业潜在的管理风险；第二，随着业财融合程度不断深化，企业在收集、处理相关数据时能够节省不少时间和精力，进而在较大程度上促进数据的标准化、规范化，有效避免数据失真等问题的出现。

6.3.2　数字经济对税收征管的影响

在数字经济不断向前进步时，一方面带动了经济的发展，另一方面对税收征管等方面提出了新要求，以往的税收征管已经难以较好地满足新时期的发展要求，面临着新的挑战与机遇，需要企业抓住时机，克服挑战，适时进行转变。

（1）税收征管面临新挑战

①纳税主体难以界定。相比于数字经济，以往的经济模式有着这样一个鲜明特点：企业的管理人员通常是按照科层制对企业的日常生产经营活动进行管理的，这种方式下的交易往来一般难以跨越不同地域之间的限制，企业的经营效率大受影响。在新经济模式下，越来越多的企业借助网络平台等新途径、新方式从事交易活动，这大大地降低了中小企业的经营成本，也进一步降低了市场的准入门槛。这样一来，越来越多的生产者开始加入到该行业的生产经营活动中，以往的商业模式也在悄然地发生着变化，个体经营者与单个消费者的联系日益紧密，这就不可避免地带来纳税主体分散化问题。在对税收进行征管之前，最关键的是要确定好征税的对象，而纳税主体分散化问题加大了对征税对象界定的难度。数字化的发展为企业的成长带来了许多便利，企业经营者与消费者通过网络平台等途径完成交易，能够有效地突破时空的限制，大大提升了经营效率，节省了时间成本。但是，这也存在着一些问题，如双方在实际交易中通常会隐瞒自己的真实信息或意图，这往往会导致征税机关难以确定实际的征税对象，阻碍税收征管工作的正常、有序开展。

②课税对象较为复杂。在以往的经济活动中，劳动力等生产要素具有空间集聚性的特点，在一定地区内部进行税收征管工作是比较方便的，因为在同一个地区，税源是相对稳定的，能够随时被计算、被追踪，而且还具有可调节的特征。对于数字经济而言，它的发展壮大往往需要借助于信息技术等手段的推动，进而

带来更多新模式、新业态的出现,从这个角度看,数字经济与创新程度息息相关。一方面,在数字经济影响下,三大产业的融合步伐加快,对于一项具体的交易来说,它的顺利完成需要多种类型业务的协同合作,这无疑会对以往的税收制度提出挑战,使得课税对象更加复杂化。物流业的发展就是一个鲜明的例子,目前来看,它更倾向于一种集成式管理,包含运输、仓储等多个环节的工作,以往的税制已不能较好地满足新时期的发展需求。再看出租行业,随着网约车的不断发展,提供出行服务的企业越来越注重完善综合性服务,不仅要在技术上培养出租司机,还要为消费者提供更加满意的交通服务。这种综合性服务不属于同一种课税对象,对它的界定还存在一些争议。另一方面,在实际交易中,由于受到数字经济的深刻影响,企业往往会接触到大量的无形资产,如数字产品等,这不仅会使课税对象复杂化,也会加大价值评估的实际难度。

(2) 税收征管迎来新机遇

①拓展财政收入来源。数字经济作为新时期驱动经济增长的重要引擎,将更多的新型数字技术应用到各行各业中,推动企业发展的转型升级,这不仅可以增加企业的经济收入,也能为财政收入的进一步壮大贡献力量。根据有关报告发布的数据可知[185],我国数字经济发展规模得到进一步扩展,截至 2021 年,实际总规模已接近 50 万亿元,相比去年提升了 16.2 个百分点,其在推动国民经济又快又好发展进程中发挥着越来越重要的作用。产业数字化实现的总体规模已接近 40 万亿元,在国内生产总值中占

比为32.5%。与此同时，数字产业化的步伐也在逐步加快，在国内生产总值中占比为7.3%，根据国家最新政策，在未来几年，这一比重将会持续提升。由此可以看出，数字经济对国民经济的影响是不容忽视的，各级政府不断完善相关政策，为数字经济的进一步发展营造良好的发展环境，充分激发数字经济发展活力。在享受数字经济带来的红利时，政府需要在制定、完善税收监管体系上下功夫，将更多的税收收入集中在一起，避免不必要的收入流失，从而弥补财政收入缺口。

②重构国际税收规则。从全世界范围来看，以往的国际税收制度对各个国家的税收发展有着较为深刻的影响，尤其是对于各个发达国家来说，他们借助于居民税收管辖权在世界范围内的普遍使用，在和其他较不发达国家进行交易时，获取着各种各样的便利，这样一来，发展中国家应得的合法、合理权益在很大程度上就会受到侵害。随着数字经济的深度发展，原有国际税收制度在新时期的不适用性越来越明显，在这种情况下，一直沿用以往国际上通用的税收管辖权的基本准则，无疑会对其他利益来源国产生更多的负面影响。随着我国数字经济发展的步伐不断加快，各地区以及整个国家的数字经济规模在不断地壮大，在与世界上其他国家的贸易往来中，有越来越多的数字产品或服务受到了世界人民的广泛认可，数字实力的进一步提升使我国在国际治理中占据更大主动权，也强化了我国在重新制定国际税收规则中的地位。对于广大发展中国家来说，只有重新制订和完善有关税收利益分配的公认方案，致力于营造健康、合理、公平的税收环境，才能切实保障自身利益，推动国际税收发展迈向新阶段。

6.3.3 数字经济对企业风险的影响

（1）数字经济下的企业风险

在数字经济热潮下，越来越多的企业开始拥抱数字经济，紧跟时代发展潮流，加快自身的转型步伐，实现了可观的价值增值。与此同时，企业在转型升级过程中也面临着各种各样未知的风险与挑战。首先，随着数字技术应用程度的不断加深，企业生产每一单位商品的时间大大缩短，生产效率有了大幅度提升，节省出来的时间、资金等可以用来进一步拓宽企业边界，借助网络平台等方式实现与顾客的交易活动，生产者与消费者之间的关系也发生着悄然的变化，在多种因素的影响下，商业模式创新的趋势越来越明显，企业与企业之间的竞争更加激烈，这也加快了市场优胜劣汰的进程。其次，数字化发展强调的是新型技术与实体经济的协同合作、交互融合，激发实体经济活力与创造力，在这一过程中，企业可以利用大数据等手段快速获取消费者的相关信息，并对这些数据加以整合、处理，研究和把握消费者的实际偏好，并借助广告等加强与消费者之间的交流互动，挖掘出更多的潜在客户。需要注意的是，消费者的个人信息很有可能会在这一过程中遭到泄露，个人隐私受到不同程度的侵犯，这也会进一步带来更多的法律难题，加大企业面临的隐性风险。最后，在企业加快转型步伐进程中，企业内部管理等方面也会存在一些问题，如企业制定的数字化转型策略不够完善、数字技术与不同部门业务的结合程度较低、与内部生产经营有关的监控措施不到位等，这往往会加大企业需要承担的实际风险，进而阻碍企业的进一步发展。由此可以看出，在推动企业数字化转型进程中，合理把握、精准评估企业面临的风险是重中之重，企业要根据实际情况对未来的发展战略进行适度调整。

（2）数字经济赋能企业风险承担水平

①数字经济对企业风险承担水平的直接影响。立足于以往国内外学者对企业风险的研究，可以看出，能够对企业风险产生一定影响的各种因素不仅仅停留在宏观层面，个别微观层面的影响因素也应被重点考虑在内。通过归纳整理已有的文献资料，并结合企业发展的实际情况，本书认为企业在推进自身数字化转型过程中，可以充分借助大数据、AI等新技术，进一步推动内部组织构造、管理层行为等产生新变化，从而改进企业的财务工作，对已有的风险承担水平产生一定的积极作用。

一方面，新技术不仅可以帮助企业更快、更有效地完成数据收集、处理工作，为企业制定经营战略指引方向，也能够最大限度地改善企业的治理体系。在此影响下，企业经营者与所有者之间固有的矛盾得到一定程度的改善，大大减轻了企业所承担的代理成本，这对优化企业风险抵御能力来说是很重要的。基于此，企业要做的就是将更多的精力投入到如何收集、处理大量与生产经营有关的数据信息，尽可能避免预期决策与实际情况之间偏差问题的出现。更要重点关注非标准化数据资源的处理问题，处理好这个问题，可以进一步推动信息处理系统在企业内部的深度运用，进而对企业的生产、经营过程进行合理调节，在对可能出现的偏差进行初步纠正后，企业的决策水平也会有显著提升。同时，随着数字技术在金融、信息等市场中的逐渐发展，不同市场之间的信息传递速度逐渐加快、传播范围逐步扩展，在制度、资源等方面也起到一定的制约作用，不仅能够减轻企业面临的不确定性风险，也能够有效避免企业做出不合理的投机行为，进一步提升其风险容忍度。另一方面，在数字经济影响下，整个市场的运行机制发生了新变化，且原有的商业模式也在不断地进行创新。从当前的市场运行机制来看，当企业积极融入新发展环境时，不可避免地会受到国家政策带来的潜在风险的影响，然而，数字技术凭借自身的显著优势，充分发挥其经济溢出作用，将乘数效用最大限度的作用于企业的生产效率提升上。从商业模式创新来看，数据平台等新手段帮助企业快速了解和收集有关消费者的实际信息，从消费者的切身需求出发，提升商业模式对多样化需求的包容程度。另外，当企业面临的外部发展环境具有较高的不确定性时，企业借助各种各样的新技术，加快数字化进程，可以在很大程度上提升企业的应变能力和风险承担水平。

②数字经济对企业风险承担水平的间接影响。随着创新程度的不断加深，数字经济对企业风险承担水平的正向带动作用更加明显。一方面，从数字经济与创新程度的关系角度看，数字经济的繁荣发展时刻激发着更多创新理念的出现以及创新行为的发生。一是在数字产业化发展过程中，电信、软件、互联网等行业一直保持较好的增长势头，凭借自身较好的基础条件首先开展创新活动，做好其他行业转型升级的带头示范作用；二是在产业数

字化发展过程中，工业互联网的快速发展加快了新技术与三大行业、实体经济的沟通交流，通过不断提升两者的融合水平，为产品或服务的创新升级提供更多可能性，进而加快商业模式创新的步伐。另一方面，从创新程度与风险承担水平的关系角度看，一个地区的创新程度主要通过发挥以下两种效应来影响风险承受度。第一种是溢出效应，在这种效应的作用下，AI、物联网等新型技术可以充分发挥自身优势，对企业的经营发展进行合理规划，比如新技术的使用可以对整个企业供应链进行调整，去掉一些不必要的环节，从而大大优化企业的运营效率，将节省出来的要素资源更多地投入到风险防范准备工作上，提升企业的创收能力、价值水平和风险容忍度。第二种是竞争效应，激烈的市场环境对公司创新积极性的提升、创新活动的开展有着重要影响。从企业层面来讲，在数字经济影响下，企业加大对新产品或服务的研究力度，将多样化的产品或服务供给市场，满足消费者的实际需求，这往往会增加企业之间、行业之间的竞争程度。相反地，竞争程度的高低也会对企业管理产生一定的积极影响，如企业在制定具体的风险战略时会更加关注企业发展的内外部环境，提升风险战略的适用性与可持续性。

当企业的债务融资水平不断优化时，数字经济对企业风险承担水平的正向带动作用更加明显。一方面，数字经济对债务融资水平的影响主要体现在以下几点。一是强化企业的信用等级。随着数字金融的不断发展，金融行业的创新活动层出不穷，这些创新活动以及金融的数字化发展对企业信用有着重要影响。一般情况下，将更多的数字技术应用到金融行业的发展过程中，通过对企业经营发展状况进行科学评估，完善交易环节的信用记录，这不仅可以增强生产经营过程的自动化水平，也能提高企业与顾客之间的信任度，从而优化企业的债务融资水平，为企业的正常、有序经营提供保障。二是拓宽企业的融资渠道。对于大多数企业来说，要想提高融资的速度和质量，多样化的融资渠道是必不可少的。金融行业的数字化发展推动了数字技术在该领域的深度运用，从替代性融资角度看，它对企业所承担的成本数额要求不高，这大大降低了企业筹集资金所需要付出的实际成本，为企业债务融资提供了许多便利。另一方面，债务融资水平能够对企业风险承担水平产生积极影响，主要通过以下几种途径来实现。一是提升企业的谈判技能。当企业可以从多个渠道筹集资金时，就拥有了更多的选择权和话语权，在确定最终融资方式前，可以对资金提供者进行全面的评估，以最小的成本获得最大的融资额度。另外，企业也可以通过在不同风险程度项目之间进行合理规划和选择，借助多样化的融资渠道，不断提升企业抵御风险的综合能力。二是提供充足的资金。通常情况下，要想大幅度优化企业的抗风险能力，充足的资金是必不可少的要素。对于任何一个投资项目而言，没有大量的资金支持是不可能实现的。一部分企业在实际经营中，为了保障生产项目的正常运转，需要筹集大量的资金，这时往往需要牺牲掉一些高风险、高回报率的项目，以便将风险稳定在一个相对可控的水平。然而，债务融资水平的不断优化可以在很大程度上克服这一缺点，它会助力企业参与到一些高风险项目中去，通过调整企业的投资组合结构，以增强企业的风险承受度。

6.4　企业价值链

在各类新型数字技术被各行各业充分使用的背景下，企业精准匹配供需的速度加快、效率提升，这不仅可以有效避免信息不对称现象的发生，大大提升整个生产经营过程的透明度，也可以对传统的价值链进行优化升级，缩减不必要的环节，进而减少企业担负的成本费用，实现经营效率的进一步提升。随着数字经济影响范围的不断扩大，原有的价值链分工发生着悄然的变化，逐渐呈现出扁平化的发展趋势，在这一趋势下，参与市场竞争的各个行为主体都能在激烈的竞争环境中受到公平的对待，享受同等的机遇，基本的利益分配权得到有效保障，这也能够调动一大批企业参与市场建设的积极性，提升其市场竞争力，进而形成自身核心优势，为价值链的优化升级贡献一份力量。

6.4.1　传统企业的价值链重构

一般来讲，价值链强调的是企业在生产经营过程中会产生不同的价值行为，且这些行为具有内在的联系，在其相互影响作用下，助力企业经营活动链条的出现与发展。通过对传统价值链进行初步评估与深度分析，可以帮助企业重新认识自身的价值增值过程，通过对比，找到与其他竞争者之间存在的差距，发挥优势、弥补劣势，在对原有价值链进行合理调整的基础上，逐步提升自身核心竞争力，增强市场占有度，实现更多的价值增值。对传统价值链进行重构，更多指的是企业要努力打造出不一样的价值链，与其他企业分别开来，也可以说是企业要致力于创造具有更高附加值的价值链。通常情况下，对传统企业价值链进行重构可以从以下两个方面着手。

一是不断优化价值链相关活动。从价值链定位上看，在同一个价值链系统中，由于参与生产经营的企业并不能在同一个环节开展相关生产经营活动，这些企业在价值链分工中实现的价值增值、得到的收益都是有区别的，在此影响下，企业纷纷加大了对价值链定位的关注力度。随着新技术的升级与优化，越来越多的企业认识到了消费者在推动企业实现价值增值上发挥着重要作用，企业要想创造更多的价值，提升自身的竞争实力，首先要做的就是从消费者的实际需求出发，基于客户的实际价值不断改进和升级原有价值链，不能把发展重点一直放在整个价值链中某个要素的创新优化上，同时，要推动原有竞争、利益分配制度的变革，借助商业模式的不断创新带动企业的健康发展；从价值链协同上看，当下的竞争环境不单单指的是某个生产经营环节的独立竞争，更多地强调渠道、产品、服务、销售等多个环节相互作用，共同进行价值创造，也可以表述为价值链系统的竞争。做好价值链定位工作，是推动价值链协同发展的重要基础，为了最大程度减轻企业生产经营中承担的成本费用，企业必须借助协同手段，优化其商业模式，为其打造"轻"的标签。有很多成功的案例可以用来支撑这一观点，如耐克（NIKE）在设计上下功夫，拥有自己的设计理念，对烦琐的制造过程进行细分，实施分离制造，还有戴尔（DELL）贯彻的直销模式等，都大大降低了企业面临的库存压力，提高了企业应对突发情况的灵活性。

二是多方向延伸产业价值链。从纵向延伸上看，当一个公司的市场占有度较高时，往往能够集中所能获取到的各种有利竞争资源，借助产业倒逼的手段，对上下游产业链进行优化升级，从而创造更多的利润，向上游延伸最主要表现为对供应链的整合升级，供应链将更多的企业连接在一起，充分发挥企业的节点作用，通过整体的网络化系统进行不同业务的分派，将产业链协作水平推向一个新高度；向下游延伸的显著特点是不断提升制造业的服务化水平，要求企业立足于消费者的实际需求偏好，提供令消费者更加满意的产品或服务。从横向延伸上看，企业通常有两种做法：一方面，企业可以对价值链进行内部横向延伸，这就要求企业在对原有价值链进行变革时，不能只关注企业的内部环境，如销售渠道、获利手段等，更要关注企业所面临的外部环境，比如衍生行业的发展状况等，将这两个方面综合考虑在内，加大开放式创新力度，实现更大的规模经济效应；另一方面，企业可以对价值链进行跨行业延伸，立足于当前的发展环境，国内各行各业的繁荣发展为跨行业延伸价值链创设了有利环境，在价值链延伸过程中，虽然会对原先的市场竞争规则产生一定的挑战，但是在对价值链进行重构后，会创造出更多的价值增值，也会提升三大产业与新型数字技术的融合水平。

6.4.2　数字经济赋能企业价值链升级的内在机制

（1）网络连接效应

在各种新技术的影响下，人们进入万物互联的新时代，为世界各地新事物的互联互通提供了更多机会。随着大数据、网络平台等蓬勃兴起，企业之间、企业与顾客之间的联系更加紧密，一种新型、复杂、高效的网络体系逐渐显现，方便了不同经济主体之间的深度交流与合作。由于这种网络连接效应的充分发挥需要借助一定的数字技术，当实际连接范围不断拓展时，该效应发挥的作用越来越大，最为明显的一点就是降低了企业进入该网络体系的门槛，为中小企业更快、更好地融入网络体系提供了更多可能性。首先，随着数字经济不断赋能金融行业的发展，有效地拓展了企业多样化的融资途径，减轻企业的融资压力。如通过众筹等方式进行筹资，能够较好地弥补原有筹资方式存在的不足；其次，在网络平台、物联网等影响下，企业的生产经营过程更加具有透明性，这不仅可以避免信息不对称现象的出现，也能大幅度减轻企业的监控成本；最后，当这种连接效应发展到一定程度时，可以不断扩大知识、技术等要素在价值链中的影响范围，推动原有商业模式的优化升级。最为明显的是为顾客参与企业研发与设计提供了更多可能性，顾客可以根据自身需求偏好，参与到产品或服务的设计中来，从而激发更多的新思想和新观点。

（2） 成本下降效应

在企业日常经营活动的各个环节中，都需要面对成本问题与收益问题。对于整个价值链来说，由于企业所处的地位不同，享受的实际利益也是不同的，通常情况下，地位越高的企业拥有更多的收益渠道，更容易获得高额的收益来源。在这种情况下，可以有效调动各方经济主体的积极主动性，会有更多的企业愿意参与到价值链分工环节中，推动价值链的进一步升级改造。随着这一过程的逐步推进，企业付出的成本也在不断增加，成本问题是影响价值链升级的重要因素之一。然而，数字经济的繁荣发展可以有效缓解这一难题，可以将这一过程中产生的交易成本控制在一个较低的水平，从而为价值链升级提供源源不断的动力。一方面，在网络平台等数字技术的影响下，企业在生产经营过程中能够突破时空条件的限制，可以有效缩减实际运输成本。但是，地理因素带来的影响不会全部消失，比如实体、零售店的销售份额与线上销售份额之间是相互影响的，两者之间是此消彼长的。另外，社交网络的建立往往与地域要素有关，一般具有本土化的特征。随着网络效应的不断扩散，产业集聚现象越来越明显，实力较弱的小微企业可以充分借助社交网络，积极参与到区域价值链中。另一方面，企业在搜集相关数据信息时产生的成本几乎为零，数字技术的使用大大降低了生产、销售过程中的渠道费用。同时，低信息搜集成本特征越明显，顾客就越容易对产品或服务的价格做出评估，在这种情况下，会导致同质性产品或服务的价格和质量出现变化，如价格下跌、产品同质化、销量提升等，进而引发长尾效应。

（3）价值创造效应

数字赋能的价值创造效应主要体现在以下两个方面。一是新技术应用程度不断加深以及数字化转型步伐不断加快，为各行各业带来了更多的价值增值。越来越多的企业借助工业互联网等技术，将自身业务与新技术相融合，提升自身在新环境下的市场竞争力。工业互联网强调的是人力、物力、机器的互联互通，在物联网、云计算等新技术影响下，企业的软硬件环境与云服务可以更好地结合在一起，通过构建数字化的生产路径，推动全要素、全价值链的深度连接，创造更多的闭环价值。近年来，工业互联网发展呈现良好态势，对三大产业的影响范围逐步扩展，如：建筑领域的施工协同管理系统，可以优化施工效率和质量；交通领域的自动驾驶功能，可以对运输过程实施监控和进行追溯，提升了交通管控效率；制造业的数字化转型，更是从企业内部改造出发，通过加强与外部的协同合作不断提升服务化水平。二是在企业数字化转型过程中，数字技术能够将更多的劳动力从原有的烦琐工作中解放出来，比如使用机器人进行产品生产、数据计算、重复性操作等，这样一来，传统劳动力将拥有更多的时间和精力去从事更有价值的工作，不仅可以提高企业的生产经营效率，也能为企业带来更多的价值增值。

6.5 企业商业模式创新与绩效

6.5.1 数字经济赋能企业商业模式创新

(1) 企业商业模式创新

对企业经营发展来说，要想在市场竞争中长久占据一席之地、永葆活力，那么，实施与之发展相匹配的商业模式是至关重要的。商业模式是一种价值创造系统，可以通过对顾客价值、企业内部结构等进行刻画来持续为企业创造可观收益。一般来说，它由核心产品、价值需求等几大要素组合而成，这几大要素在助推企业实现价值增值上发挥着重要力量，由于企业之间的性质是有差别的，它们发挥的作用也是不均等的，有的要素会在企业商业模式中占据主导地位，有的要素仅是一个必要的组成部分。要素之间是有着密切联系的，当占主导地位的要素发生变化或进行创新转型时，也会对其他要素产生影响，最终推动整个商业模式的转型升级。比如戴尔（DELL）通过不断创新销售方式，成为全球数一数二的电脑直销商，虽然其主营商品电脑与行业内其他品牌的商品差别不大，但是其独特的销售模式使其在行业内遥遥领先，对戴尔而言，与独特的销售模式相配套的价值链结构是该公司在激烈的市场竞争中持续发展的不竭动力。当然，企业商业模式的进一步发展离不开创新，在数字经济发展热潮下，企业面临的发展环境是复杂多变的，发展环境的变化也推动着顾客需求、销售商机等方面的变革，进而对商业模式的优化升级提出了更高要求。在这一时期，数据要素凭借其独有的特性为商业模式的进一步创新打下了坚实基础，大数据与企业各方业务的深度融合强化了企业的市场竞争力。企业要想在激烈的竞争环境中持续发展下去，必须加快步伐、紧跟潮流、抓紧时机，积极推动商业模式的不断创新。

推动商业模式创新的因素有很多，综合来看主要有以下两个方面：

一是外部影响因素，主要指的是消费者需求、经济环境、技术进步等因素。从消费者需求上看，需求的多少和水平在任何时期对创新都有着或多或少的影响。需求是不断变化的，企业要想在市场中持续经营下去，就要从这些不断改变的需求出发，适时进行创新升级。当然，在商业模式得到优化后，也会创造出更多潜在需求。从经济环境上看，激烈的市场竞争以及复杂多变的经济大环境给各行各业的发展带来了许多压力，这对商业模式创新来说也是一样的。在环境的影响下，企业为了更好地抓住机遇、克服威胁，必须要采取多种方法来优化发展、经营战略，而商业模式创新正是其中关键一环，可以有效推动成本的降低以及学习机制的改善。从技术进步上看，新技术的进步推动着商业模式的不断创新，在新技术的影响下，越来越多的企业借助优化模式获得快速成长，如亚马逊、微软等。数字经济对企业技术水平提出了更高要求，尤其是技术的创新程度，而创新程度往往是通过商业模式的优化来体现的，进而将新服务理念和产品更好地展示给顾客，满足顾客的多样化需求。

二是内部影响因素，主要指的是企业家和社会资本等因素。从企业家来看，优秀的企业家是任何企业发展壮大的核心要素，一方面作为决策者和发起者，其凭借自身敏锐的眼光，善于抓住良机，实施合适的经济策略，创造良好的创新氛围，推动商业模式创新，另一方面作为推行者，能够有效地推动创新思想的层层传播，在企业内部揭起一股创新热潮，帮助员工认清自身的定位与要实现的目标；从社会资本来看，资本的不断积累能够展现公司的创新程度，这里的资本主要指的是人力资本、企业制度、内部结构等，资本积累得越多，越容易开展创新活动，通过对这些资本的重新整合，有利于推动商业模式的进一步创新。

（2）数字经济赋能企业商业模式创新的主要路径

①纵向层面。该层面主要强调的是公司内部信息的集成。在生产模式上，通过将更多的技术运用到企业生产过程中，使生产更具灵活性，生产过程更具网络化。此时，"长尾"效应逐渐显现，当企业满足不了顾客对小众商品的需求时，会损失较多的客户，虽然每位客户给企业带来的收益不大，但整体损失的利润是不小的，这就需要企业打造柔性化生产平台，整合各个生产环节，尽快推动网络化集成和扁平化发展；在生产设备上，一个显著的特点就是分散化，这主要归因于数字经济的不断发展以及网络化分布的生产方式，企业生产可以克服时空层面的限制，通过将不同位置的设备连接起来，实现多方共享，提高资源、设备的

使用效率。工业互联网等技术在实现数字赋能商业模式创新上发挥着关键作用。企业通过对原始价值链各个环节的信息进行整合，打造相对独立的信息平台，这些平台可以借助智能 CPS 等系统实现数据、信息的传递与交换，在这种环境下，企业可以精准把握需求和供给的数量，进一步优化产品生命周期。纵向层面信息的不断集成，可以推动工业互联网基础技术、生产环节数据平台、定制生产三个层面商业模式的出现与创新发展。

②横向层面。该层面主要强调的是产业链信息的集成、不同企业间的价值链和供应链管理以及合作研发等，可以在较大程度上突破企业边界，进而推动数字化网络体系的发展。在生产制造上，根据微笑曲线原理，只有在产品研发、渠道拓展等环节抢占先机，才能创造更多的价值，而现实中很多企业做不到这一点，以至于生产的产品几乎是没有差别的。在数据资源上：一方面，企业之间可以通过共享平台了解顾客的消费偏好，为其提供更精准的服务，推动制造业的服务化发展；另一方面，借助大数据平台，企业可以与多个领域进行信息交互，进而推动跨界沟通和经营，为商业模式的进一步变革提供动力支持。在此背景下，企业的信息集成不仅仅局限于企业内部，数据资源的充分运用，无疑会加快商业模式发生新变化的步伐以及数字化网络体系的建设。这可以从以下几个角度来解释：从价值链层面来看，当企业有一定的纵向信息集成基础时，会在原有产业链上进一步延伸，通过加强与渠道、供应商的资源共享，合力打造产业数据共享平台，推动经营模式变革；从产业层面来看，当横向信息集成基本实现时，产业数据平台也会借助多种途径，加强与各行各业数据平台

的信息交互，推动新商业模式的出现。

6.5.2　数字化程度、商业模式创新与企业绩效

（1）数字化程度、模式创新对企业绩效的影响

在数字经济发展热潮下，传统企业在一定程度上会受到冲击，其进一步发展遇到了瓶颈，此时，互联网企业迈出了转型的第一步，率先完成企业的转型重任。在数字技术的广泛应用下，越来越多的传统企业意识到随着各类企业数字化程度不断加深，其创造出的产品的生命周期是不断缩短的，信息技术的不断升级使得企业的通信、存储成本逐步降低，运算速度逐步提升，比如WPS 的多人同时协作办公系统，钉钉、腾讯会议、ZOOM、微信等即时通信软件，会大大降低企业的通信成本[186]；消费者的需求是多样化、可变动的，企业原先开拓的消费市场会面临收缩的风险，及时有效地了解消费群体的需求偏好是十分重要的；信息具有较强的穿透力，人们借助网络可以充分了解产品和服务的价格、特征等信息，信息透明性的增加使得口碑影响力的大小成为企业不能忽视的关键要素；数字技术在不同企业中的应用，加快了企业间的组合创新，为跨界企业的转型发展创造了有利环境。考虑到以上因素，传统企业紧随其后，逐渐加入转型行列，启动了转型升级的快捷键，这无疑给传统企业带来了更多的发展机遇，加快了其华丽转身的进程。另外，在这一过程中，企业创造

价值的具体方式发生了较大改变，数字化企业借助技术手段提升自身智能化水平，可以有效缩减人力资源消耗水平，使人们避免重复劳动，提高生产效率，在一定程度上优化了企业价值链。产品生产、流程管理、组织运营等方面得到了进一步提升，为企业的绩效提升提供了更加广阔的平台和发展空间。

数字化程度对企业绩效的影响是多方面的，主要体现为以下几个方面。

一是数字化程度有助于提升企业创新绩效水平。首先，在数字经济时代，大数据、人工智能等新型数字技术的深度运用可以加快新业态、新模式的出现和转型优化，提高产品的"智商"，是各行各业创造更多财富、获得新价值的重要活水源。在这一影响下，人们会产生更多的多样化消费需求，传统企业强调的是产品提供方的输出流动，相较于传统企业，数字化企业更加注重供给者和需求者的双边输出流动，这一转变为企业提供的产品和服务质与量的优化升级拓展了更加广阔的空间，数字技术及数字手段的不断发展为供给者和需求者双方均可实现规模经济提供了更多可能，双方在互动发展过程中形成的正反馈效应会使成本继续降低，为实现规模效应奠定了良好基础，与此同时，随着正反馈效应不断深化，企业生产的创新研发效率得到优化，进而对企业的创新绩效带来积极影响。其次，数字化发展在一定程度上可以有效克服时间和空间上的距离限制，各行各业间信息传递速度加快，传播路径有了更多选择，影响范围也得到了大大拓展，这无疑强化了信息的溢出效应，在该效应影响下，参与创新活动的企业或个人获取相关信息的时效性大大提升，有助于调动各方参与者的创新积极性，进而创造出各方共享的数字红利。为了更好地满足消费者不断变化的新需求，各行各业会充分发挥数字创新带来的溢出效应，推动企业的健康持续发展。最后，数字化水平在提升企业产品、服务品质上发挥着重要作用。在复杂多变的经济发展大环境下，企业提供产品、服务的规模和种类发生了变化，需要企业花费更多精力解决新的匹配问题，数字化可以加快要素流动的速度，比如信息流、物流等，为要素使用和充分扩散创造了良好氛围，进而实现各种资源要素的合理有效配置。另外，数字化发展打造了更加透明的交易市场，可以有效克服供给者和需求者之间出现的信息不对称问题，在这种环境下，不同企业间的竞争会更加激烈，为了在市场上占据有利地位，企业的创新意愿会更加强烈，进而优化产品、服务的质量，获得更好的创新绩效。

二是数字化程度有助于提升企业组织绩效水平。一方面，借助数字技术，企业提供产品的创新程度增加，对于消费者来说，他们将会获得更多价值增值。在企业生产产品、追求创新、提供服务的进程中，大数据、人工智能等新型手段的合理利用在其中扮演着重要角色，新技术能够开阔企业的眼界，使得企业不单单局限于最初的创新思维和方式，能够发现和采纳更加高效、更合适的创新路径，在复杂的经济创新大局下，打造自己的核心优势，提高市场占有度和竞争力。与此同时，新技术在很大程度上重新定义、优化了传统产品，为企业以往提供的产品、服务带来了新生机，为企业的创新发展提供了源源不断的动力。另一方面，更加具有创新活力的产品或服务，让企业拥有了多样化的收入来源，形成了新的利润增长点，推动企业创造更多的价值增值。大数据、人工智能等新型数字技术能够快速、有效地捕捉到不同消费群体的需求偏好，立足于这些多样化的需求偏好，企业能够让不同消费群体体验、使用到更加个性化的产品或服务。另外，各行各业可以充分利用广告等传播方式，在线上线下活动中注意强化与消费群体的互动效应，引导更多的潜在消费群体参与到活动中来，让消费群体获得更好、更真实的产品体验，进而为企业获得可观收益提供更多可能性。

三是数字化程度有助于提升企业财务绩效水平。一方面，随着企业整个生产过程的智能化程度不断加深，企业在对生产过程实施全面监控后，产品的质量水平在很大程度上可以得到有效把控，生产设备停止工作的时间以及生产设备出现故障发生的维修成本会大大降低，进而使得生产设备的运作性能得以优化。同时，在一系列数字技术的影响下，产品的研发和后期的改良工作进程加快，生产效率和生产要素使用效率大幅提升，可以有效避免资源的重复消耗和损失，进而使得产品在市场中的影响力逐渐增强，企业收获更多的价值增值。另一方面，企业生产过程更具智能化，有利于强化不同生产环节以及不同企业间的网络化水平，有效缓解企业间的"围墙"困境。大数据使得信息传播的范围更广、速度更快，不同企业可以借助网络平台等途径实现大量信息的共享，不仅可以加快了解消费者的偏好信息，也能提高企业的生产能力，使其收获更多的正向绩效。

在数字经济发展热潮下，越来越多的企业加大对人工智能等新技术的使用力度。随着新技术应用程度的逐渐加深，企业间在业务往来方面的沟通、合作方式发生了较大变化，这也推动着产业价值链的变革与优化。在当下激烈的市场竞争环境中，产品生产模块化以及以服务为导向是企业发展的重要趋势，传统意义上的仅仅优化企业生产系统难以很好地满足数字经济环境下企业发展的新要求，此时，推动商业模式的不断创新、提升企业自身的获利能力成为各行各业发展的重点任务。商业模式创新强调的是在优化和改善顾客体验、网络平台以及服务内容基础上，不断满足消费者的新需求，为消费者创造更多的价值。其对企业绩效的影响主要体现在以下两个方面：一是在商业模式加速向创新迈进的大环境下，清晰的价值主张扮演着重要角色，广大消费者可以借助自我服务、创造信息源的途径参与到公司实现价值增值的过程中，进而助推价值主张模式的不断升级和创新；二是商业模式的持续优化能够强化生产环节、销售环节的协作与联系，企业借助大数据可以快速精准地把握消费者的需求偏好，与企业业务流程相结合，从而使得消费者不断获得可预期的长期价值。

（2） 数字化程度对企业绩效的影响路径

对于数字经济来说，数据要素以及各种新型技术为其良好发展奠定了坚实的技术基础，长远来看，这种新经济的逐步深化在一定意义上也被理解为技术发展的边际突破。多样化的数据信息呈现出爆炸式递增的特点，企业间、企业与消费者间信息的交互性、可获得性、透明性逐渐增强，供需匹配更加合理有效，越来越多的潜在消费者群体参与到企业活动中来，这在很大程度上解决了企业没有充分了解消费者需求偏好而产出减少的问题。交易过程更加透明、公平，可以有效规避信息不对称带来的风险。这种效应对不同类型、不同层次的企业来说是有差别的，实力雄厚的企业获得需求的速度快、数量多，发展薄弱的企业会因种种限制，承受不住行业压力，逐渐出清。需要注意的是，数字经济的快速发展给中小企业以及刚刚成立的企业创造了更加宽广的发展平台，信息的强交互性和流动性使这种后发优势更加明显，企业更加具有创新活力。企业借助大数据等新技术逐步提升产出水平和整体竞争力不是一蹴而就的，要用全面发展的眼光看待这个较为复杂的、系统性的发展过程，在分析数字化程度对企业绩效的影响时，更要把企业经营的各个环节考虑在内，比如销售、生产、管理等。

数字化程度对企业绩效的影响有以下几种路径。一是借助商业模式创新提升绩效水平。对于销售环节来说，多样化的新技术使企业对所拥有的要素资源进行合理配置，推动原有商业模式、产品或服务的转型升级，进而推陈出新，提升自身市场竞争力。借助 CRM 技术，企业能够合理有效地整理顾客信息、科学管理客户关系，了解顾客的需求偏好，为其提供满意的产品或服务。通过广告宣传、线上销售等方式缩减企业销售成本，提升核心竞争力，树立良好的品牌形象，不断拉近与顾客的潜在距离。借助 PLM 等技术，企业能够根据市场变化迅速做出反应，强化自身定位，逐步向"以销定产"或"产销一体"新发展模式转变。总体来说，新技术的运用能够拉近供需双方的距离，优化企业管理流程，加速商业模式的转型升级，在新商业模式的作用下，企业市场占有度大幅增加，从而为企业创造更多的收入。二是通过降低生产经营成本提升绩效水平。对于生产环节来说，新技术可以协助企业实施真正的精细化管理，生产设备更具"智慧"、信息资源充分流动，有助于企业对整个产品生产流程进行有效监控，通过及时反馈获得的信息，作出更加科学合理的生产决策。另外，ERP 等技术在合理配置企业要素资源上发挥着关键作用，共享经济的盛行使得不同企业间可以共用闲置的资源设备，在同等水平下能够大大减少材料消耗，降低闲置设备的维修费用。三是通过提高管理费用降低绩效水平。对于管理环节来说，当企业引进新技术后，企业整体管理流程更具数字化，数字化水平的提高也会造成企业生产、销售等环节的失调，在一定程度上会加大企业的内部管理难度。新技术的运用会让企业产生更多的管理费用，比如各级员工的培训费、专业咨询费、外出调研费等。当企业引进的新技术种类数量增加时，为了维持原有销售收入的水平，企业担负的管理成本也要增加，这会对企业绩效水平产生一定的消极影响。

6.6 企业网络结构关系的改变

6.6.1 企业网络结构

在各种企业网络理论中，经济主体最应该关注的是节点问题和网络问题，具有高价值的网络对企业发展来说至关重要，是企业持续生存的重要基础。网络是一种 n 维向量空间，通常包括两部分内容，一是节点，二是不同节点间的联结程度。节点可以理解为在整个网络结构中与企业进行交易往来的不同单元。一般情况下，在分析节点问题时，可以从多个角度进行，如个体、企业、中小企业群等。在以往学者的研究基础上可以发现，企业网络结构通常包括两个维度：一是结构维度，它侧重分析的是在整个网络体系中不同单元之间的关系以及经济主体在网络结构中所处的具体位置，通常可以用网络异质性、结构中心度来表示；二是关系维度，它侧重分析的是不同单元之间联系的具体内容，通常可以用关系强度、关系质量来表示。在企业经营发展过程中，价值网络结构扮演着重要角色：一方面，它时刻影响着经济主体在整个网络中的具体位置，所处位置差异往往又影响着经济主体获取资源的数量和质量；另一方面，高效的网络结构也会对企业的创新绩效产生影响，是推动企业数字化转型的重要力量。在企业实际经营发展中，网络结构不是一成不变的，它会根据环境、技术、市场竞争规则的不同而进行适度改变，在大数据、互联网等数字技术的作用下，企业拥有更多的机会助推网络结构的转型升级，以适应新时期的新要求。在此背景下，深入分析数字经济对企业网络结构的具体影响，不仅可以充分把握新形势下企业网络结构的发展特点，也可以借助网络结构的优化升级，提升企业的运行效率，进而加快企业的转型步伐。

6.6.2 数字经济赋能企业网络结构改变

在数字经济发展热潮下，企业未来发展与各类数字技术的联系更加紧密，推动企业数字化变革已成为企业获得持久经营的必然选择，企业需要借助各种途径从外部获取优势资源，将这些资源结合在一起，助力企业战略蓝图的实现。在这一过程中，网络结构作为一种重要途径，能够强化企业与外部环境之间的联系，帮助企业获取更多、更优质的生产要素资源，保障企业的正常生产经营。同时，数字经济的发展使得各式各样的数据资源呈爆发式增长，丰富、高质量的数据资源以及新经济环境下企业网络发展的新需求为网络结构的优化升级提供了重要基础，为了提升自身在新环境下的市场竞争力，有越来越多的企业开始加快网络结构数字化转型进程。但是，对于某个企业来说，独立完成数字化转型是具有一定难度的，单个企业发挥的能力有限，必须要充分发挥核心节点的作用，在推动节点数字化转型的进程中不断地为企业整体转型赋能。核心节点可以借助知识权力和发挥领导作用，对企业网络中的非核心节点产生潜移默化的影响。另外，为了更快、更好地达到企业预期的转型目标，企业要充分利用所接触到的数字资源，打造和完善网络生态系统，通过与优势企业的强强联合，引导其参与到该系统中来，充分发挥数字资源带来的连接效应，实现企业间的合作共赢。

在数字经济影响下，企业网络发展迎来了新机遇，也面临着新挑战。位于整个网络核心位置的节点企业要在拓展生态边界上下功夫，不断优化各种资源要素的合理配置，借助网络集中更多的异质性资源，使得企业网络更具价值。企业网络结构的数字化转型对企业发展有着多方面的影响，主要体现为以下两方面。一方面，转型发展可以有效保障已有竞争优势的长期性和持久性，为网络和节点的互动连接提供更多支持，也能够帮助企业网络进行动态化调整，打造自己的核心竞争优势，提升其核心价值。相较于工业时代的传统组织，新时期的企业网络更富有动态化特征，强调通过开放、包容的方式构建价值链条，进而创造更多的价值。通常情况下，位于核心节点的企业需要发挥引领作用，主动担负起"织网"重任，并根据不断变化的市场情况，及时对其他节点进行合理调整，让每个节点发挥自己的最大作用，使得整个网络结构处于最佳状态，以便获取最有价值的要素资源。从这一方面来看，网络结构富有动态性是整个网络、节点以及企业维持竞争优势的必要条件。另一方面，在转型发展的要求下，企业为了提升自身参与到价值网络建设中的可能性，更快地具备"入围资格"，会借助各种途径从多个方面完善自己，提升自身实力，进而带动企业网络的整体优化。

从风险层面看，企业积极融入价值网络，会有效降低企业的经营风险。由于网络结构具有动态化特征，会在一定程度上限制机会主义行为的发生，当某个节点做出投机行为时，往往会被身后的节点替补者所取代，这大大降低了机会主义行为发生的可能性。从激励层面看，在激烈的市场环境中，每个节点都有着较强的主动性和自主性，它们以获取最大利益为目标，而利益获取的多少基于其在整个网络内的实际贡献，这会激励各个节点进行自我提升,更快地具备"入围资格"。

随着数字技术与企业网络结构融合程度的不断加深,未来企业网络将会逐步向共生型组织演变。在 AI、大数据、物联网等新型数字技术的影响下,以往的产品、企业等边界逐渐被突破,企业面对的外部环境是无序的、多变的,使得企业难以根据实际情况作出合理决策,大大影响了企业的可持续发展。在这种情况下,企业仅仅依靠自己的能力参与市场竞争,或与其他企业进行初级合作,都不能充分应对企业面临的内外部环境,无法保障企业原有竞争优势的稳定性,甚至会威胁到企业的生存发展。在数字经济时代,任何价值创造活动都需要多方经济主体参与,单个企业无法离开整个价值网络进行单独活动,这就意味着企业要以构建和完善网络生态系统为己任,在生态系统中严格按照共生原则,通过强化与其他企业间的合作联系,提升自身的生存能力和竞争能力。

7

数字经济驱动政府行为
改变的机理分析

7.1 政府参与数字经济的内在动因

对于建设数字中国来说，数字经济、数字政府的快速发展为其奠定了坚实基础，在两者的相互作用下，国家的数字化进程不断加快。充分认识和处理市场与政府之间的关系是保障经济平稳运行的重中之重。数字经济要想实现更高水平的提升，需要充分借助政府这只"看得见的手"。一方面，在市场经济运行过程中，会存在一定的自发性和盲目性，往往容易出现信息不对称问题，在各种问题影响下，经济整体运行效率会大大降低；另一方面，数字经济的快速发展给社会带来了更多创新活力，推动了新业态、新模式的出现和发展，这也冲击着传统的监管制度。在新时期下，既要鼓励和支持社会各层面的持续创新，深化"放管服"

改革，又要牢牢把握数字经济发展红线，为数字经济健康发展"保驾护航"。

7.1.1 数字经济下市场体系面临的挑战

经济基础决定上层建筑，在数字经济环境下，原有的市场体系发生了许多新变化。从客体结构层面上看，数据这一核心要素在助推经济发展上发挥着关键作用，借助数字技术对数字资源进行整合、处理，可以充分激发数据的潜在价值。在推进市场化配置上，数据要素可以在生产经营各个部门间充分流动，能够借助市场评估贡献、贡献决定报酬机制来强化要素的投入力度。同时，数字经济的不断创新又推动着更多智能化产品或服务的出现和发展。这些产品或服务无时无刻不在创造着数据，"产品即要素"特征越发明显。从主体结构层面上看，平台企业发挥的作用越来越明显，数字经济的发展为平台企业的崛起提供了更多可能性，市场活动主体多元化，规模也在逐渐扩大，在极大程度上实现了消费者的充分参与，同时，也推动了利基市场的形成；从载体结构层面上看，借助各种数字技术，市场竞争活动的时空界限被逐步打破，原有的市场载体结构也发生了改变，逐步朝向全球化、泛在化特征演变，市场资源可以进行有效重组，市场运行效率提高，也进一步加剧了市场的激烈竞争。在数字经济热潮下，现有市场体系的进一步发展面临着新挑战，为了有效应对数字经济下市场体系面临的挑战，保障经济的平稳运行，加强数字政府建设已成为大势所趋。这些挑战主要体现在以下几个方面。

（1）平台企业带来的垄断问题

在数字经济影响下，市场主体结构更具多元化，平台企业作为一个局部市场，更加关注的是多边交易活动，为需求不同的多方主体打造一个交易平台，从中赚取佣金、会员费，它具有交叉网络外部性等特征，使得各方主体间相互作用，产生影响。这些平台企业往往会追求做强做大产业生态，借助企业或行业间的并购活动等方式加快自己数字化转型步伐，不断拓展自身业务领域，如积极融入智慧城市、数字政府建设过程等。随着平台企业的逐步发展，不可避免地带来一些垄断问题。一方面体现在滥用市场支配地位，在市场竞争中，经常会出现一些行业巨头为了持久地占据竞争优势而滥用市场支配地位，这往往会使其他市场参与者处于不利的竞争地位，造成不公平交易的出现。这些企业会通过制定不公平的价格、捆绑销售、限定交易手段来打压其他企业，通常情况下，价格制定上采用的是价格歧视、掠夺性定价等方式，以此来吸引更多的顾客，不断提升市场占有度。借助数字技术对顾客的消费行为进行分析，实施不同的价格定位。而限定交易指的是在消费者做出消费行为时，平台企业在没有正当理由的前提下，对消费者的购买选择做出了限制，这无疑会扰乱正常的市场秩序，捆绑销售现象则更为普遍，比如在线上平台购买机票时，会出现一些保险购买选项，确定购买与不购买的图标在设计上有很大不同，购买图标往往更加明显，这在无形中会产生更多的销售数量，一定程度上损害了顾客的公平交易权。另一方面体现在违法实施经营者集中，平台企业往往会通过并购行为强化自身的竞争优势，提升自身的核心竞争力，进而占据更多的市场份额。为了维护正常的市场竞争，相关部门要对这种经营者集中现象进行充分调查，以免形成行业垄断。

（2）数据要素市场建设存在一定的滞后性

新经济环境下，数据资源扮演着越来越重要的角色。各类数据资源呈爆发式增长，逐渐成为创造价值和社会财富的主要来源。交易活动是数据要素市场建设的关键一环，各类数据要素间的交易活动都需要借助这一市场来进行。为了激发数据要素所具有的潜在价值，需要进一步加快数据要素市场建设步伐，进而带动经济又好又快发展，推动要素市场建设机制的逐步完善。

从目前来看，国内数据要素市场建设还停留在发展的早期阶段，在后续建设过程中还存在着一些问题。

一是有关数据交易的相关法规制度还不完善。健康、公平的市场秩序和竞争环境是数据要素进行交易的必要基础，而这往往依赖于政府制定的强有力制度或法律法规。在这一方面，上海、深圳等经济实力较强的地区充分发挥带头作用，最早开始制定有关数据要素交易的法律法规，但是这些内容属于区域性范畴，在实际应用时容易受到地域限制，全局性的探索还需进一步推进。

二是数据资产定价机制还不完善。从当前数据要素交易市场建设来看，有关数据产品或服务还没有形成统一的定价机制，相关产品或服务价格的确定往往需要一事一议，通过协商方式进行定价。出现这种情况的原因可能在于数据产品或服务自身所具有的虚拟性，消费者在购买前难以进行有效评估，容易出现信息不对称问题。

三是数据确权登记制度需进一步明确。为了保障数据要素交易活动的正常开展，清晰的数据确权登记制度是至关重要的，不仅可以优化权责利的分配过程，也可以对各方经济主体的市场交易行为进行有效约束。但是，我国在确定数据产权上还有许多不足，还没有找到一种能够较高程度匹配数据要素的确权登记制度，从全国范围来看，能够从事数据资产登记的企业数量太少，且拥有全国统一标准、能被人们广泛接受的数据登记平台有待进一步完善。

四是数据交易机构的发展状况相差较大，有的交易机构发展势头较好，如上海数据交易中心，但多数机构的经营发展处于一个尴尬境地。根据统计，全国有将近2/3的数据交易机构的线上官方页面没有正常运营，经常出现网站不存在或打不开等现象。另外，从劳动力层面看，能够正常参保且职工大于10人的机构少之又少，机构的各方面发展水平都有待提升。

五是新技术的研发、应用需进一步深入。新技术的发展不仅为数据交易提供了更广阔的平台，也推动了数字交易的创新发展。在进一步推动新技术与数字交易结合的过程中还存在着一些困难，原因在于在结合过程中需要充分考虑数字资源的固有特性，如主体多样性、易复制性等，需要基于这些特性进行定制化的研发活动。同时，隐私安全数据计算、数据加密等技术还处在发展初期阶段，在一定程度上限制了数据要素市场的建设步伐。

7.1.2 数字政府建设的时代价值

数字政府在经济治理的各个环节都发挥着重要作用。从经济调节层面看，政府可以借助数字技术对有关供求信息进行处理分析，精准把握供求双方的发展趋势，立足于数据价值基础制定经济决策或战略，不断强化政府的调节作用。在大数据支持下，政府通过一体化网络平台可以充分了解产品市场的波动情况，经过智能化的相关处理，优化数据资源的使用效率。从市场监管层面看，数字政府通常是从事前、事中、事后三个角度进行监管工作的。在事前监管上，其重点关注的是办事流程的简化和各个业务流程之间的互联互通；在事中监管上，数字政府需要解决的关键问题是如何完善内部运作流程，进而提升整个监管工作的精准度，这就需要政府充分把握各项监管任务间的内在联系，努力做到线上线下相统一；在事后监管上，政府要做到抓住主要矛盾，选取重点领域、重点问题进行重点突破，通过积累总结经验，提升监管能力。从社会管理层面看，特别是在新冠疫情防控时期，数字政府从各方发力，保障了整体社会的正常运转。如国家政务服务平台全力做好统筹工作，加强各个部门间的互联互通，为跨区域间的"健康码"互认工作创造了更多可能性，也给予了坚实的技术支持。另外，一体化查询服务为广大居民提供了许多便利，也加快了"动态清零"的实际进程。从公共服务层面看，数字政府主要是从"高效"二字上发力，进行相关公共政策的制定和完善。着眼于当前的发展情况，各项业务之间的协同合作以及场景的推广应用方面还存在许多困难，数字化管理还没有广泛涉及公共服务的各个领域，有时还会出现线上线下脱节现象。另外，有些地方信息一体化平台发展速度较快，远超于人们的实际公共需求，这就导致了一部分数字化公共服务没有充分发挥自身效能。从生态环境保护层面看，数字政府建设的一项主要任务便是加强环境保护的智能化、数字化程度。其中，环保监测是环保工作的重要一环，它不单单属于环保监管部门范畴，对于企业而言也尤为重要，在企业生产经营中，它可以帮助企业有效把握生产节奏和节能降碳过程。在政府大力支持环保监测环境下，可以有效激励节能企业持续创新，不断加快其在节能技术研发、推广、供给上的发展步伐。

7.2　政府参与数字经济的内容诉求

7.2.1　战略层面

从战略层面上看，数字经济的深度发展需要政府做好纵向横向的连接工作，从多方面同时推进数字化协同进程，既需要借助数字技术提供的技术支持，也需要多方共同参与、协同合作。政府要做的是加快树立全局、前瞻意识，从多方面同时发力，积极推进整体社会的数字化发展。

一是做好总体规划。在数字经济发展过程中，政府要始终贯彻"以人民为中心"的战略思想，让数字化、智能化发展体现在社会发展的方方面面，如经济调节、公共服务等方面，积极进行内部组织结构、业务部门等方面的变革，以适应新时期的发展要求。同时，政府要明确数字经济环境下的重点建设内容和战略发展目标，树立全国"一盘棋"的发展理念，统筹兼顾，协调分配各地区数据资源，合理把握发展节奏和进度，推动责任细化工作的落实。

二是贯彻一体化发展。这就要求政府把数字化发展理念逐步推广落实到整个行政体系发展过程中，做好上级与下级各个部门、各个环节的对接和协同联动工作，既要持续推进自上而下机制在社会治理环节的充分应用，也要持续完善自下而上的监管机制，在两者的相互作用下，不断提升社会的智能化、数字化水平。

三是统筹规划基础设施建设。政府要根据工作流程内外网建设的实际需求，加快相关基础设施扩容升级的进程，在优化和提升服务、应用、承载力等方面下功夫。一方面，政府要加快新型数字基础设施建设步伐，为政府的数字化转型提供高水平的、坚实的技术支撑，在新技术的作用下，持续提升自身的智能化水平；另一方面，针对重复建设问题，政府要充分利用一体化平台，尽力消除各地区间、各部门间的信息壁垒，加强地区和部门的互联互通，扩大数据资源的共享效应。

四是建立统一的数字治理平台。数字平台的建设可以缓解数据孤岛问题，当不同地区或领域的政府部门选择的技术合作机构不一致时，信息沟通就受到了限制，不能共享数据资源，进行信息整合处理也存在着不小困难，在平台影响下，可以充分激发数据资源的潜在价值，进而有效提升治理效能。另外，利用平台开展统一采购工作，能够在较大程度上减少财政资源消耗，政府与机构在合作中往往需要承担一定的平台费用，统一平台的出现可以有效避免不必要的财政资源消耗。

7.2.2　制度层面

从制度层面上看，数字经济发展需要政府加快制定和完善相关政策体系，为其前进道路扫清制度、机制层面的种种障碍。

一是建立健全政企合作机制。从政府角度看，政府的数字化转型需要借助技术企业提供的技术支持，政府往往会与高技术企业开展合作，从企业角度看，要想持续提升企业的数字化能力，收获可观的利润，企业需要充分参与到政府建设各个环节，推动数字政府建设。在数字经济环境下，政企合作具有高强度的利益耦合性，制定和完善相关政策、合理规范政企合作行为是政企之间进行深度合作的重要举措。政府和企业扮演的角色是不同的，政府作为主导者，向技术企业传达自身的实际需求，企业作为技术提供者，需按照政府需求进行技术操作，以达到预期的治理目标。另外，借助双方订立的合同或协议，政府可以通过对企业进行监管来确保政务数据的安全性，也可以对企业进行合理制约，防范有些企业过度参与政府建设而造成的局部垄断现象的发生。

二是变革绩效评价方式。使用科学合理的绩效评价方式评估政府在治理过程中的实际行为，可以有效引导政府行为，使其站在战略高度对数字经济发展做出规划，加快政府数字化进程。从当前来看，有些地区在助力数字经济发展过程中，容易出现创新经验推广难度大、过度数字化等问题，这就要求政府在制定和完善绩效评价体系时，既要考虑地区异质性进行适度创新，又要注重治理经验在地区间的推广，在一定程度上减少政府探索成本。

三是合理界定政务数据权属问题。数据可以划分为多种类型，比如私人、公共、政务数据等。政务数据一般指的是行政机关内外管理各个环节中的信息资源。在处理私人数据时，政府机关需结合工作的实际需要，只对个人必要信息进行采集，同时，要借助相关技术手段对采集到的私人信息进行有效保护，避免个人隐私被泄露。在处理政企合作数据时，应尽量减少数字企业不必要的数据接触。如果使用的是低难度的数字平台，企业仅提供一个平台环境，政府内部可以自行操作，一些重要的数据资源可以牢牢把握在手中；如果使用的是高难度的数字平台，深层次的政企合作是很有必要的，这时可以借助订立合同或协议，约束数字企业行为，防止其使用政务数据进行不正当交易。

7.2.3 经济层面

从经济层面上看，数字经济的深度发展需要政府加快数字要素市场建设步伐，通过调整政策工具使用，打造健康、公平的营商环境，持续激发各经济主体活力和创造力。

一是建设数据要素市场。新时期下，数字经济不仅是促进地区经济增长、提升国家整体实力的关键力量，也是培育新动能、加快形成经济新增长点的重要动力。在此背景下，政府开展的各项工作都要充分赋能数字经济的进一步发展。在数字经济影响下，数据要素发挥着越来越重要的作用，通过借助数字技术，推动三大产业的数字化、智能化发展，进而带动新业态、新模式的出现和发展。国家已经明确数据这一生产要素发挥的关键作用，使其按照贡献参与分配，这为新兴产业的发展提供了更多机遇。然而，数据要素市场建设还存在许多问题，如有关数据交易的相关法规制度还不完善、数据资产定价机制还不成熟、数据确权登记制度还不明确等，这些问题制约着数字经济的健康发展。为了有效解决上述问题，政府要合理把握与市场之间的关系，不断完善数据治理体系，使市场更加充分地发挥作用，更好地作用于社会的数字化发展。

二是优化营商环境。在数字经济时代，原有的市场体系发生了变化，多变、复杂的市场环境对政府治理提出了更严格的要求。对于政府而言，一方面要逐步完善市场规则，另一方面也要为市场经济活动的正常开展提供一个透明、公平的营商环境，进而激发和调动各经济主体参与市场建设的活力和创造力，政府不断加快"放管服"改革步伐是充分调动各经济主体活力的主要手段。一般来说，营商环境的优化往往要借助政府的数字化治理来实现，在数字技术助力下，政务工作的具体流程得以简化，线上办公更加普遍，行政审批效率大大提升，也有效减少了制度性交易成本。另外，技术的不断创新使得政府可以对多元数据进行追踪和监测，可以更加准确地评估企业的经营绩效与经营风险，能够对异常情况做出迅速反应。当某个经济主体可能做出不正当行为时，要加强监管的精准性、有效性，为市场经济的健康运行提供保障。

三是调整和完善政策工具结构。首先，各地方政府要培养数字人才专业化队伍，立足于当地的实际人才需求，持续优化人才培养的方法、途径等内容，比如借助产学研方式合作培养人才，优化学校专业目录设置，开设人工智能、计算机等课程，多关注职业教育的人才培养。其次，政府加大资金投入力度，合理优化财政资金的使用，充分引导更多的社会资本参与到数字化建设进程中来。最后，政府要鼓励技术研发与创新活动，充分调动科研机构、科研人才、数字企业的创新积极性，鼓励前沿技术的开发和应用，为加快数字化进程提供技术支持。在完善需求型政策工具上，要合理把握政府与市场之间的关系，加强互动，充分发挥市场的决定性作用，同时，在一些专业性较强的工作上，政府部门可以适度下放权力，最大限度地发挥企业、高校、科研机构在数字经济建设中的关键力量。

7.2.4　社会层面

从社会层面上看，数字经济的深度发展需要政府贯彻"以人民为中心"的服务理念，鼓励多方主体参与政府建设，深度挖掘政务数据的潜在价值。

一是加快"以人民为中心"的服务建设。这就要求政府始终坚持发展为了人民、发展依靠人民、发展成果由人民共享，最大限度满足广大人民的多样化需求，激发其对美好生活的向往。各地方政府在制定和实施数字战略时，要从人民的根本利益出发，完善相关智慧服务建设，更加关注效度，提升广大人民在新时期的幸福感。另外，人民不只是社会数字化进程的参与者，也是数字经济时代下政府治理的合作者和建设者。

二是鼓励多元主体参与政府治理。随着新技术应用程度的不断加深，企业、公民、政府之间的关系发生了变化，政府的数字化转型为企业、社会组织等经济主体参与社会治理提供了更多的机会和更广阔的平台。比如在线政务平台、政务 App、微博等为多方主体参与社会治理提供了多种途径，能够有效克服时间、空间条件的限制，为其充分表达意见创造更加健康的环境，各方主体能够从自身实际需求出发，通过与政府进行高效的沟通，更快更好地解决社会问题。从企业与政府关系角度看，企业通过提供 AI、大数据等数字技术可以加快数字政府的治理进程，随着数字企业在服务领域的逐步深入，创造了更多富有价值的数据资源，借助一体化平台将数字企业的数据资源与政务数据资源相结合，可以在较大程度上提升政府决策的科学性和前瞻性。

三是推动政务数据的开放共享。作为国家治理的主体，政府在进行内外部管理时收集了大量的数据资源，且这部分资源比较全面，具有高度的权威性和潜在价值。随着数字经济时代的到来，加速推进政务数据的开放共享已是大势所趋。政务数据的适度开放，不仅可以激发各方经济主体进行创新活动的积极性，也能够最大限度地释放数字红利，为人们创新创业提供更多机会。

7.2.5　技术层面

从技术层面上看，数字经济的深度发展需要政府持续加强政务平台建设，积极探索新技术来保障数据安全。

一是加快政务平台建设步伐，深入探索更多新技术。各地区政府间要通力打造和完善一体化政务平台，加强地区间政府的协同合作，最大限度地发挥协同平台带来的正向效应，这不仅可以为地方政府治理工作提供坚实的技术支持，又可以通过共享资源，避免重复建设问题，大大降低建设成本。另外，积极推进 AI、区块链等数字技术的研发工作，不断拓展移动政务的应用范围，进而推动政务工作的智能化、数字化发展，提升政务运作效率。

二是营造良好的数字生态。在数字经济时代，各类新型技术具有高度的融合性、开放性，当链条中的某个节点发生问题时，都会对数字生态产生负面影响。从疫情防控上看，突发的社会情况与复杂的经济形势推动着新模式、新业态的出现和发展，如云办公、云服务等。这些新模式、新业态虽然大大便利了人们的生活、工作等，也引发了一系列数据与网络安全问题。为此，政府需要从以下几个方面发力来保障数字经济的健康运行：增加对网络数据资源的监管力度，加快安全标准的认证进程，借助数字技术对数据进行分析处理，科学预测这一过程中可能出现的风险隐患，提前做好预防工作；不断提升企业、科研机构等各方参与主体的安全防范意识，细化并落实其应承担的社会责任；完善数据安全防护体系，加大对安全技术的研发投入力度，通过多种途径调动大数据企业、科研机构等参与安全防护技术研发的积极性和创新性，将核心技术牢牢掌握在自己手中。

7.3 政府与企业博弈关系的数字化改变

近年来，随着数字技术不断创新和发展，各类技术在社会范围内的应用场景逐步拓展，整体社会的数字经济发展迈向了新台阶，进而为经济的繁荣发展注入了更多活力。值得注意的是，在经济又好又快发展的过程中，企业的垄断行为时常出现，严重损害了消费者的合法权益，这对新时期下政府监管提出了更高的要求。

7.3.1 数字经济时代企业的垄断行为

（1）行为表现

数字经济时代下，企业的垄断行为主要有以下几种：

一是价格歧视。它指的是平台企业借助算法技术，对消费者行为数据进行分析、处理，然后制定差异化的价格，会严重影响社会的健康发展。一方面，会侵犯消费者合法权益。从知情权上看，用户在购买产品或服务时看到的明码标价，往往是企业采用的一种信息不对称的差异化定价策略，用户了解到的只是一个片面的价格。从公平交易权上看，平台企业借助数字手段对用户的偏好、消费信息进行处理分析，利用用户的依赖心理，制定不同的价格。另一方面，会扰乱正常的市场秩序。企业为了追求更高的利润，往往以牺牲消费者的个人隐私为代价，赚取不正当收益，严重侵犯了消费者的隐私权。企业也可能通过伪造数据等手段获取一定的流量或热度，扰乱正常的市场竞争环境。

二是数据信息限制。数字经济环境下，企业为了增加用户数量、保持竞争优势，往往会有意地保留一些数据信息，不对外进行公开、共享。在使用同一种软件的情况下，通过增加用户使用竞争对手软件的难度和替代成本，从而限制用户获取信息资源或购买商品的路径，实现强化用户黏性的目的。这种数据信息限制会对用户产生不小的负面影响：一方面，很大程度上限制了用户信息获取渠道的选择，侵犯了用户的知情权；另一方面，为了保持比较优势，企业间通常会达成实质性的商业联盟，这无疑会增加用户的交易成本，给用户带来不好的消费体验。

三是猎杀式并购。它并不是通常意义上的横纵向层面的并购活动，更多指的是并购方为了维持自己的竞争优势，降低竞争对手带来的潜在威胁，对刚刚起步的科技公司或平台进行兼并。被并购一方可能与并购方存在着横向或纵向的联系，也可能处于不同的市场环境。双方的潜在客户群体与目标市场可能完全一致或有所重叠，也可能完全不相关。从长期来看，猎杀式并购会对市场竞争产生一定的负面影响，如消除潜在竞争者，逐步拉大并购方与潜在竞争者的差距水平，降低市场上创新活动的积极影响。

四是掠夺性定价。在平台企业发展的早期阶段，为了累积用户资源，企业在销售产品或服务时，往往会使用零价格战略或者对用户进行价格补贴，让顾客免费或以较低的成本进行消费体验，进一步强化用户黏性。在规模扩张和交叉网络外部性的双重作用下，平台企业的市场占有率逐步提升，进而作出一定的垄断行为。在这种情况下，企业会改变以往使用的策略，采取掠夺性定价手段，要求顾客按照其制定的垄断高价购买产品或服务。另外，这一手段还能用在核心原材料以及技术方面，企业在发展早期阶段会以较低的价格向市场出售核心原材料以及生产零部件等，受价格、成本等因素影响，竞争企业可能会放弃自身的自主研发权。随着企业的发展进一步成熟，又会借助掠夺性定价手段限制竞争企业的创新活动。

（2）行为特征

一般来说，企业的垄断行为通常具有以下几点特征：

一是垄断工具的高效性。对于新型数字技术来说，它不仅可以大幅度提升企业的生产经营效率，还可以推动新业态、新形式的出现以及商业模式的创新，在此影响下，以往的工具以及具有高度创新性的数字工具普遍具有高效性的特征。比如企业充分借助新技术的高效性，进行相关数据的采集、处理，进而作出价格歧视行为。一方面，这一特征有效简化了企业经营流程，提高了战略实施的便捷度，比如企业通过结合不同的销售方式进行掠夺性定价，简化舆论等方面的工作步骤等，进而加快实现企业目标；另一方面，企业利用软件吸引顾客注意力，使其产生一定的依赖性，不断拓展获取流量的途径，从而增加市场占有度，为企业带来更多的价值增值。

二是战略使用的高度组合性。在新时期下，越来越多的企业开始使用垄断工具进行生产经营活动，不同工具的有效结合可以帮助企业更快实现规模扩张。当企业有一定的经济实力时，会拓展自己的经营范围，为了占据更多的市场份额，企业往往要改变以往使用的单一工具手段。比如，企业为了获得更高的利润额，进一步提高其市场占有率，可以对新用户进行适度的补贴，对老用户采取价格歧视策略，进而获取更大收益、争夺更多的市场流量。

三是较强的隐蔽性。从这个层面来讲，隐蔽性的对象主要指的是消费者以及反垄断部门。在新技术以及大数据算法影响下，相较于企业，消费者拥有的数据资源少之又少，容易陷入"信息茧房"的尴尬境地，特别是当消费者对该企业的数字产品或服务产生依赖心理时，这种现象更容易出现。虽然价格歧视现象出现的频次较高，但是如果消费者没有与他人进行及时交流或者对商品价格等信息作比较，是很难发现这一问题的。

（3）产生原因

相比于传统经济模式下企业较为单一的商业模式，数字技术赋能的商业模式更具多元、复杂的特征，以往的反垄断理论或手段较难满足新时期下维护市场公平竞争的需要，这也给政府的反垄断监管带来了许多困难。随着数字平台影响力的不断扩大，平台企业的整体实力有了显著提升，与此同时，资本的逐利特征、无序扩张的现象更加明显，从而出现更多的垄断行为，这不仅会影响市场运行的正常秩序，也会对创新活动的开展产生负面作用。在这一背景下，做好平台监管工作逐渐成为世界各国重点关注的问题。

垄断问题出现的原因主要有以下几点：

一是梅特卡夫效应。它指的是利用节点距离、互联网用户数量等，分析企业的网络价值，互联网用户数越多，计算机的网络价值越大，且这种价值影响呈现指数式递增的特点。一方面，在大数据和算法影响下，平台企业可获得的数据信息呈现爆炸式增长的趋势，借助数字手段分析、处理这些数据，可以为消费者提供更多零边际成本的无形服务产品，且这些产品的维护成本较低；另一方面，数据资源可以被重复使用，这大大降低了企业进一步扩大规模所担负的成本。但是，该效应的发挥也会产生一些负面问题，如拥有数据优势的平台会借助超额收益来分担以往的经营成本，经过一系列发展会形成自然垄断，长此以往，容易出现"强者恒强"的局面；

二是交叉网络外部性。在新时期下，平台企业扮演着双重角色：一方面，从市场角度看，平台企业可以借助数字技术做好供给方和需求方的桥梁工作，也可以利用算法垄断来形成自己的信息优势；另一方面，从企业角度看，平台企业往往可以借助流量和数据资源方面的优势，加快实现利润最大化的目标。在平台企业进行规模扩张时，由于受到垄断或接近垄断的力量积累作用，会逐步引发市场势力的扭曲及垄断问题。交叉网络外部性主要体现在当交易双方借助数字平台进行交易时，任意一方的效用水平往往会受对方用户数量效用的影响。通过充分使用数字资源，平台企业可以进一步拓展企业的边界，逐步扩大垄断高价或垄断低价的影响范围。

三是马太效应。随着平台规模的逐步拓展，平台的数据信息资源越来越丰富，这主要来源平台用户数量以及用户产生的各类数字行为等。平台企业借助数字手段对这些信息资源进行整合、处理，通过分析消费者的实际偏好，为其提供更加精准的产品或服务，进而挖掘更多的潜在优质用户，提升平台企业的市场占有率和实际竞争力。在双边网络市场作用下，平台企业拥有自己的数据要素供给系统，通过借助数字技术精准把握市场供求变化情况，对企业的生产计划做出较为科学的预测，进而推动价值链和产业链的进一步优化。这些具备市场优势的平台企业往往是市场竞争中的"赢家"，随着兼并扩张的步伐加快，往往会出现"赢者通吃"现象。

四是算法合谋。数字经济本身就具有一定程度的垄断特性，这主要归因于算法技术的排他性，它是助推垄断行为发生的帮凶，往往通过协助平台企业做出一些反竞争行为来达到一定的垄断效果。在传统经济模式下，企业间经常采取合谋手段进行价格制定或控制，为的是避免恶性竞争造成的"两败俱伤"现象，但在这一做法实施过程中，难免会有一方发生背叛行为，进而造成合谋失败。随着数字经济时代的到来，算法技术使得合谋更加隐蔽、稳固，平台企业在其影响下可以对合谋企业或竞争对手的产品价格进行实时追踪，根据变化及时做出适度调整，从而保证产品价格的一致与稳定，从这个层面看，实施合谋战略的企业如果做出背叛行为，往往会受到惩罚。另外，平台企业为了保持自己的竞争优势，可能会借助算法技术做出一些侵犯消费者隐私权的行为，损害消费者的合法权益。

7.3.2 数字经济时代需要政府监管

（1）政府监管的必要性

在数字经济环境下，数字平台发挥着直接或间接的网络效应，其最常使用的经营模式就是借助数字技术进行数字资源的采集、整合和处理。这就导致了新企业进入市场的限制比较多，具有市场优势的企业往往会做出各种垄断行为，进而出现"强者恒强"的马太效应。随着数字平台的不断发展，虽然会给经济发展带来更多活力，但也会对国家、社会、个人利益造成伤害。特别是在占据优势条件的数字企业进行垄断时，实力较弱的新兴企业参与竞争的空间逐渐变小，严重影响着正常的市场经济秩序。另外，与以往的经济模式相同，数字经济下的市场竞争同样需要政府的监管，这个新领域本身就具有一定的垄断性。数字经济适用反垄断法，这并不是指平台企业经过长时间发展累积得到的垄断地位是不合法的，而是说政府需要采取一定的监管措施，防止其为了保持自己的市场势力而做出一些不利于正当竞争的行为。

数字经济时代需要政府监管，政府监管的必要性主要体现在以下几个方面：

一是助推数字经济的健康发展。政府实施的垄断监管能够在较大程度上把握和处理好市场竞争与平台逐利、扩张之间的关系，限制平台借助垄断地位进行不正当竞争，营造良好的市场秩序。另外，在垄断监管作用下，中小平台企业的创新发展环境得以优化，参与市场建设的各方经济主体都能把握数字经济发展创造的机遇，通过加快优势平台企业的数字创新步伐，带动较薄弱行业的发展，有效缓解行业发展的不均衡问题。

二是保障平台和资本的健康、有序发展。通常情况下，政府一般是从微观层面上对各种垄断行为进行有效限制，从宏观层面上克制资本的无序扩张，宏微观层面工作的有机结合是政府规制工作的重要内容。在政府规制作用下，平台垄断的现象逐步减少，平台发展和资本市场的联系更加紧密，政府要做的是借助各种手段防止资本扩张的无序性，对资本市场的投资行为进行适当的引导，尽量避免一些非理性投资行为的发生，投资前要对平台企业进行全方位的评估，预判其可能存在的各种风险，另外，重点关注资本要素是否会强化平台企业的垄断势力，积极引导企业将发展重点放在商品创新和效率提升上。

三是保障各方参与者的合法权益。在平台经济作用下，企业能够较为精准地把握市场供需情况，从而有效减轻需求侧的不确定性，也可以对供给方的收入来源进行优化，降低供给方的商业成本，进而带动产品价格的持续降低，逐步增加总体销售量。另外，平台经济发挥的作用还体现在信息服务等新兴工作上，可以使社会就业难题得到有效解决。反之，如果政府任由平台势力逐步扩张而不加以合理制约，会对各方经济主体的切身利益造成一定的损害。在政府监管下，平台企业的市场势力得到有效制约，各方经济主体都可有序、公平地参与到市场建设中来，供需两侧的匹配度进一步提升，进而加快共同富裕建设步伐。

四是弥补国家与信息安全漏洞。新时期下的平台经济逐渐呈现出国际化发展趋势，也在不断推动着国家参与数字经济全球化的进程，在全球化市场中拥有更高的市场占有率是跨国平台企业的发展目标。在此背景下，把握好平台国际化和数字经济安全问题显得尤为重要。政府垄断监管可以有效约束平台企业的不正当竞争行为，在最大程度上释放数据信息，促进信息资源共享，维护正常的市场秩序，也可以通过对平台企业进行事前检查，尽可能防止平台企业封禁数据资源带来的风险隐患，进而将信息泄露造成的负面影响降至最低。

（2）政府监管的优化路径

一是加强与第三方的协同合作，逐步优化监管效率。第三方主体是确保监管工作正常开展的重要成员，鼓励和支持第三方协同监管是很有必要的。首先，可以建立或完善网络平台相关行业协会。行业协会不仅要扮演好管理者角色，更要承担起独立监管的职能，从内部对各类平台企业的市场行为进行监督，尤其是防范垄断行为的发生，维护良好的市场经济运行秩序。其次，拓宽消费者维权渠道，简化维权工作流程，确保当消费者权利受到侵犯时，能够向有关部门反映并及时得到解决。同时，通过各种宣传渠道，提高消费者个人信息保护意识和维权意识，鼓励和支持其有效使用法律武器进行维权。最后，进行线下的消费者调查，收集和处理相关数据，寻找存在违规行为的平台企业，并对其进行追踪和全方位监管。政府也要逐步建立平台企业的违规名单，依据名单进行定期或不定期检查。

二是建立和完善数据信息流通与共享机制，逐步降低监管成本。这一机制的建立与完善可以有效缓解平台企业在数据搜集、处理等环节中产生的数据隐私难题。信息共享可以从横纵两个层面进行，横向层面主要指的是地方政府监管部门之间进行信息的交流、传递与共享，对平台企业的定价过程进行监督，不同地区间能够及时分享价格变动信息以及监管数据等内容，在较大程度上缓解了信息不对称难题。纵向层面强调的是一种自上而下的数据资源共享方式，广大人民可以了解和监督政府监管的进程，这样一来，人们有了更多机会参与政府监管过程，也可以大大提升政府公信力。

三是建立和完善数据信息系统，逐步增加监管成功率。这就需要各地方政府监管部门加大安全设备的资金投入力度，进一步完善价格检测机制。在该机制作用下，政府部门可以借助数字技术对搜集到的数字资源进行整合处理，进而建立和完善产品或服务的基准价格体系，可供消费者进行参考比较。政府部门也可以对平台企业提供的产品或服务价格进行监控，通过比较分析，科学预测未来价格的走向。另外，区块链更是为分布式数据库的建设提供了更多可能性，政府部门利用该数据库存储各类数据信息，可以较好地克服数据泄露等难题。

7.4 经济社会治理机制的数字化改变

步入数字经济新时代，人们的生活、工作乃至各行各业的发展都发生了变革，人们对公共服务的实际需求也发生了改变，为了更好地满足人们对美好生活的需要，政府要借助各种手段进行工作创新，优化自身服务内容，提升自身服务水平。随着大数据等新技术的不断发展，政府治理的方式和手段呈现出多样化的发展趋势，在新技术与社会治理的深度融合下，经济社会治理面临着各种各样的新机遇，政府通过优化信息、服务供给，充分调动人们参与社会治理的积极性，不断提升经济社会治理的智能化、科学化水平。与此同时，在推动数字技术与社会治理的进一步融合时，也面临着新挑战，如信息共享较为困难、数字安全问题较为突出、数字人才较为短缺等。在此背景下，从社会治理面临的新机遇、新挑战出发，深入把握数字经济赋能经济社会治理的影响机制，对于推动经济社会治理的数字化转型来说是至关重要的。

7.4.1 数字经济下社会治理面临的机遇和挑战

（1）主要机遇

数字经济能够对经济社会治理产生积极影响，主要体现在以下几个方面：

一是社会治理的模式更具动态化。从以往来看，传统社会治理模式通常具有静态化特征，它的广泛使用需要具备完善的郡县制度，这种模式在保障社会稳定、促进社会和谐上发挥着重要作用。在互联网等数字技术影响下，社会的流动性特征逐渐显现，人们对公共服务有了新需求，这种需求的变化推动着治理主体不断探索更加科学、有效的社会治理模式。治理主体借助大数据平台，快速、精准地收集有关社会治理的数据信息，基于这些动态变化的实况数据，充分了解当下存在的社会问题以及把握未来的发展态势，进而制定出未来社会治理的发展蓝图。

二是社会治理的决策更具科学化。从目前来看，国内进行社会治理采取的主要方式依旧是经验判断，在科学数据支撑以及数字化分析上还有许多不足，而且，获取的数据大多是通过抽样调查的方法收集的，不能较为全面地揭示社会发展的整体情况。随着数字时代的到来，有关社会治理的各项工作逐渐变得更加复杂，采用以往的治理方式已经不能满足新时期的发展需求，更容易造成工作上的失误。在大数据驱动下，社会治理方式更具多样化，治理主体基于各类有价值的数据信息，打造一体化的服务体系，更好地为决策科学化赋能。

三是社会治理的体制更具整体化。从当前的治理进程看，还存在着许多问题需要进一步改善，如不同地方的治理主体以自身利益为重，忽视整体利益，彼此间协同合作程度较低，甚至出现互相推责的现象，进而对整体社会治理产生一定的阻碍作用。在当前这种"碎片化"治理的影响下，人们急切想解决的问题得不到重点关注，治理工作产生的成本越来越沉重。借助数字技术，各个治理主体间的矛盾与冲突可以得到有效缓解，沟通协作水平也大大提升，这在很大程度上提升了社会治理效率。

四是社会治理流程更具合理化。相较于以往的社会治理流程，数字经济时代将更多注意力放在了信息流管理上，有效避免了以往的行政化弊端。在数字技术作用下，治理主体通过数据处理，可以较为全面地理解公众实际意向，分析公众行为偏好，进而把握好社会治理的大方向。

（2）主要挑战

从当前发展来看，数字技术与社会治理工作的深度结合，可以有效提升社会治理效率，对经济社会治理产生积极影响。但是，新事物的发展是螺旋式上升的，在社会治理数字化转型进程中也会面临着各种各样的挑战，主要包括以下几个方面。

一是信息共享较为困难。充足的数据资源是加快政府服务转型的重要基础，各个部门、各个地区间的资源共享、协同合作是加快政府服务转型的重点和难点。目前来看，现行的是一种"碎片化"治理方式，各个职能部门容易受到"数据小农意识"理念的影响，只考虑自身需求，追求自身利益最大化，在推动治理转型上各自为政，部门色彩比较明显。这一现象导致部门、地区间的信息共享更难实现，更容易引发"信息孤岛"难题，考虑到原有的信息系统缺乏一定的规范性，部门间不共享、不交流数据信息，不进行跨部门的资源整合，在这种信息壁垒影响下，治理成本也会大大增加。

二是数字安全问题较为突出。数字经济时代的到来要求数据资源更具开放性，更好地服务于人们的实际社会需求。在数字技术助力下，人们在生活、工作等各个方面都享受着便利，与此同时，数字技术能够时刻记录人们的各种行为，并根据收集到的行为数据进行系统分析，进一步挖掘人们的隐私。在这种情况下，数字的过度共享使得人们逐渐变为"透明人"，成为数字技术分析、监控下的公共数据。更值得注意的是，有关隐私权保护机制还不够完善，一旦这些隐私数据被商业利用，会严重威胁到人们的切身安全。

三是数字人才较为短缺。在推动社会治理转型过程中，充足、专业的人才资源是必不可少的。就目前来看，虽然各地区社会治理转型步伐在不断加快，但由于受到高质量人才匮乏的影响，在数据分析、挖掘等方面还有许多不足。一方面，不同部门、不同地区间的数据资源增速较快，且结构不一、质量不齐，整合数据工作量大、难度高，部门间的数据保护主义更会限制信息的互联互通；另一方面，部门内部负责信息处理、分析工作的工作人员专业对口度不高，在有关方法、技术的使用上存在不少困难，不能充分把握数据背后的深层含义，进而影响社会治理的进一步创新。

四是技术内容分配不均。在数字技术影响下，社会治理工作的实际范围也在逐渐拓展，治理难度也有所增加。例如，人们过度追求新技术，在进行投资选择时缺少对投资项目的准确评估，盲目投资，导致智能化、数字化产业投资过热，容易造成产业之间发展不平衡，进而引发新的社会问题；有些地区一味地追求发展高科技产业，没有结合当地实际，忽视自身发展水平以及未来规划等，在实际建设过程中容易出现资金不到位等问题，也会加剧同质化竞争现象。

7.4.2　数字经济赋能经济社会治理的影响机制

（1）技术跃进机制

数字经济是在数字技术与经济社会的深度融合下逐步发展起来的，多样化的数字技术在这一过程中起着关键作用。数字技术的不断升级为治理主体提供了更多治理方法或手段，推动着社会治理工作不断创新。在这一背景下，如果治理主体不能适应新时期的发展要求，忽视数字技术对社会治理的正向作用，必然会导致社会治理效率的下滑。因此，深入分析数字经济赋能经济社会治理的技术跃进机制显得尤为重要。

数字技术对经济社会治理的积极作用主要体现在以下几个方面：

一是精准治理与精准供给。新时期下，各种数据资源呈现出爆发式增长的趋势，通过对这些数据资源进行处理分析，形成一定的数据集合，这一数据集合正是治理主体确定治理方案、实施治理计划的重要数据基础。相较于以往的数据分析，数字技术可以充分把握数据背后的发展规律，进而借助数据预测模型，为社会治理转型提供支持。另外，由于受到信息不对称问题影响，治理主体在实际决策时并不是完全理性的，难免会出现决策偏差，而数字技术可以更加真实地反映人们的切身需求与偏好，通过精准匹配供需，更好地满足广大人民的多样化需求，这不仅可以提升经济社会治理效率，缓解资源重复消耗现象，也可以在最大程度上提升公共价值。

二是高效协作。在进行社会治理时，由于社会治理工作需要解决社会方方面面出现的问题，预期目标多、任务艰巨，这就要求各个部门之间要做好沟通，在各部门的合理分工下，更快更好地实现预期目标。新时期下，这种分工方式制约了治理效率的提升，当部门之间分配的任务有些许重合时，会出现互相推责的现象，进而加剧部门割据问题。在数字技术支持下，一体化数据平台加快了数据资源的在各部门间的共享，治理主体可以充分落实各部门职责，从而加快社会治理转型进程。

三是治理能力。数字技术的深度运用，有效提升了治理主体的新型治理能力。在数据驱动层面，以往的决策制定大多依靠经验判断，主观性较高，数字技术助力决策更看重的是通过对数据信息的处理和分析，牢牢把握其背后的发展规律；在治理范围层面，数字技术扩展了社会治理范围，不仅仅包括物理空间层面，也包括虚拟空间层面，在两者的充分结合下，不断打造和完善特有的数字治理体系；在决策能力层面，数字经济使得政府决策更具科学性，治理主体借助数字技术，立足整体社会的多样化需求，从多个角度对治理方案以及潜在的风险进行评估，从而不断强化治理主体的风险应变能力。

（2）组织重构机制

在数字技术助力下，数字经济能够从精准治理、精准供给、高效协作等层面协助治理主体不断完善社会治理工作，与此同时，它还在优化组织结构上发挥着重要作用。也就是说，在新时期下，治理主体要积极推动组织重构、调整内部结构，最大限度地激发各个组织机构的潜能。一方面，在去中心化作用下，参与社会治理的主体呈现出多元化的发展趋势。从当前来看，任何一个企业、组织或个体都在无时无刻地创造信息，他们都是大数据环境下的数据来源，也有充分的机会参与社会治理工作。政府作为最大的治理主体，在社会治理过程中发生的各种行为都会受到社会方方面面的监督，随着越来越多的社会主体加入到治理环节中，政府和社会可以充分互动、实施有效监督，这推动了"政府＋社会"多元化格局的出现和发展，也为组织重构提供了重要支持。另一方面，在跨边界作用下，整个经济社会治理结构呈现出扁平化、数字化发展特点。随着数字技术的不断发展，以往的时间、空间界限被逐步打破，使得数据资源在各地区、各部门间迅速传递、有效共享，社会各方的互联互通水平得到显著提升，从而推动社会治理结构的扁平化发展。这一扁平化治理结构有效缩减了一些不必要的政务办公步骤，更好地满足了新时期下公众的实际需求。另外，当各部门间的协作水平达到一个新高度时，治理主体面对突发情况时的应急处理能力也得到提升，甚至能够做到事前预警，进而推动社会治理结构的智能化发展。

（3）思维转型机制

数字技术的不断应用对以往的治理理念产生了不小冲击，为了适应新时期的发展要求，治理主体适时进行思维转型已是大势所趋。在数字技术影响下，越来越多的新业态、新模式开始出现，三大产业的转型步伐不断加快，由此引发了产品、服务的变革与创新。在传统经济模式下，社会治理理念往往是落后于技术发展的，会导致社会治理效率低下。

新时期下社会治理思维发生了以下几个方面的变化：

一是思维更具服务性。对于治理主体来说，具备高度服务性思维是加快社会治理转型的首要前提，更是满足广大人民需求的必备条件。服务手段和方式的多样化是进行理念转变的技术支撑，在数字经济影响下，各地方政府借助新技术加强地区间、部门间的沟通合作，打造和完善一体化政务服务平台，提升线上办公水平，充分调动广大人民参与社会治理的积极性，在数字技术助力下不断提升整体服务质量和水平。服务意识的逐步强化是进行理念转变的重要基础，治理主体要从人民的根本利益出发，将服务供给的发展重心放在如何满足广大人民的需求上来，通过各种途径收集人民的改进建议，对工作流程和工作内容进行优化，不断提升人民的社会满意度。

二是思维更具跨界性。在传统经济模式下，社会治理要按照不同层级展开，层级间的资源获取、信息渠道等方面都是有所不同的，由于信息资源得不到充分整合，"部门割据"问题越来越明显。然而，一体化服务平台的出现有效缓解了这一问题，原有的部门、地区界限被逐渐打破，在跨界思维作用下，沟通协作水平显著提升。

三是思维更具开放性和合作性。它强调的是在社会治理过程中，不仅要注重各部门间的互联互通，也要加强社会层面的信息共享，积极引导多方主体参与到治理环节中来。这就需要政府适时转变自身角色，化被动为主动，牢固树立开放、共享的治理思维，不断提升工作透明度，在与企业、组织等多方主体的协同合作下，加快经济社会治理的数字化转型步伐。

7.5 政府参与国际行为的数字化改变

7.5.1 数字经济对全球经济发展的影响

在数字经济热潮下，数字技术应用范围逐步扩大，推动着各个国家、地区生产力发生了变革，数字经济这一重要引擎正在为世界各地经济发展提供源源不断的动力支持。与传统经济时代相比，新时期全球经济在经济治理机制、经济产业发展、国际竞争格局上有了新变化。

(1) 变革全球经济治理机制

对于世界各国来说，全球经济治理关注的是不同主体间利益交换的相对平等性，是每个国家保持长久生命力的重要内容。新时期下全球经济治理面临的外部环境有了新变化，从经济层面看，世界主要经济体的大国地位、力量对比出现了变化，中国的经济地位逐渐提升，大国力量更加明显，欧盟一体化步伐放缓，同时，新兴经济体产生的经济效应越来越大，对经济格局产生了重要影响；从政治层面看，在数字经济影响下，新兴国家在国际上的话语权不断提升，经济实力和竞争力都得到了强化，其在全球经济治理中扮演着重要角色；从文化层面看，数字技术为世界各国充分展现自身文化提供了许多便利，在这些文化的传播、交流过程中，全球价值观也出现了多元化的发展特征；从技术层面看，在数字技术影响下，世界各国的技术革新步伐不断加快，5G、AI、物联网等建设水平大大提升，各国借助数字优势强化自己的竞争实力；从资源层面看，由于受到国际危机、各种全球化问题影响，世界各国对公共物品的需求是逐渐增加的，新格局的出现也将改变超级大国主导的局面。

为了充分揭示数字经济对全球经济治理带来的影响，可以从以下几个角度进行分析：

一是从数字技术角度看。一方面，互联网、网络平台等手段为世界各国进行沟通交流、谈判合作提供了更好的环境，比如金砖国家峰会、"一带一路"国家企业高峰论坛等各种国际会议的召开大多是在线上进行的，新型数字技术为国家间的深度交流创造了更多可能，也大大降低了组织成本。生产、金融等多个领域的数字化转型进程逐步加快，推动了新业态、新模式的出现和发展，在其影响下，世界经济体系也呈现出多元化的发展趋势。另一方面，借助数字技术对各种宏微观领域的数据资源进行整合处理，对全球问题做出精准、合理的分析，进而制定更加科学的治理战略，提升全球经济治理水平。

二是从数字金融角度看。一方面，数字经济通过合理配置资本要素，使得世界各国的产业转型步伐加快。数字金融的发展离不开各种技术手段的支持，如造纸、印刷技术使得纸币流通成为可能，通信技术扩大了金融的覆盖范围，互联网等新型数字技术优化了金融的整体流程。另一方面，在数字金融影响下，世界范围内的贫困难题得到了有效缓解。它能够突破地理条件的限制，让金融服务遍及更多偏远、落后地区，通过互联网等手段给予贫困人员金融支持，更好地激发其努力脱贫的积极性和主动性。

三是从数字贸易角度看。一方面，数字经济为世界范围内数字贸易的普惠化发展创造了更多条件，让越来越多的贸易主体从中获利，进而推动整体福利水平达到一个新高度。与传统贸易不同的是，数字贸易环境下整个交易流程得到简化，产生的实际成本也在逐步减少，在此影响下，贸易的范围逐步扩大、结构也得到优化升级，企业能够以较低的成本参与到全球化贸易中来，通过国际化分工提升自身的经济实力，进而为地区发展作出贡献。另一方面，近年来，数字贸易呈现出生态化的发展特征，它强调的是政府、企业等多方贸易主体借助网络交易平台实现数据资源的交流、共享，严格按照原有合同精神，创造更多的价值增值。

（2）重塑经济产业发展

随着数字经济影响范围的逐步扩大，原有的生产、交易等边界被逐渐打破，传统经济活动的组织结构、运行方式得到优化，在生产力变革的作用下，世界各国的产业发展迈入了新阶段。首先，电子商务的快速发展，推动着消费品零售行业发生新变化。在网络平台与第三方物流的有效合作下，所生产的产品能够运输到一些偏远、落后地区，扩大商品的销售范围，广大发展中国家借助这一方法力争实现"弯道超车"，不断优化营销结构，实现营销效率的提升。在电子商务影响下，消费者可以接触到更加新颖、便捷的购物方式，如平台带货、在线团购等，消费者的多样化需求可以得到有效满足。与此同时，越来越多的零售商可以凭借较低的成本加入到电子商务活动中，使得数字红利的普惠性大大提升。其次，数字经济的持续发展是企业进行数字化转型的动力来源，企业借助各种数字技术，对原有的生产模式、内部结构等进行变革，通过深入分析阻碍企业数字化转型的实际问题，把握好新时期的发展方向，推动企业在生产、销售、决策等方面的效率水平。最后，从全球供应链发展情况来看，传统的供应链理念是"降低实际库存水平，根据需求及时生产"，这种理念在面对全球性危机时往往会出现许多问题，如疫情时期世界各国都实施隔离政策，物流受阻、生产停滞，导致公共物品供不应求，全球供应链断裂。在新时期下，跨国公司可以利用数字技术对有关数据进行分析，预测可能出现的风险问题，进而提升供应链的数字化、智能化水平以及抵御风险的能力。

（3）重塑国际经济竞争格局

对于世界经济秩序来说，新型数字技术在其演变进程发挥着重要影响，各个国家的数字竞争实力在很大程度上彰显着其综合国力以及未来的发展潜力。这种实力的强弱是不同经济主体间力量对比的重要衡量指标。在数字经济热潮下，各经济主体以往的"比较优势"有了不同的含义，新技术的传播与发展不仅有效缩减了经济主体之间的交易成本，也加剧了各行各业在国际舞台上的竞争，在此影响下，世界各国的数字竞争实力有了不小变化，国际经济竞争格局也发生了改变。从跨国和非跨国公司竞争实力层面看，从 20 世纪末开始，越来越多的跨国公司抓住经济契机，凭借足量的资本、先进的技术、落后地区的廉价劳动力，不断从国际贸易中获取利润，进而带动世界经济的发展。在信息技术作用下，企业借助数字手段进行线上贸易，不再受资本和规模的限制，也有效克服了时空条件的约束，这为非跨国公司的快速发展提供了更广阔的平台环境。随着越来越多非跨国公司参与到国际贸易中来，全球的竞争环境变得更加激烈，在一定程度上使得以往的竞争格局发生变化，对跨国公司提出了更多挑战。从发达和发展中国家竞争实力层面看，在以往的全球化进程中，发达国家的跨国公司是推动全球经济发展的重要力量。在数字经济环境下，发展中国家的廉价劳动力优势不再明显，已不能成为外来投资项目的重要目标，跨国公司将更多的注意力放在了占有消费市场上。从这一点上看，发展中国家要想更快更好地融入国际贸易过程中，必须加强与其他国家的沟通协作，从而实现互利共赢。另外，越来越多的新兴经济体借助数字技术"弯道超车"，它们改变以往将发展重心放在中低端制造上的理念，通过加快高新技术产业的发展，更好地激发数字经济活力和创造力。比如中国的移动支付近年来呈现出良好的发展态势，它绕过了世界上其他发达国家的信用卡消费阶段，不仅优化了人们的支付方式，也创造出更多的商业机会，推动了经济的快速发展。

7.5.2 中国政府参与数字经济全球化的内在条件

在数字经济发展热潮下，世界范围内的发展中经济体普遍面临着新的机遇和挑战，尤其是对中国而言，改革开放以来，中国一直以良好的姿态参与全球化进程，大国地位和竞争实力有了明显提升，从当前来看，其在全球经济治理中不再是被动者和接受者，而是扮演着推动者和引领者的关键角色。

中国政府在参与数字经济全球化进程中具备的内在条件发生了变化，主要体现在以下几个方面：从经济条件上看，2021 年中国国内生产总值已达到 114.4 万亿元，较上年提升了 8.1 个百分点，数字技术影响下的中国整体经济发展迸发出新的生命力与活力，经济结构也得到了整体优化，第三产业增加值占 GDP 比重高达 53.3%。随着整体经济实力的不断提升和核心优势的不断显现，中国在全球经济市场中的地位越发重要，逐渐成为引领全球经济增长的关键力量。综合国力的提升为中国更好更快地融入数字经济全球化提供了更多机遇。从政治条件上看，中国的政治体制能够根据国内外形势的变化适时做出调整，国家制定的相关政策与联合国《2030 年可持续发展议程》发展要求相吻合，体现了中国不断加快开放型经济建设步伐，积极参与国际治理的强烈意愿。开放型经济新体制的建立和发展，能够帮助中国合理应对世界经济的形势变化以及一些全球性问题的出现，增强自身的风险承受力。在这一新体制的具体实践上，国家推动了多个自由贸易试验区的建设，也进行了政策试点工作。从文化条件上看，中华文化源远流长，在全球文化传播与发展中扮演着越来越重要的角色，如孔子学院在世界范围内的推广，带动了汉语文化的传播。中华文化充分彰显了我国对外交往的合作理念，比如在"和而不同"原则影响下，中国参与全球经济治理时始终坚持求同存异，尊重和包容文化的差异性。从技术条件上看，第四次工业革命加快了中国科技发展进程，借助数字技术，中国互联网企业快速成长，商业模式、组织结构不断创新，在全球市场中发挥的作用越来越明显，"数字丝绸之路"更是将中国技术推向世界，提升了中国政府在全球经济治理中的影响力。从资源条件上看，作为全球公共物品的主要提供者，中国政府勇于担起大国责任，凭借自身实力为全球提供源源不断的公共产品。

7.5.3 中国政府参与数字经济全球化的主要内容

（1）巩固发展基础

①加强顶层设计。党的十八大以来，政府一直密切关注数字经济发展态势，把握时机，紧跟潮流，积极制定相关政策，为更好地激发数字经济活力把舵定向。习近平总书记对强化数字经济建设作了一系列重要表述，如 2000 年提出建设"数字福建"；

2003 年提出建设"数字浙江";2016 年 10 月,强调以信息化培育新动能;2018 年 11 月,提出建设和完善全球互联网治理体系,在发展过程中要逐步提高其公正性;2019 年 5 月,要求重视发展大数据产业,推动新业态和新模式的出现。我国数字经济战略体系不断完善,从横纵两个方向共同发力,共同推进数字经济又快又好的发展。在全局性战略上,先后颁布了《国家创新驱动发展战略纲要》《数字经济发展战略纲要》等支持数字创新发展的政策文件;在顶层规划上,《"十四五"数字经济发展规划》更是持续发力,为完成新时期的发展目标、重点任务等指明了方向。

②完善数字基础设施。在新形势下,通过数字贸易获取更多收益来源,提升自身竞争实力,往往需要借助完善的数字基础设施来实现。除了加大相关设施建设投资力度,政府更应该关注基础设施质量的提升,要努力打造全球领先的数字基础设施,不断提升所具备的竞争优势。近年来,中国政府一直在完善国内和国外的数字基础设施上下功夫。从国内层面看,中国政府积极推进大数据综合试验区建设,积极为传统基础设施赋能,提升其数字化、智能化水平。在网络建设上,截至 2022 年 6 月,国内互联网普及率高达 74.4%,已投入运营的 5G 基站为 185.4 万个[187],网络基础资源建设稳步推进,为数字经济发展奠定了良好基础。中国不断在数字技术上取得新突破,如墨子号的成功发射,充分显示了中国互联网的发展潜力。从国外层面看,政府不断完善数据中心、物联网等内容的全球化布局战略,积极推进出入口宽带在全球范围内的影响力,持续优化 POP 点建设。从"数字丝绸

之路"发展情况来看，通过加强与发展中经济体、新兴经济体之间的沟通协作，可以有效弥补数字鸿沟现象，同时，借助"一带一路"建设发展跨境电商，为沿线国家带来更多的数字红利。

（2）支持出海企业

①营造良好外交环境。受新冠疫情影响，数字经济全球化发展速度加快，拓展了数字贸易的发展空间。在数字经济环境下，中国企业参与国际贸易不仅面临着新机遇，也面临着各种各样的挑战，各种单边主义、保护主义不断给企业参与全球贸易施加压力，也导致全球贸易投资水平的大幅下降。中国政府客观分析形势，积极采取应对措施，为更多中国企业"出海"保驾护航。坚决维护企业和公民的基本权益，这极大地鼓舞着更多中国企业走向世界，也向全世界展示了中国政府维护民族企业切身利益的坚定决心。

②参与国际贸易规则制定。借助数字经济发展浪潮，中国的整体实力、数字竞争力有了明显提升，中国政府作为数字经济全球化的主要参与者，积极为制定和完善各种国际规则贡献中国智慧，如推广5G技术、互联网金融、数字贸易等。中国政府鼓励和支持多方经济主体参与创新活动，通过加强与电信等行业的合作交流，完善5G移动网络基础设施，为建立世界范围内的5G试验平台提供资金、人力等支持，努力构建世界各国通用的5G标准。从当前来看，中国在参与制定世界数字贸易规则时还是处于一个较为不利的地位。考虑到不同经济主体间存在利益冲突，有些工作的进一步推进存在不少困难，比如全球统一的标准的欠缺

导致制定和实施跨境电子商务体系还停留在起步阶段。对于中国而言，应以更加积极主动的姿态参与到国际规则协商与制定过程中，牢牢把握话语权和主动权，密切关注国际规则变化形势和发展动向，切实维护中国企业的切身利益。

③推动数据跨境流动。数据跨境流动强调的是数据保护和流动的一种相对稳定的状态，并以此为基础逐步完善全球经济治理结构。近年来，越来越多的国家认识到数据跨境流动能够持续不断地创造可观的收益，同时，也会带来一些社会问题，如网络安全、隐私泄露等。从当前来看，发展中经济体关注的是数据安全以及存储问题，而发达经济体更加关注数据自由流动的立场问题。中国政府在推动数据跨境流动上，通过政府间的合作对话平台进行沟通交流，在多方共同参与下，积极推进数据跨境流动合作机制的构建。在应对数据跨境流动引发的各种问题上，各经济主体借助共同执法机制的协助，通过科学取证进行充分调查。随着数据跨境流动监管机制的不断完善，网络安全问题得到了有效缓解，各经济主体间的交流合作程度逐步加强，打造了更加公平、有序的数据跨境流动环境。另外，中国政府一直在积极推进数据跨境流动信任机制的建立。为了有效应对在数字经济全球化进程中一些国家的不合理限制，中国政府从多个方面强化与数据强国的交流合作，以此提高自身抵御外来风险的能力；在国际贸易谈判活动中，始终以维护国家安全为根本出发点，为构建健康、有序的数据跨境流动政策环境而努力，进而推动数字经济全球化的进一步发展。

（3）参与全球经济治理建设

①参与 WTO 电子商务谈判。在百年变局浪潮下，数字经济成为世界各国提升自身竞争力的有力武器，正在逐步推动世界范围内的动力变革与格局重塑。中国政府在这一数字化进程中，充分借助自身优势，发挥大国力量，主动参与 WTO 电子商务谈判，从而进一步提升在国际贸易规则制定上的话语权。WTO 作为全球经济治理的主要力量，在加快数字贸易多边治理上发挥着重要影响。自 2001 年成功加入 WTO 以来，中国政府始终坚定贯彻组织制定的相关规则，积极推进多边数字贸易体制，始终贯彻合作共赢、命运共同体发展理念，加强与发展中国家和新兴经济体的沟通合作，形成发展共识，在多方协同发力下，持续提升发展中国家和新兴经济体在数字化市场中的核心竞争力，进而强化各方在数字贸易规则制定上的影响力。在这一过程中，中国政府充分发挥带头作用，从发展中国家和新兴经济体的实际出发，充分反映其利益诉求，不断推进多边数字经济治理进程。

②加强数字经济南南合作。近年来，我国的经济实力和综合数字竞争力大大提升，在国际贸易往来、全球经济治理等方面发挥的作用越来越重要。中国对其他国家和地区提供发展援助的频次逐渐增加，凭借自身实力在国际援助体系中勇担大任，充分展现大国担当，不仅加强了南南合作，也有效提升了社会整体福利水平。从当前来看，国际援助体系对联合国可持续发展目标（SDGs）的关注度逐渐增加，强调在援助双方间建立一种更加平等、更加长久的合作关系。在新型数字技术影响下，SDGs 各个

领域的实际应用有了新发展，如环境保护、农业发展、气候变化等方面的援助政策得到相关技术的大力支持，从而提升援助政策的全面性和有效性。数据要素的广泛使用充分体现了数字经济环境下生产经营活动的绿色、可持续、脱碳特点，借助数据化生产流程，大大降低资源消耗和环境污染，不断为经济发展带来新活力。以密克罗尼西亚、巴布亚新几内亚、萨摩亚等太平洋岛国为例，从中国政府与这些国家建立合作关系以来，中国便不断为其提供各种援助，在当地进行项目投资，开展了将近500个项目，项目涉及内容广泛，如技术、物资、贷款等，还帮助其进行基础设施项目建设，为其培养的各行各业人才多达万人，为其提升综合实力提供了更多机会。放眼未来，中国政府将会充分发挥数字优势，逐步拓展对外援助领域，如通信、智能医疗等，为南南合作奠定更加坚实的基础。

③建设"数字丝绸之路"。数字经济不仅可以通过多种途径优化经济生产活动，比如信息不对称问题得到有效缓解、生产环节逐步优化、交易成本大幅降低、运营效率明显提升等，还具有明显的平等、普惠特点，使得数字资源的多方共享成为可能。这与"一带一路"建设理念高度吻合，从参与"一带一路"建设的经济主体来看，大多是发展中经济体和新兴经济体，这些国家在提升公民数字素养、加强数字基础设施建设和国际贸易合作等方面的需求是一致的。一大批国内数字化企业积极拥抱数字技术，踊跃地参与新市场建设，如华为作为行业的先行者，在5G领域的探索逐步深入，目前已经具备全产业链的优势，为数字市场进一步拓展奠定了良好基础。"数字丝绸之路"是"一带一

路"建设的关键内容，能够在数据一体化、物流等多个方面为周边国家提供支持，其始终贯彻的包容性理念，加强了发展中国家、企业之间的协同合作，这在一定程度上缓解了发达国家主导规则下发展中国家所受到的不公平待遇问题，随着"利益共同体"理念、包容性对话平台的逐步发展，借助中国智慧完善相关国际规则是很有必要的。

8

数字经济驱动消费者行为改变的机理分析

8.1 数字经济时代消费者的核心地位

8.1.1 数字经济时代的消费者

《消费者权益保护法》第二条明确规定："消费者为生活消费需要购买、使用商品或者接受服务，其权益受本法保护；本法未作规定的，受其他有关法律、法规保护。"数字经济时代下的消费者大多通过互联网平台购买、使用商品或者接受服务，平台经营者利用大数据算法介入消费者的消费行为，线上消费者也随之变为算法消费者。算法消费者是数字经济时代下平台经济、互联网经济和共享经济中应运而生的一种消费者类型。算法消费者是算法与数字技术嵌入融合的产物，本质是"大数据+算法"。

数字经济时代下的消费者与传统消费者在信息生态和社群模式等方面存在区别：一方面，数字平台已经成为信息传播的主流，代替了传统的信息传播媒介，信息基础结构进化成为去中心化的网络，提高了信息的公开透明度，减少了交易双方的信息不对称，优化了信息的产生、获取、加工、传播和反馈流程，提高了消费者的讨价还价能力，使其拥有了更多的话语权和主动性；另一方面，数字经济时代的消费者个体行为转向群体行为，数字技术催生的线上消费者社群方便了消费者个体间的交流沟通，社群网络通过互联形成了大量的数据，部分还可以作为高价值的数字资产。随着大数据和云计算等数字技术的应用，改变了消费者数据的获取和分析方式。经营者通过数字技术和手段，获取消费者的兴趣、网络踪迹、需求和关注对象等个人偏好，对碎片化的数据进行清洗、加工、关联以及分析等精准地描述消费者的多维特征。

8.1.2　数字经济时代消费者的核心地位表现

数字经济时代，消费者积极地参与到经济社会发展的各个环节，消费者产生的数据成为生产流通的关键要素。消费者在数字经济时代的核心地位集中在以下几个方面。

（1）消费者是数字贸易的交易主体

消费者作为商品和服务的购买者和使用者，是交易链的核心。只有消费者的需求得到了满足，第三方网络平台和经营者才会实现收益。数字经济时代，消费者不但能够作为买方购买商品，也可以作为卖方销售二手商品，可见消费者在数字经济时代扮演着买方和卖方的双重角色。

（2）消费者是数据要素的供给主体

数据作为新型关键生产要素体现在价值创造和分配中，促进了传统生产要素自由便利流动，提升全要素生产率，妥善解决不均衡、不协调发展问题，充分发挥数字经济对经济发展的拉动作用。消费者能够为企业的创新研发、生产规划、用户体验以及产品反馈等提供依据，是数据要素的主要来源。

（3）消费者是数字内容的生产主体

消费者既是数字内容商品和服务的使用者，也是生产者。数字经济时代下，消费者生成内容平台用户能够通过文字、图像、音频以及视频等形式进行创作，如抖音、快手等短视频平台提倡普通消费者上传视频，分享日常生活；淘宝、京东等购物平台允许消费者发表商品使用的评论和追评。

（4）消费者是数字营销的服务对象

数字营销根据消费者的特征数据制定专门的营销策略。数字营销在营销活动中寻找市场机会，分析消费者的偏好，改进和开发商品。经营者通过分析目标消费者和目标细分市场，有针对性地投放广告，消费者能够获得个性化的广告推送，提高平台匹配效率，增进消费者福利。

8.2 数字经济时代消费者行为的新特征

在数字经济时代下，国内的消费规模、内容和力量等都发生了显著变化，深入了解数字经济对消费的影响，就需要考察当下消费者行为的新特征。数字经济改变了传统的消费环境和方式，开拓了新的消费者群体，促进了消费升级，还形成了消费者行为的新特征。

8.2.1 消费者行为自由化

与传统的消费行为相比，数字经济时代的消费者行为更加自由，个性化、年轻化和公平化得到充分体现。由于数字技术的驱动，自由消费已经成为消费者行为的重要方式。第一，个性化。消费者可以通过网络平台对产品进行个人定制，而传统消费模式下仅能购买已经生产好的固定商品。因此，消费者行为个性化的新特征既可以彰显消费者的个性，也可以为数字经济的发展开拓新的消费市场和群体。第二，多样化。数字技术促使各种消费方式和消费类型涌现，从一次性消费到多次消费，再到持续消费。当下，消费正在从"基本需求"转向"个性化需求"、从"重价格轻质量"转向"重质量轻价格"、从"产品"转向"产品＋服务"等。随着数字技术与传统金融服务的有机结合，数字金融服务广泛应用，也促进了数字消费的发展。第三，公平化。数字经济打破了消费在地理和时间的局限，能够促进生产要素、产品和服务的流动和资源的有效配置。网络购物平台的快速发展使农村居民享受到公平的网络消费福利，提高了农村居民的消费水平，挖掘了农村居民消费多样性。农村电商为农产品的销售提供新的渠道，提高农村居民劳动生产率和收入水平，缩小了城乡差距。

8.2.2　不确定性增加

京东消费及产业发展研究院发布的《2021 年度消费趋势盘点报告》显示："95 后"的"后浪"们成为个性化消费的主流人群；个性化产品成交额增速超过 60%；59.6% 的青年人的消费态度呈现"只买需要的"理性趋势。"95 后"和新一代的青年人致力于追求个性，对新事物的接受速度较快，消费观念更加开放，消费方式也更加多样化。数字经济时代下，电商平台提供的可供销售商品种类多，消费模式多样化，不确定性明显增加，容易造成消费者消费行为的非理性化，甚至会出现盲目、冲动消费的情况。与传统消费模式相比，数字经济时代的消费模式加大了消费者行为的不确定性。在直播卖货、砍价模式和秒杀模式等新形式电商的影响下，消费者行为趋向感性，消费者的冲动性消费行为持续增加，往往会购买一些效用不大的商品。

8.2.3　消费体验场景化

现实场景体验能够收获参与性与体验感，但会受到各种限制；而虚拟场景虽为消费者提供了虚拟空间和类型多样的消费服务，却降低了参与感，AR、VR 技术推动了虚拟与现实的融合，推出现实增强性场景，即场景化。随着 AR、VR 新体验技术的应用，互动体验式设计逐步融入各个产业中，打造了沉浸式、体验式的消费场景化体验，消费者决策也受到影响。消费模式从"商品消费"向"体验消费"转变，消费者更加关注购买商品带来的体验感，消费过程中所带来的愉快体验能诱发消费者的消费行为。商品与数字体验技术相结合，能够提高消费者的满足感。例如，数字展馆利用智能中控系统、互动投影和全息投影等数字技术，把互动体验融入展示环境中，触发消费者的感观，增加了体验的深度。数字技术在体验场景中的应用，创造出人与环境、主观与客观、真实与梦幻之间的关系，使得场景成为突出商品品质、彰显商品特色的社会空间。

8.2.4　"在线化"消费需求增加

对一部分的消费者来说，消费已渐渐成为网络社交的副产物。网络社交消费是通过网络社交生态影响消费者购买行为的销售模式，利用线上社交媒体与消费者、社群与消费者交流互动以影响其消费行为。"90 后""00 后"是网络社交的活跃群体，也是网络社交消费的主要群体。网络社交圈、网络社交分享对消费有非常大的影响，社交 App 的出现和应用为网络社交消费提供了便利，经营者能够利用碎片化的时间通过微信公众号、小程序与消费者建立联系，通过微信、微博和小红书等的社交圈形成网络社交引力。在数字经济时代，通过网络社群传播，吸引消费者的眼球，与消费者保持联系，建立消费者的忠诚度，提高消费者购买力。数字技术打通了"在场"与"在线"的"最后一公里"，从传统的实体消费发展为"互联网＋"的网络消费，又进一步发展为"线上＋线下"多元化融合的消费方式，以网络购物、云购物、移动支付和线上线下融合等为特点的"在线化"消费迅速发展。随着 5G 技术和人工智能的运用，传统产业正在向数字化和智能化转型，"线上消费"转向"线上＋线下"消费，成为经济发展新的增长点。

8.2.5 消费推送精准化

数字技术拉近了生产者和消费者的距离，实现了供给和需求的快速匹配，缩短了产品生产到消费的时间，实现了产业和消费"双升级"。数字技术通过将消费者的消费行为数据化，实现数字化分析，有利于商家针对不同细分的消费者进行精准化营销。例如，国产品牌"双虎家居"，重点针对以"新生代消费"为主的用户，借势电影、综艺等高品质宣传渠道，将广告宣传精准推送至用户及潜在客户。另外，随着数字技术延伸至产品的生产环节，国内产品的质量得到大幅提升，消费者在购买商品时越来越青睐高质量的商品。消费者也非常重视效率，出于方便快捷的考虑而选择网络平台购买商品。例如，消费者会关注快递外卖的配送时间，希望能在较短的时间内收到商品，甚至愿意支付额外的费用，有些消费者认为时间更有价值，花钱省时间是有必要的。

8.3 对消费者福利的影响

从现有研究来看，数字经济市场趋于高度集中，但对消费者福利的影响尚不能确定。数字经济具有规模经济特性，龙头企业拥有大量的用户和数据，其边际生产成本很小；再加上范围经济，龙头企业能够快速扩展经营范围，尤其是社交软件利用社交领域的垄断优势扩展到其他行业，扩大经营范围为用户提供了便利性，消费者能够以低价获取更多的、更优质的产品和服务。但从长期来看，因为龙头企业遇到的竞争有限，消费者的讨价还价能力不高，市场缺乏有效的竞争约束，占据优势的厂商在决策时将会以利润最大化为主，并不会将消费者的福利放在首位，可能会出现不公平条款和不公平访问权限的限制，直接影响消费者获取产品和服务的性价比，也会间接影响第三方提供的产品和服务，最终影响消费者的福利。

8.3.1 对消费者福利的直接影响

一方面，通常消费者在平台上注册之后，就能够免费使用和访问平台获取相关产品和服务，并且能够以较低的价格来获取，例如电商平台。电商平台存在完全的市场竞争，消费者通过数量、价格、评价等方式获取商品信息，对比同类型的产品和服务，作出最优决策，在这种竞价机制下，消费者一般能够用最低的价格换取最优的服务，消费者福利得以提升。数字经济时代，数字平台企业必须重视创新，向顾客提供快速、准确、高效和免费的服务才符合平台持续经营的目的，否则就很有可能被竞争对手所超越。这种积极的直接促进作用，能够让消费者最大限度地获取福利。《电子商务法》第十八条明确规定："电子商务经营者根据消费者的兴趣爱好、消费习惯等特征向其提供商品或者服务的搜索结果的，应当同时向该消费者提供不针对其个人特征的选项，尊重和平等保护消费者合法权益。"所以，从直接的积极影响来看，轻松便捷地获取更优信息、低廉价格获取优质的产品或者服务等，都显著提升了消费者福利。

另一方面，消费者获取有些信息并不是完全免费的，在免费的表面下实际上存在潜在限制和无形成本。主要涉及为获得服务而提供的数据量、数据处理的私密性和安全性、广告的密度，这些都是在分析数字经济市场对消费者福利的影响时需要关注的问题。平台企业基本覆盖了用户的隐私设置，包括地理位置、通信录和照片等，平台企业可能会将数据传输给其他应用程序的开发机构，并利用数据储量向开发机构收取一定的费用。平台在收集用户信息前，也可能会进行提醒和告知，用户在阅读声明后作出同意的意思表示，作为机构对个人信息收集及利用的合法授权。但现实却是用户在使用时通常不会详细查看有关隐私说明，直接点击同意，隐私声明只能保护平台的利益，而不会保护消费者的利益。况且，如果消费者点击不同意，就无法使用相关产品和服务，只能被迫同意隐私说明，万一出现争议，消费者就会处于不利地位。近年来，个人隐私被过度使用以及泄露事件时有发生，对消费者的财产安全、信息安全和人身安全等产生负面影响。转让用户隐私权对消费者可能会产生不利的影响，个人隐私和产业隐私缺乏保护措施，信息安全保护机制还有待加强。

8.3.2 对消费者福利的间接影响

数字平台除了拥有大量的直接用户外，还会在现有用户的基础上从事商业活动，具体包括投放广告、收取商业佣金等。所以，消费者可以直接体验到平台的服务，还能够感受到与之互动的企业被数字平台限制带来的影响。当平台对经营者收取的费用和佣金高于市场竞争水平时，部分费用和佣金将会通过不同的形式转嫁给消费者。额外成本会压缩经营者的利润空间，出于利润考虑，经营者提供的产品或服务质量自然会下降，也可能会减少经营者研究开发投资，拉低经营者增长的能力，消费者也就无法获取新产品和新服务。

平台将绝大多数消费者的需求汇集在市场一端，而对处在长尾部分、依赖平台进入市场的企业用户更具有强大的议价能力。龙头数字平台可能对小微主体用户过度收取使用费和佣金，要求其接受其他不公平的合同条款，这些都间接损害了消费者的利益。倘若龙头平台本身与用户存在竞争，通过其平台提供产品和服务，这种行为也可能产生排他性影响，因为收取高额费用能够限制竞争对手的竞争能力。经营者可能因为被完全拒绝使用该平台或不平衡的排名结构，会扭曲竞争，并导致消费者无法获得最优结果，只能获得次优结果。反竞争行为或反竞争合同条款也可能在其他方面限制企业用户，使其不能自由竞争。大型数字平台可能通过合并战略清除或吞并其潜在的竞争对手。数字平台对小微企业的各种限制行为，可能会降低小微企业的创新能力，限制小微企业用户的发展，还会限制其成为直接竞争对手的潜力。所以，最终导致消费者未来可能会面临更高的价格、更低的质量、种类选择减少的困境。

8.4 对消费者实行个性化定价

个性化定价是指根据消费者的特性和行为，在价格上歧视终端消费者的任何行为，从而导致价格被设定作为消费者付款意愿的增长的功能。我国《反垄断法》第二十二条规定："禁止具有市场支配地位的经营者从事下列滥用市场支配地位的行为：（六）没有正当理由，对条件相同的交易相对人在交易价格等交易条件上实行差别待遇"；《价格法》第十四条规定："经营者不得有下列不正当价格行为：（五）提供相同商品或者服务，对具有同等交易条件的其他经营者实行价格歧视"。《反垄断法》和《价格法》的保护对象是与经营者交易的其他经营者。由于法律法规对消费者的个性化定价缺乏合理的规定，数字经济时代经营者利用大数据算法对消费者进行个性化定价，可能会给消费者利益造成严重损害。

8.4.1 对终端消费者个性化定价的影响

(1) 需求曲线向下倾斜

现实生活中，部分企业可能存在向下倾斜的需求曲线。通常从线下市场转移到线上市场需要更透明的市场、更低的搜索成本和更简单的销售方式，这些都有助于随着价格的升高而需求曲线平缓上升。然而，企业无法将需求曲线完全变平，而且一些新型的数字经济市场会设置进入壁垒，所以，有可能发展成为少数竞争者和巨大市场力量的集中市场态势。有向下倾斜需求曲线的数字经济市场比线下市场有更大的动力进行个性化定价。而且，数字经济对不同市场需求曲线的影响通常是模糊的。我们可以将个性化定价设定为消费者付款意愿的线性功能，能够发现个性化定价对经济效果具有正面影响。企业没有充足的数据以个别消费者的水平执行个性化定价，反而选择在多重的分类组中划分消费者的方法。但这种简化的方法解释了个性化定价作为最佳的条件的潜在效果。

(2) 套利获利的能力

数字经济市场对套利获利能力有双重影响，是有效个性化定价的关键条件。一方面，数字产品的特征允许经营者对产品本身建立再使用限制，能够限制产品使用的手段、区域和可否转移给第三人等。每种限制都降低了转售的可行性，使套利获利变得更加困难，因而使得个性化定价更具可行性。例如，物联网市场发展背景下，经营者出售产品和执行单一许可存在的可能性变大，从而限制了消费者的转售权利。另一方面，数字平台开拓了新的市场，能够更有效地转售产品和个人少量的闲置物品，也就是分享经济。分享经济的发展超越了在线双边平台联系卖家和买家的经典模式。分享经济通过分享以往不可分享的物品，挖掘消费者整理自身闲置物品的能力，把消费者变成一个个自动化提供者。例如"转转"二手物品买卖平台的客户能把自己的闲置物品信息分享到交易市场空间，其他消费者可以根据需求购买，进而获得收益，减少闲置物品的浪费。在顾客赋予分享的权利时，分享经济能使套利获利更容易，因为分享经济允许转售空闲物品，且转售的便利能帮助阻止个性化定价。

（3）需求弹性

数字经济能够为信息资源的收集和分析创造机会，影响着个性化定价的范围。通过总结消费者历史行为的特点和预测信息收购价格进行基础数据剖析，经营者能够依据个人需求弹性发展和预测模型，提高个性化定价的可能性。《电子商务法》第十八条对个性化推荐商品和服务进行了限制，但在数字经济时代，个性化定价在某种程度上对经营者和消费者来说存在一定的合理性。在垄断的情况下，个性化定价一般能够促进竞争，提高消费者的福利；个性化定价能够提高静态效率，鼓励经营者创新提高竞争力，经营者就可能向高需求的消费者收取更高的价格。那么，这种情况下使用个性化定价，消费者的福利可能会受到损害。而扩张效应就意味着经营者向需求小的消费者收取较低的价格，帮助之前在统一售价下不能购买产品的低需求消费者，现在能使用个性化定价进行购买。因此，个性化定价或服务需要在特定的条件下才可以适用。

然而个性化定价的负面影响还受到市场上替代品竞争的影响。消费者的需求弹性还取决于其他可选择产品的价值。个性化定价允许经营者把售价提高至消费者愿意支付的最大程度，但竞争产品对消费者的价值和价格，决定了消费者支付意愿的高低程度。

8.4.2　数字中间消费者个性化定价的影响

数字经济飞速发展为中间消费者之间创造了歧视的机会，中间消费者主要包括打算转售商品的低价消费者、传统经济中的经销商或广告商，其目的是将产品出售给终端消费者，尤其是互联网的连接销售能力，形成了数字经济的基础结构。由于提供内容的中间消费者对产品和服务有不同的付款意愿，互联网服务提供者有机会在服务价格和质量上对中间消费者实行歧视。

8.5 对消费者消费支出的影响

8.5.1 新零售模式促进居民的消费

伴随着以直播电商为代表的新零售模式相继出现，为消费者消费提供了便利。大量的商家将商品通过直播的方式呈现在网络销售平台，消费者能够随时随地挑选商品，并且通过直播介绍和网上其他消费者的评价能够在较短时间内了解产品的信息，缩短了消费者的购物时间。直播电商使产品交易环节最大限度地实现扁平化，既降低了中间交易成本，又方便消费者直接与厂家沟通了解商品性能，还能够得到一定的优惠，从而促使交易的顺利达成。另外，新零售模式还能够更好地保护消费者的权益。随着新零售模式的不断完善，消费者产品购买后无理由退换、退换货运费保险服务和短时间保价在电商平台得以推广，使得消费者在发现所购买的产品不符合原先商家的描述后能够便捷地及时退换货，或者一段时间后发现购买的产品明显降价能够退还差价金额。产品质量与线上描述不相符的经营者在遭受大量退货后就会增大被市场所淘汰的风险，从而倒逼线上商家主动提升产品质量。

8.5.2　促进消费品的供应链价值链融合

数字经济推动了线上产品供应平台的发展，各个电商平台积极参与能够提升线上产品的供应规模，消费品的供应链得以延伸，产生规模经济效应，降低电商平台参与方的经营成本。产品创新性高且吸引力强的产品经营者，通过电商平台能够迅速被其他潜在合作商家和消费者所熟知，便于其利用较低的成本获取上下游产品的相关生产与服务。此外，随着线上供应方规模的扩大，与之相配套的线下物流配送和附属品也得到快速的发展，延长了商品的价值链，提高了消费者的消费满意度。

8.5.3　缓解消费者和产品供给者的资金约束

数字经济利用自身优势能够减少金融机构与资金需求者之间的信息不对称，降低了金融机构的运营风险和运营成本。金融机构通过数字技术快速地将信贷资金借贷给消费者，缓解消费者的融资约束，有助于消费规模的扩大。与此同时，资产规模小的产品供给者也可以获得资金支持，有利于完善线上销售的供应链，为消费者提供更好的商品和服务。

8.6　对消费者的权益保护

8.6.1　对消费者权益保护的必要性

"十四五"规划纲要明确提出："强化消费者权益保护，完善质量标准和后评价体系，健全缺陷产品召回、产品伤害监测、产品质量担保等制度，完善多元化消费维权机制和纠纷解决机制。"增强消费对经济发展的基础性作用，强化消费者权益保护，体现了加强消费者权益保护对经济社会发展的重要意义。消费者增长的需求推动着生产的发展，即没有消费就没有生产。2022年11月，国务院发布的《携手构建网络空间命运共同体》白皮书明确指出，"我国互联网平台运营不断规范，促进平台经济公平竞争、有序发展；并加强网络安全顶层设计，强化个人信息保护，积极应对经济社会数字化转型带来的数据安全挑战。"我国数字经济已经成为推动经济高质量增长的主要动力，网购、直播购物成为消费者生活消费的选择。为消费者带来实惠服务的同时，由于平台掌握消费者更多的数据，导致双方信息更加不对称，将数据变成资源，改变消费者的消费偏好，侵害消费者的权益。

与传统经济相比，数字经济对消费者造成的损害更具有普遍性和公共性：第一，数字经济具有虚拟集聚的特点。传统消费是通过线下实体商铺而实现的，而数字经济中的线上交易，其提供的服务或产品都是以数字化的形态存在，并没有实体化产品与之相对应，消费者是通过线上虚拟网络平台实现的。第二，数字经济具有隐蔽性特点。数据成为平台发展的关键资源。数据既具有商业价值的特性，还具有人格属性的特点，平台用户在使用服务的过程中，平台会收集、储存甚至使用用户数据，而平台用户却难以知悉自身有多少数据被平台收集，更不能控制数据使用去向。数字经济迅猛发展，对我国相关法律法规的健全与完善有所影响。由于平台与消费者具有强大的信息不对称，仅仅依靠产生于工业经济时代的《消费者权益保护法》对消费者权益进行保护显然是不够的。数字经济背景下，消费者权益受到风险侵害的可能性明显增加，风险以各种渠道、各种方式出现，迫使政府部门对法律法规进行相应的调整。当下，政府更需要做好消费者的"守门人"，要完善相关法律法规，加强执法力度，针对数字经济行业发展中的不健康问题大力整治，最大限度地保护消费者权益，促使数字经济社会健康有序发展。

8.6.2 现行《消费者权益保护法》范式

现行《消费者权益保护法》保护的客体是消费者、自然人、私人利益、消费者群体公共利益和消费秩序的集合；法律规范形式以消费者权利为出发点，混合了经济法社会本位的社会责任规定；以私法事后救济为主要途径，辅以经济法实施途径。

（1）《消费者权益保护法》保护的客体

我国《消费者权益保护法》第一章总则第一条立法宗旨强调："为保护消费者的合法权益，维护社会经济秩序，促进社会主义市场经济健康发展，制定本法。"早期对消费者的研究遵循私法范式，《消费者权益保护法》保护的消费者利益与自然人的私人权利不同。经营者损害消费者利益，损害的对象被认为是作为个体消费者的私人权益。随着社会关系变化，消费者地位趋于弱势，消费者受损害问题凸显，传统私法虽历经私法公法化变化，但仍不能完全保护消费者群体利益，因此，以社会利益为本位的经济法应运而生。经济法认为消费者既是个体的消费者，又是由个体消费者组成的消费群体。消费群体的利益是独立存在的，并不是群体成员个体利益简单加总计算。与亚当·斯密的自利性、完全理性的经济人假设相比，此时消费群体的理性是相关理性，即作为社会存在的消费者不是单一的完全理性，而是相互间的相关理性。个体消费者存在于特定的社会环境中，其策略的形成依赖内部环境和外部环境；个体消费者在形成消费决策和预期时，能够预见第三人的决策和预期。消费者理性是个体理性和集体理性的统一。经营者损害消费者利益，除了对交易关系中作为经营者交易相对方的特定消费者私人利益造成损害之外，也损害了该消费者所依存的消费群体的利益，而且不利于维护社会正常的消费秩序。

（2）《消费者权益保护法》的法律规范形式

《消费者权益保护法》第一章总则第五条国家保护消费者合法权益的职能表明："国家保护消费者的合法权益不受侵害；国家采取措施，保障消费者依法行使权利，维护消费者的合法权益；国家倡导文明、健康、节约资源和保护环境的消费方式，反对浪费。"现行《消费者权益保护法》的法律规范形式以消费者权利为出发点，混合了经济法社会本位的社会责任规定。法律确定权利主体及其所享受的权利，对第三人而言负有作为或不作为的义务。社会责任是一个组织对社会应负的责任。一个组织应以一种有利于社会的方式进行经营和管理。公共品具有所有权的非排他性、消费的非竞争性、效用的不可分割性，容易产生"搭便车"现象，形成"公共地悲剧"，因此，必须要保证公共品的供给和公共利益的维护。

（3）《消费者权益保护法》实现的途径

法律的实施包括守法、执法和司法。以农业经济为基础的法律，其基本逻辑是假设责任源于过错，也就是行为人的过错损害法律保护的权益，导致了损害结果的发生，需要法律救济。私法通过加入严格责任、强制缔约义务等补充了传统法律的实现途径，但未改变基本逻辑。基于此，现行《消费者权益保护法》实现途径是由受损害的消费者个体追究侵权责任为主的私法救济，也混合了经济法社会本位的社会责任实现途径，例如，以公益诉讼、公共执法的经济法事前、事后救济。近年来，新出现的有关消费制度多为经济法救济制度，主要有惩罚性赔偿制度、消费者的冷静期制度、公益诉讼制度和缺陷产品召回制度等。因为立法者出于法律体系的稳定性的目的，通常是在已有的概念、原则和制度体系上修订和完善新的法律。现行《消费者权益保护法》虽历经多次修改，其范式仍然具有较强的私法特性。

8.6.3 对《消费者权益保护法》范式的挑战

《消费者权益保护法》是对市场失灵的弥补，核心是行为主义和矫正正义法律思维。数字经济改变了消费主体的消费方式，引发消费社会关系的变化，对《消费者权益保护法》范式提出了挑战。

（1）消费法律关系主体和客体的边界模糊

目前，主流《消费者权益保护法》理论和执法、司法实践中消费者仍被限定为自然人。数据电文是民事法律关系客体的形式之一，在现行《消费者权益保护法》中，商品或服务表现形式也可以是数据，但其尚不能成为消费法律关系的主体。数字经济时代，消费者可能不再表现为自然人，可能是通过算法形成的画像，消费者画像是各种可被量化的数据集合。从消费信息搜集、决策、交易、支付、物流、收货、退货和二次购买等环节来看，消费者存在非常少的现实空间，更多的是以数据形式存在于网络，被量化的消费者画像更符合法律关系客体的特征，原来明确的《消费者权益保护法》主体和客体边界变得模糊。

（2）以权利为出发点的法律规范形式缺乏有效规范

以消费者权利为出发点的法律规范形式遵循了"消费者知情—经营者侵害—赔偿"的框架。但实际上，虽然在具体的信息披露情形中可以轻松地判断消费者形式上是否同意，但形式上的同意不能代表消费者实质上了解其个人信息将会被收集和使用。消费者知情的形式主义化趋势愈发明显：经营者发布的隐私公告专业性较强、篇幅较长，而消费者理解隐私公告的能力较弱、耐心较少。因为数据并非以传统物理空间为载体，而是存在于虚拟空间中，数据的二次开发者大多不是最初收集数据的经营者或平台。基于大数据的算法"黑箱"，数据收集者无法控制大数据运行后的结果，数据最终的使用情况对收集者、使用者和算法开发者而言存在不可控的可能性，超出消费者事先同意的认知能力，消费者知情同意的主观意愿难以判断。因此，强制要求相关主体以简单明确的隐私公告描述复杂算法的过程是不可行的。

（3）事后救济途径难以实现

消费者权益保护多数是采取由受到损害的消费者对实施侵害行为的经营者提起赔偿来实现。一般侵权责任的构成要件有侵害行为、损害结果、因果关系和主观过错。数据经济背景下，消费社会关系以消费过程中的具体数据为表现形式，数字技术将数据进行收集、分析、利用、过滤、分类和推荐并推送给消费者。侵害行为主体可能是数据收集者、数据分析者、算法开发者和算法使用者，也可能是经营者和平台，消费者不能准确地加以辨别。

主观过错无法确定，那么因果关系也无法确定；同时，数据传播、储存渠道的复杂化和多元化使损害结果之间的因果关系也难以确定。数字经济背景下，数据分析的相关性已经逐步取代因果性，并成为解释和预测法则，也就是说在损害结果发生之后消费者往往只能找到相关因素而非决定因素。除此之外，受到损害的具体数额也变得难以确定。倘若发生个人信息泄露或被滥用等情况，消费者所享有的安全权、自主权和知情权等现行消法规定的权利将会受到侵害，消费者对损害数额举证更加困难。现行法律以赔偿为主的责任形式无法合理补偿消费者受到的损害，责任形式与损害性质不匹配，也就无法安抚受损害的消费者。

8.6.4　消费者权益面临的典型风险

（1）消费者个人信息泄露的风险

埃森哲发布的《2022 中国消费者洞察》指出："有七成受访者表示愿意为了获取更好的服务而分享个人数据，与此同时，五成受访者认为广告推送频率过高。"平台为了一些特殊目的，可能会在应用软件强制收集消费者个人信息。一般情况下，用户在注册时，需要在各种 App 上填写自己的必要信息，例如授权通讯录、拍照、录音和位置等相应操作才可以使用平台服务，否则将自动退出页面而无法完成注册。平台利用一些常用软件设置了程序入口，要求消费者填写其身份证件，例如微信。2022 年浙江省 App 违法违规收集使用个人信息专项治理工作组依据《中华人民共和国网络安全法》《中华人民共和国数据安全法》《中华人民共和国个人信息保护法》《App 违法违规收集使用个人信息行为认定方法》《常见类型移动互联网应用程序必要个人信息范围规定》等法律和有关规定，组织对实用工具类、网上购物类等常见类型且公众大量使用的 100 款 App 个人信息收集使用情况进行检测，并对存在问题的 App 进行点对点通报，责令违规 App 限期整改。[①]

超范围收集个人信息导致消费者的信息被泄露，用户信息安全性降低。平台或者平台内部员工由于利益驱动促使而倒卖消费者信息，如刘某利用中国联通湘乡分公司商业企业中心主任职务，在湘乡汽车站临时设立办公室，办公室内共有 5 名员工和张某等外部员工。刘某让张某等人推广联通业务，开展"新"业务，即以手机卡免费派送费和小礼品吸引大量人群办理手机卡。随后，张某等人以验卡为由，擅自在"美团""京东""桂""淘宝""赞利生活"等平台上登记公民手机卡号和真实个人信息，并出售公民信息。每一张公民个人信息的截图可以获得 10 ~ 30 元的收入。通过"拉新"业务，刘某等人共获得非法收入 8 万余元，6 名被告人先后被捕或主动投案，退还违法所得数万元。最终，中国联通湘乡分公司 6 名员工因侵犯公民个人信息被判处刑罚。另外，平台可能被第三方入侵致使用户个人信息被窃取。因此，数字经济时代加大了消费者的个人信息泄露风险，需要采取

---

① 资料来源：浙江省 App 违法违规收集使用个人信息专项治理工作组发布《关于萌拍拍等 57 款 App 违法违规收集使用个人信息情况的通报》。

有效措施加以保护。①

（2）侵犯消费者知情权

《消费者权益保护法》第八条指出：消费者享有知悉其购买、使用的商品或者接受的服务的真实情况的权利。消费者有权根据商品或者服务的不同情况，要求经营者提供商品的价格、产地、生产者、用途、性能、规格、等级、主要成分、生产日期、有效期限、检验合格证明、使用方法说明书、售后服务，或者服务的内容、规格和费用等有关情况。传统消费模式下，消费者可以通过与经营者面谈、现场验货，以及对商品直观进行观察、检验和试用来了解商品信息。而数字经济新消费模式下，消费者只能通过平台与经营者或者客服人员进行沟通，了解其他消费者评价，综合筛选所需的商品。但个别经营者为了吸引消费者，会通过欺诈消费者的方式来谋取非法利益。经营者在平台上对发布商品的图片和文字信息进行刻意美化，混淆消费者判断。例如，2021年7月8日至2021年9月8日，盒马App上架销售"马来西亚mini黑刺榴莲"时，所使用的网售商品详情页广告内容，包括商品图片和文字描述内容为马来西亚D200榴莲的图片和说明（使用了马来西亚D200黑刺榴莲的图片、"马来西亚mini黑刺榴莲"文字说明），但实际销售的货品为马来西亚D13榴莲。这期间共销售7392件，消费者浏览点击量为68177次。最终，对所有购买"马来西亚mini黑刺榴莲"的消费者，在盒马App中主动发起退

① 案例来源：《联通员工贩卖公民信息被抓，手机卡注册美团、京东，每条信息获利10~30元》的新闻。

款，无需退货，并已全部退款到位。①

通常，消费者会参考其他消费者的文字、打分等，对商品、信用和物流评分综合衡量后选择一个信用等级高、好评率高的商家与之进行交易。经营者可能会通过刷单、好评返现等不正当手段提高好评率，欺骗消费者。消费者就只能通过主观上的观察、对比，选择出适合自己的商品，但在收到商品后会发现与平台发布的不符。所以，这些都增加了保护消费者知情权的难度。

（3）侵害消费者公平交易权

交易是市场流通的关键，公平交易是保护市场经济持续发展的核心。随着数字经济发展势必会产生数字贫民，消费者接触互联网或进入线上交易空间的机会存在差异。据 2022 年 2 月中国互联网络信息中心发布的第 49 次《中国互联网络发展状况统计报告》显示，截至 2021 年 12 月，我国 60 岁及以上老年网民规模达 1.19 亿，互联网普及率达 43.2%，老年群体能独立完成出示健康码/行程卡、购买生活用品和查找信息等网络活动的老年网民比例分别为 69.7%、52.1% 和 46.2%。数字经济时代，经营者为了提高效率、获取更多利益，第三方平台、经营者一般都会制定并使用格式合同或格式条款。在这种情况下，消费者只能在整体接受和拒绝交易二者选一，而没有面对面洽谈协商的余地，经营者可能会在格式合同中加入"不支持退货""不支持换货"等条款，严重侵犯了消费者的公平交易权。例如，2022 年，

---

① 案例来源：《盒马销售榴莲货不对板被处罚；"爱玛牌"等 5 批次锂电池不合格》的新闻。

杭州某信息科技有限公司在自营的 App 的积分免费兑换产品活动中，设置"兑换的产品，非质量问题，不支持退换货"和"最终解释权归活动方所有"的内容，违反了《合同违法行为监督处理办法》第九条第（三）项规定，属于在格式条款中免除自己对提供的商品依法应当承担的保证责任和排除消费者解释格式条款的权利的违法行为。[①]

平台算法侵害消费者公平交易权。数字经济时代平台依靠算法处理海量数据，但其违规行为严重侵害消费者公平交易权，从订机票、订酒店甚至订外卖都会受到影响。例如，胡女士此前多次通过携程 App 预订机票、酒店，在携程平台上消费了 10 余万元，成为该平台的钻石贵宾客户。2020 年，胡女士像往常一样通过携程 App 订购了舟山某高端酒店的一间豪华湖景大床房，支付价款 2889 元。但胡女士在退房时，发现酒店的挂牌房价加上税金总价仅 1377. 63 元。"不仅没有享受到星级客户应当享受的优惠，反而多支付了一倍的房价。"胡女士随后向携程反映情况。携程以供应商为由，仅退还了部分差价。该案是绍兴首例消费者在质疑遭遇平台违规行为后成功维权的案例。[②]

（4）侵害消费者自主选择权

《消费者权益保护法》第九条规定："消费者享有自主选择商品或者服务的权利"。数字经济时代下的"二选一""封禁"

---

① 案例来源：《拱墅区市场监管局关于公布合同格式条款典型违法案件的通告》的新闻。
② 案例来源：《绍兴首例"大数据杀熟"案成功维权》的新闻。

等行为侵害消费者自主选择权。平台利用自身优势地位胁迫商家进行"二选一",该行为造成商户只能在某一电商平台经营业务,直接减少了消费者对平台、商户、商品的选择范围,侵害了消费者的自主选择权,降低消费者福利。例如,美团通过调整收费优惠比例的方式,迫使商户与美团独家开展经营活动;通过不允许附加"美团外卖"服务和不签协议等方式,迫使商户签署只与美团进行外卖在线平台合作的约定;美团为推广线上业务,强制关停与"饿了么"平台有合作关系的商户在美团外卖上的网店并停止客户端账户使用,这就是典型的"二选一"行为。①

另外,平台还存在"封禁"行为,即平台屏蔽竞争对手的内容或者应用、拒绝向竞争对手开放平台接入端口。平台采取封禁行为,会限制经营者的交易机会,主体之间的竞争会受到影响,最终会损害消费者利益。例如,2021 年 8 月,《中国消费者报》开展了平台封禁与用户权益调查,有 90.18% 受访消费者表示平台封禁会产生影响,有 68.44% 受访消费者认为平台之间的封禁行为会侵害自己的合法权益。

8.6.5　国外的数字经济时代消费者权益保护经验与借鉴

数字经济时代,一些西方国家和国际组织在消费者权益保护方面有丰富的实践经验,形成了具有鲜明特色的数字经济消

---

① 案例来源:《2021 年度浙江法院十大知识产权案件》的新闻。

费制度。

（1）欧盟

2019 年 5 月，欧盟发布了《关于提供数字内容和数字服务的部分合同的指令（2019/770）》（简称《数字内容指令》）；2019年 6 月，出台了《关于促进在线中介服务的商业用户的公平和透明度（2019/1150）》；2022 年 4 月，欧洲议会与欧盟成员国通过了《数字服务法》（DSA）；2022 年 7 月，欧盟 27 个成员国批准了《数字市场法》（DMA）。这些法律法规的出台旨在明确大型数字服务提供者的责任，遏制大型网络平台企业的非竞争性行为，保护购买数字产品消费者的权利。

①确保数字内容和数字服务与合同一致。《数字内容指令》要求供应商所提供的数字内容或服务必须符合消费者的主观意愿，以及需要按照合同要求提供所有附件、说明和客户帮助信息，并进行内容或软件更新；同时，还要求提供的数字内容或服务必须符合客观要求，符合通常使用的目的，且数量充足，具有正常的质量和性能特征，符合消费者预期，与数字内容产品经营者提供的任何试用版或预览版相符。否则，消费者有权要求数字内容或服务符合要求、按比例降低价格或终止合同。当消费者有权终止合同时，供应商必须退还根据合同支付的所有款项。除此之外，《数字内容指令》还对诸如提供的数字内容或数字服务的质量和特征达不到广告和公开宣传的水平、演示版提供了不准确的印象、不符合消费者对收藏版商品的期望值等问题给予了重视。

②确保平台为所提供服务的风险负责。《数字服务法》为"线下非法的既是线上非法的"原则提供了实践支撑。《数字服务法》将有效阻止平台使用基于性别、种族或宗教数据的算法定向用户；禁止以儿童为目标的广告；要求供应商执行新程序以取缔非法材料，如涉及仇恨言论、煽动恐怖主义和儿童性虐待等内容；电子商务平台必须阻止非法商品销售。《数字服务法》还强调供应商要建立用户容易标记非法内容的机制、平台与可信标记者合作的机制和在线市场商业用户的可追溯性义务，为用户提供一个渠道，登记对内容审核的投诉。

③规范数字经济"看门人"企业行为。《数字市场法》指出，被指定为"看门人"的数字经济企业需允许第三方企业与它们自己的服务相互操作；允许业务用户访问它们在平台中生成的数据；企业不得在其平台上对自己的服务或产品开展比第三方更有利的排名；防止用户轻易卸载任何预装软件或应用程序；不得未经用户允许强行推送广告或安装软件；不得将采集的用户数据移作他用。

（2）美国

美国在数字经济消费者权益保护方面具有丰富的经验。2018年6月，美国加利福尼亚州公布了《加州消费者隐私法案》；2021年3月，美国弗吉尼亚州签署了《消费者数据保护法》；2022年6月，美国发布了《美国数据隐私和保护法》草案等。

①从"数字权利"角度更好地保护公民权利。在相关政策、指南和报告中，美国政府多次提出规范"数字权利"的议题。

《美国数据隐私和保护法》草案体现了数字经济时代美国数字权利保护的价值理念，既符合增强个人数据权利的趋势，又融入了数据价值释放的内容，例如"选择退出"机制、有限的私人诉讼权、数据处理企业的忠诚义务等。还能够增强个人对其数据的控制，但为避免个人滥用诉讼权利阻碍商业创新，对私人诉讼权也作出了限制。

②从隐私权角度保护消费者权益。在美国，如果公司违反了相关的保护隐私法律，可能会面临重罚。2019 年，Facebook 因泄露隐私接受史上最大罚单，在美国被罚 50 亿美元。另外，美国加利福尼亚州公布的《加州消费者隐私法案》和弗吉尼亚州签署的《消费者数据保护法》，对供应商提出了信息披露的义务，并针对信息泄露设定了法定损害赔偿金，间接地保护了数字经济时代下消费者权益。

（3）英国

英国的消费者保护历史悠久，在互联网消费领域形成了相对完善的消费者保护体系。例如，2015 年 3 月，英国政府颁布了《消费者权益法》；2017 年 4 月，英国《数字经济法》获得皇室批准；2022 年 7 月，英国下议院提交了《数据保护和数字信息法案》。

①明确电子合同责任。《消费者权益法（2015）》第 3 章规定了以计算机或手机应用软件、电影、电视节目和电子书等在内的数字产品为标的合同责任，明确规定数字产品存在缺陷时，消费者具有要求经营者进行修复或更换的权利；明确规定经营者应

当如何使自己的商品或服务与合同规定的条款相适应，以及在其未尽到合理的关照和注意义务时应承担何种责任。例如，当经营者承诺提供的商品或服务与实际交付不符之时，消费者有权主张维修、更换、降价或拒绝接收。《消费者权利法（2015）》认为，数字产品应与供应商提供的信息相符，供应商必须向消费者提供有关所售商品或服务的信息，向消费者提供产品的主要特征、功能、技术保护措施和兼容性要求等详细信息。

②多种方式保护消费者权益。《数据保护和数字信息法案》有利于保护国家利益和公民权益，减轻业务负担，将以许多不同的方式保护消费者权益。例如，增加对违反规则的骚扰电话和短信的罚款。当电信网络提供商有合理理由相信其网络上正在发生未经请求的直接营销时，应当及时通知信息专员办公室。由于使用数字身份更容易、更安全，当人们想在网上或通过应用程序等非物理文档证明自己时，数字身份将提供更多的选择和更大的安全性。

9

数字经济驱动其他市场主体行为改变的机理分析

9.1 数字经济改变平台企业行为

9.1.1 重塑平台供应链

数字经济已成为促进经济高质量增长的重要推动力，重构了经济新格局，平台供应链重塑成为经济新格局调整和演化的典型表现。

（1）共享平台供应链

当下，学者们对于共享平台供应链的研究集中在三个方面：一是供应链下游零售业的共享产品库存，构建了共享库存平台的订货和再分配模型，分析零售商分享信息的临界条件、转运价格机制和惩罚机制；二是供应链上游生产商的共享原材料，依据客户不同需求的分离点，把按需供应的模式分为需求提供、组合、设计和研发等模式；三是供应链上游和下游的信息共享，利用平台促使顾客和供应链外开放式主体共同参与供应链价值创造，以获得长久的竞争优势。

共享供应链平台既需要协作与互动的影响，也需要参与主体的价值创造。数字经济背景下，价值创造是多主体、多维度和动态化的创造过程，也就是说由共享平台的各个参与主体之间全方位互动后的创造。例如，海尔的工业互联网平台 COSMOPlat。COSMOPlat 的核心功能是建立"厂—店—家"三位一体的定制模式。该平台以互联工厂为载体，为用户提供个性化定制服务，改变了买卖双方传统的交易关系，形成了价值共创的新型关系，帮助海尔由大规模制造转向大规模定制。

共享供应链平台是传统制造业利用互联网、人工智能和大数据等数字技术，将供给方与需求方连接起来，快速满足需求方的需求，供给方通过个性化需求的同质化解构、同质化需求的标准化生产、标准化部件的个性化加总进行原材料的配置和共享，平台本身具有产品设计、流程管理、标准制定、研究开发、资金结算与分配等职能。共享供应链平台极力地满足消费者个性化需求，提升消费者效用，实现产品的价值创造。共享供应链平台价值共创是由多个平台参与主体共同完成的，其本质上是多方利益博弈的结果。数字经济时代，共享供应链平台服务具有较强的网络产品特性，能够引起平台网络效应和规模效应。

（2）金融平台供应链

在"互联网＋"、供给侧改革和需求侧管理的推动下，我国银行业的供应链金融产品向数字化、标准化和平台化转型。人工智能、大数据、区块链和云计算已经广泛应用到传统金融平台，包括智能预警和控制、数据管理、智能分析和智能一体化服务等。按照阶段可以将供应链金融分成三种模式：一是采购阶段的预付账款融资；二是生产阶段的动产质押融资；三是销售阶段的应收账款融资。

数字经济时代，金融平台供应链具有明显优势。第一，提高了供应链金融行业的透明度。数字技术的公开透明和数据不可篡改特点，保证了供应链金融从物理世界向虚拟世界映射的透明度。数字技术能够为供应链金融实时准确地提供交易状态视图，有效提升了交易的透明度，有利于金融机构基于票据、库存资产等金融工具及时放款。第二，扩大了服务对象。数字技术具有易分割、可追溯的特性，企业通过区块链技术向一级供应商签发数字化付款承诺，一级供应商根据实际结算需要对其分拆，并将部分付款承诺转让给下级供应商，形成企业的付款承诺在各级供应商之间流转，将企业信用传递给需要融资的小微企业，再通过线上签订合约，在企业付款之后，资金迅速在各级供应商之间进行自动化清算，为供应商提供回款保障。第三，提高了效率。由于数字技术的应用，增强了数据的可靠性和安全性，降低了融资借贷过程中的风险。供应链上游供应商和下游销售商所产生的应收应付可以共享中游企业的信用，供应链上的任意供应商和销售商融资都能够享受到中游企业的信用，降低了维护信用信息成本和交易成本，提升了交易效率。

（3）在线教育

艾媒咨询发布的《2021年中国在线教育行业研究报告》显示：2021年我国在线教育行业市场规模高达2573亿元，复合年均增长率为34.5%；在线教育行业市场规模同比增速35.5%，比2020年增速上升2.1%。另外，根据中国互联网络信息中心发布的《第48次中国互联网络发展状况统计报告》，截至2021年6月，我国在线教育用户规模达3.25亿户，较2020年12月减少1678万户，占网民整体的32.1%。2021年5月，中央全面深化改革委员会第十九次会议审议通过《关于进一步减轻义务教育阶段学生作业负担和校外培训负担的意见》，指出校外培训机构无序发展，"校内减负、校外增负"现象突出，要全面规范管理校外培训机构。与此同时，在线教育龙头企业积极探索跨界融合新模式，如高途开设的高途学院、作业帮上线的"不凡课堂"、字节跳动发布智能作业灯、作业帮研发智能错题学习机、猿辅导推出了"飞象星球"智能教育产品，等等。

数字经济势必促进传统的教育行业发生变革。第一，提高数字技术应用能力。数字经济促进了数字技术向在线教育行业渗透，数字技术与教育的深度融合肯定会带来结构性变革。数字技术的应用可以加快教育数字化的进程，推动在线教育持续发展。第二，满足客户多样化需求。数字技术能够精准分析把握不同客户的需求变化，在不同阶段、不同时间和不同地点满足用户的要求，尤其是自 2020 年新冠疫情暴发以来，"停课不停学"使得客户的学习需求更加多样化、复杂化。第三，优化价值创造流程。将人工智能、大数据分析应用到学生学习偏好、教师培训、课程开发及销售转换过程中，不断补充和完善教育资源、数据资源及技术资源，采用额外赠送、免费体验和限时促销等方式达到销售课程目的，为在线教育创造价值。

（4）众包供应链

众包是将需要分派给指定对象的任务，通过互联网进行发布，外包给众多不确定参与者的一种做法。数字经济时代，众包可以充分发掘广大参与者潜在的颠覆性创意，但创新创意需要供应链上下游的配合方能形成产品或服务，故其更加依赖众包供应链实现商业价值。众包供应链主要包括众包研发、众包制造、众包营销和众包物流等。

众包研发。众包研发可以分为两种，即众包独立研发、众包研发与制造一体化。前者是由大众参与者通过众包平台为终端消费者提供设计方案；后者是通过众包平台采纳大众参与者的产品设计，并进行批量生产。数字经济促进了众包平台的开放，提升了众包创新信息共享与研发合作的互动水平，激发了大众和企业众包研发的积极性，提高产出价值。

众包制造。众包制造通常是与研究开发结合起来的，众包平台在接受大众参与者的设计之后，会交由制造企业的研发部门进行开发，再由生产车间进行批量生产。数字经济时代，众包制造需要关注终端消费者的个性化需求，为了实现柔性化生产，企业需要提高创新应用开发能力与制造资源配置能力。

众包营销。众包营销也可以分为两种方式：一种是独立营销，借助众包平台广泛吸纳大众参与者的营销创意，为有营销需求的企业提供方案策划和实施步骤；另一种是众包营销与研发、制造融合，通常是销售商收集、制造商采纳后对产品进行升级改造，然后再将其销售给消费者，增加消费黏性。数字经济时代，提高了众包营销中大众参与积极性，增强了市场营销策划能力与整合营销传播能力。

众包物流。众包物流与终端消费者直接接触，属于开放性物流模式，通过众包平台帮助企业充分挖掘和利用大众参与者的人力资源。当下，企业的物流配送需求可以将订单在众包平台上发布，附近的大众参与者通过"先到先得"的形式接受物流配送任务，为客户提供取货和送货服务。

9.1.2 平台市场力量打造

随着数字经济的纵向与横向发展，数字平台形成了供需匹配、资源整合、规制制定、数据要素生产与分发为一体的全新经济组织形态。平台经济逐步形成支配型、相对型以及混合型共生的市场力量形态。

(1) 支配型市场力量

《反垄断法》第二十二条指出："市场支配地位是指经营者在相关市场内具有能够控制商品价格、数量或者其他交易条件，或者能够阻碍、影响其他经营者进入相关市场能力的市场地位"。在传统工业经济时代，产品的生产、制造与销售是市场竞争的出发点，最大产能影响着企业是否可以获得市场竞争优势。数字平台的产品边际成本为零特性致使所有平台经营者在产品供给端不存在"产量受限"的问题，大多数平台能够利用零成本扩大产品的供给数量。所以，传统市场条件下以最大产能为评价市场份额大小的依据，不能真实反映数字平台市场力量的形态。实际上，数字平台形成支配性市场力量的关键在于构建需求端市场的竞争优势，进而获得供给端的竞争优势。数字平台用户越多，越能够在最短时间内获得最高的网络规模，而当形成的网络规模达到一定程度时，数字平台就会触发"自增长"机制，从而获得"赢者通吃"的支配型市场力量。

（2）相对型市场力量

倘若企业对特定经营者的依赖程度达到了转向其他经营者最低可能性时，则可构成相对市场力量。数字平台具有市场经营者与市场本身双重属性。平台相对型市场力量来源内部经营者对平台的依赖度。平台内经营者必须通过数字平台才能提供产品或服务，形成了相互依赖的关系。假如数字平台通过技术手段、服务协议等对平台内经营者实施不合理限制、附加不合理条件和收取不合理费用等，而平台内经营者讨价还价能力较弱，就会产生锁定效应。形成的相对型市场力量受到了终端用户对平台的需求依赖性的影响，平台是否能够对终端用户产生锁定效应直接决定了其市场力量的大小与市场竞争优势的强弱。

（3）混合型市场力量

混合型市场力量是数字平台特殊的市场力量形态。平台业务快速扩张，数字平台市场力量异化趋势愈发明显，并形成了涉及多个市场、建立竞争"瓶颈"、构筑数字生态系统化的混合型市场力量。数字平台的混合型市场利用在基础业务领域中的用户、流量和数据方面的优势，将市场力量扩散到各个市场，构建数字平台生态系统，形成混合型市场力量。另外，数字平台的混合型市场力量还源于其他经营者接触终端消费者的渠道，并构成其他经营者参与市场竞争的困境。随着大数据、人工智能等数字技术的应用和结合，平台利用核心业务打造了数字市场的流量入口，通过控制数字生态技术与运营重要环节，海量数据也成为其他互联网运营商接入用户的主要渠道，平台扮演着数字市场守卫人的角色。平台还通过收集、整理和分析用户数据实现反哺平台发展，巩固市场力量的多边平台构造。

9.1.3 平台垄断的动因

在平台的技术和数据优势面前，商家经营者和消费者均属于弱势群体。梅特卡夫定律、交叉网络外部性和马太效应等形成了数字平台实施垄断行为的动机。

（1）梅特卡夫定律颠覆传统经济逻辑

梅特卡夫定律是一个关于网络价值和网络技术的发展定律，

它表示一个网络的用户数目越多，整个网络和该网络内的每台计算机的价值就越大。建立在数据和算法之上的数字平台能够为消费者提供零边际成本和低维护成本的无形服务产品，低成本贯穿了产品开发、销售和售后的全流程。数据要素和其他传统要素也有所不同，其无限重复利用的特性降低了平台生产成本。传统经济下，当边际收益等于边际成本时，平台就会停止扩张，而零边际成本的特征使得数字平台颠覆了传统的简单逻辑，引发梅特卡夫效应。龙头平台通常会将根据数据、用户数量等规模化优势带来的超额收益分摊到前期成本中，再进行多维度扩张，产生垄断倾向。

（2）交叉网络外部性导致形成寡头或完全垄断

数字平台具有双边网络市场的特性，其交叉网络外部性不但可以扩大平台规模，还能够积累垄断或接近垄断的力量，致使市场势力出现扭曲，可能会发展成寡头垄断或完全垄断。数字平台具有企业和市场的双重功能：当平台作为市场时，通过算法技术将供需双方连接起来，并建立信息优势；当平台作为企业时，则利用数据和流量优势追求利润最大化。数字平台的交叉网络外部性集中表现在以数字平台为中介的商家和消费者进行交易时，各自的效用水平受到对方用户数量效用的影响。数字平台通过控制数据这一新型生产要素，扩大了市场规模，扩展了平台边界，提高了非公平垄断高价或低价竞争的可能性。

(3) 马太效应引致"赢者通吃"

数字平台形成一定的规模之后，用户群体为平台提供了超大规模的数据信息。通过对数据信息的收集、整理、加工和分析，数字平台能够精准获取改进商品和服务的渠道，为细分供给人群和目标客户、提升服务质量创造条件，而精准的服务持续为平台吸引用户进驻，逐步形成"赢者"格局。数字平台通过在双边网络用户间的应用建立了数据要素供给库，且可以在海量数据信息和大数据算法的支持下预测新产业的市场需求、供求变动和行业动向，帮助平台向产业链上下游领域扩张。数字平台通过抢占市场主动权和规模优势，进一步扩大"赢者"的竞争优势和市场占有率，容易出现"赢者通吃"现象，对正常的市场竞争造成损害。

(4) 资本意志驱动数字平台扩张

商业资本的最终目的是最大限度地增值和攫取最大利益。传统经济时代，商业资本利用扩大市场份额和吸收更多用户来保持垄断地位，但在数字经济时代，诸多数字技术概念遮蔽了建立在技术应用之上的数据权力与商业资本。平台经济最初是资本以技术为外衣生成的新型经济模式，平台规模扩大后，商业资本仍然是股权结构的重要部分。所以，从表面来看，数字平台是新技术企业承担着科学技术创新的职责，但实际上平台将数据进行私有化和商业化，从而进行扩张资本，最终成为资本逐利与权力控制的数字围场。

（5）市场壁垒促进了数字平台垄断

与西方国家相比，国内数字平台还没有遇到 Google、Facebook、Twitter 等国际数字龙头企业的激烈竞争，而是通过模仿和引进国际行业巨头的先进技术之后，实现迅猛发展。以百度、阿里巴巴、腾讯、微博、小红书、字节跳动和美团为代表的国内数字平台运营商，在相对宽松的市场竞争环境下不断扩张。国内数字平台之间进行明确的市场划分，帮助其在国内外的数字市场上占据垄断优势地位。倘若国内市场没有市场壁垒，国内的数字平台将无法在短时间内形成当前的垄断格局。

9.1.4　平台垄断的行为表现

当下，数字化转型成为我国实现低碳绿色发展的关键点。随着数字经济发展的规模效应和网络效应逐渐扩大，龙头平台借助数据、技术、资本等优势迅速集中资源，强制"二选一"、滥用技术和算法等平台垄断现象不断涌现。

（1）并购形式多样化

通常，传统平台企业垄断经济行为的并购形式有横向并购和纵向并购。数字经济背景下，平台企业为了扩大经营规模，增加企业利润，通过合并与扩张形成了跨行业、跨领域的商业生态。并购行为多样化，除横向与纵向之外，还形成了"对角并购"，即并购前，数字平台已经形成垄断，并未涉足被并购企业所属行业，并购企业与被并购企业的上游或下游属于竞争关系。"对角并购"既能够达到垄断平台顺利入驻新行业、扩大经营范围的目的，还能够实现对竞争对手的关键生产材料供应商或关键产品销售商的控制，并形成市场圈定效应，同时加剧了竞争对手的成本，也限制了其市场扩张，更具有垄断倾向。

（2）完全价格歧视

在传统经济中，衡量单个消费者保留价格的成本较高且私密性较强，垄断平台无法依次对各个消费者的保留价格进行定价，可以通过不同销售数量进行二级价格歧视，也可以依据不同分类标准和不同群体实行三级价格歧视。但数字经济背景下，互联网可以向消费者展示同品不同价，实现同时多级定价。顾客的点击、浏览和购买等行为都可以被平台记录下来，通过一定的算法对消费者进行精准"画像"，预测消费者的消费偏好、支付方式、潜在需求和保留价格等，实现"一人一价"，达成一级价格歧视。此外，平台也可能利用消费者的二次购买行为和垄断商品销售渠道等方式实施垄断高价等不正当竞争行为。

（3）掠夺性定价

初创期的数字平台，为了吸引用户，往往会采取零价格或价格补贴策略，以免费或者以远低于市场价格的形式向消费者销售产品或提供服务，扩大用户的基数，培养平台与用户的黏性。当市场规模越来越大时，平台得益于网络外部性，不断会有新用户的加入，保持或扩大市场份额，巩固市场地位。当平台的市场地位稳定时，就可能取消零价格、减少补贴，并制定垄断高价，倒逼用户接受并消费，逐步形成掠夺性定价。初创期的零价格和补贴策略，更多的是平台的生存策略，并不是对消费者福利真正意义上的补贴，旨在扩大规模效应和范围效应，为平台建立潜在竞争对手和替代品进入的壁垒。

（4）隐性合谋

垄断合谋是各方垄断势力为了利益最大化而采取的集体合谋策略。合谋的达成需要预测竞争者的最大产能、产品定价、营销策略和售后服务等经营行为，各方势力采取一致行动。在数字经济背景下，数字平台开始依靠算法进行经营决策。一方面，算法具有精确性的特点，能够在多变的内外部环境中及时获取信息并作出精准决策；另一方面，提高了数据信息的传输效率，数据的传输和信息的传递能够在分秒之间实现，经算法实时计算后得出结论并执行，促进算法驱动的合谋能够即时达成。算法的实时性、准确性助力算法合谋深入到各个平台、行业和决策当中，算法驱动的平台合谋也能够随时达成隐性合谋。

（5）个人信息泄露

目前，数字办公、数字教育、数字交通和数字医疗已经成为消费者日常生活不可或缺的一部分。平台未经用户允许非法获取用户的浏览记录、消费记录、日常谈话和个人信息等不当行为频发。垄断平台利用多种手段采集用户的隐私信息，如通过列示长篇幅的专业名词，导致用户不能完全理解并失去耐心；通过视觉效果隐藏不平等的协议，以至于用户忽略协议等。虽然消费者已经逐步认识到平台通过隐私协议过度采集了个人信息，但是消费者较为分散且弱势，而平台的集中且专业，这也是当前数字平台的个人信息泄露问题尚未得到控制的原因之一。

9.1.5　平台反垄断

（1）数字平台反垄断的原则

平台经济发展推动了资源配置和生产方式的变革，传统的监管模式遭遇到了较大冲击。当传统思想观念与原有产业利益格局交织时，监管者难以保证政策和监管方式的弹性和有效性，致使生产关系调整滞后于技术进步和产业发展。数字平台反垄断的原则主要有以下三点。

①包容审慎。首先，政府部门需要充分认识数字平台的"大"，谨慎使用反垄断法。数字经济背景下技术和商业模式快速变化，这就要求决策者和监管者准确理解数字市场竞争动态和平台运作方式。当部分平台涉嫌垄断但对市场竞争和消费者福利有利时，执法者应该考虑采取"监管谦逊"的理念，这并不意味着监管机构对数字平台中存在的反竞争行为置之不理。竞争政策及反垄断执法始终是弥补数字经济领域市场失灵、有效阻止平台反竞争行为的重要工具。必须清醒地认识到扩张平台也可能存在一定的负外部性和潜在风险。政策制定者和执法者也应该尽可能掌握全面的、实时的数字市场信息，有助于消费者和所有平台用户

获得更准确的信息。

②开放透明。监管政策必须要处理好平台、社会和政府三者之间的关系。在数字经济时代，传统的"平台中立"原则并不客观，因为技术根本无法中立，平台更不能以中立为目标，大部分平台更无法成为《反垄断法》中的"关键必要设施"。对于双重身份的平台，监管部门必须以"数据驱动的透明性和问责制的开放创新"原则，对其进行有效监管。建立健全事后监管透明机制，能够有力补充以建立事前准入规则为主的传统监管方式，减少政策干预成本。政府部门还要重视数字平台的自身规范，着力解决平台内竞争或其他负外部性的问题，实现政府规制与平台治理有机结合。

③灵活有序。数字经济市场的竞争复杂、动态性强，多数颠覆性创新都与数字平台的网络效应和规模效应有关。监管机构需要多措并举快速作出反映，提高监管效率，灵活有序处理问题。例如，利用大数据、人工智能和物联网等数字技术进行信息收集，避免增加企业的人工成本；借助外部技术或行业专家的力量，提高处理反垄断的能力；尽量在执法初期促成和解，减少垄断事件发生。总之，监管和执法部门需要审慎对待、及时响应，既要平衡速度和效果，又要平衡正当程序和失误风险。

（2）我国数字平台反垄断的实践进展

我国在数字平台的反垄断立法与执法方面还处于探索阶段。这方面的探索既可以推动数字平台反垄断理论研究，还改变了数字平台反垄断的执法思路。

①立法实践。《中华人民共和国反垄断法》自 2008 年开始实施，在近几年迎来了破解数字经济领域反垄断监管难题的高峰，有关法律法规相继出台，具体如表 9.1 所示。基于法律法规的延续性，在未来一段时间内，传统反垄断条款依然是规制数字经济反垄断的重要依据。如何把传统反垄断规制的方法有效融入数字平台垄断的新问题中，是当前立法实践的重点任务。在已经取得的立法进展中，存在经营者集中的两方面创新：一方面是将涉及协议控制架构的经营者纳入反垄断审查范围；另一方面是明确了经营者集中未达申报标准交易的调查情形。

数字平台竞争的关键点正在从结构性指标向用户的大数据和注意力转移，但可能引发侵害用户隐私、大数据滥用和算法合谋等问题。不管是数字平台利用数据实现协调一致行为，还是将数据成本作为市场的进入障碍，均根据数字经济自身特点作了详细说明。总体而言，我国数字平台领域反垄断的法律体系正在逐步完善，形成了结构全面的法律体系。但对数字平台的算法合谋、自我优待和跨界传导等行为，现有政策还没有给予充分的回应。我国在上述问题的立法探索，不但有助于规范国内数字经济市场秩序，还有利于提高反垄断监管的国际话语权。

②执法实践。近年来，西方国家相继作出了对大型数字平台的反垄断裁决，强化数字平台反垄断执法逐步成为全球性趋势。我国也在数字平台反垄断执法上取得了一系列进展，涌现了一批典型案例，具体如表 9.2 所示。我国数字平台领域的反垄断执法实践以司法审判为突破口，积极调动社会各界参与举证和辩论，滥用市场支配地位的反垄断审查标准逐步明晰。由于数字经济存

表9.1　近三年我国出台的相关反垄断法律法规汇总

发布或通过时间	部门	名称	相关内容
2019年6月	国家市场监督管理总局	三部反垄断配套规章	规定市场份额认定的指标范围，认定具有市场支配地位的特色考虑因素，以低于成本价格销售的特殊情形
2020年1月	国家市场监督管理总局	《〈反垄断法〉修订草案（公开征求意见稿）》	新增市场支配地位认定条款
2021年2月	国务院反垄断委员会	《关于平台经济领域的反垄断指南》	对平台经济领域的反垄断问题作出了较为细化的规定
2021年3月	国家市场监督管理总局	《网络交易监督管理办法》	第十四条规定："网络交易经营者不得违反《中华人民共和国反不正当竞争法》等规定，实施扰乱市场竞争秩序、损害其他经营者或消费者合法权益的不正当竞争行为"
2021年7月	国家市场监督管理总局	《价格违法行为行政处罚规定（修订征求意见稿）》	"新业态中的价格违法行为"部分指出，电子商务平台经营者利用大数据分析、算法等技术手段，基于成本或营销策略之外的因素，对同一商品或服务在同等交易条件下设置不同价格的情形之一的，都属于价格违法行为
2021年8月	全国人大常委会	《中华人民共和国个人信息保护法》	对平台针对消费者进行"剥削性滥用"市场支配地位加以禁止
2021年10月	国家市场监督管理总局	《互联网平台分类分级指南（征求意见稿）》	根据用户规模、业务种类以及限制能力，将平台分为超级平台、大型平台和中小平台三级

— 289 —

续表

发布或通过时间	部门	名称	相关内容
2021年10月	国家市场监督管理总局	《互联网平台落实主体责任指南（征求意见稿）》	赋予"超大型平台经营者"平等治理、开放生态、数据管理、内部治理、风险防空、安全审计和促进创新等额外责任，实际上确立了"数字守门人"制度
2022年1月	最高人民法院	《最高人民法院关于充分发挥司法职能作用 助力中小微企业发展的指导意见》	明确加强反垄断和反不正当竞争案件审理力度，依法严惩强制"二选一"等不正当竞争行为，依法认定经营者滥用数据、算法、平台规则等优势排除和限制竞争的行为
2022年1月	国家发展改革委等九部门	《关于推动平台经济规范健康持续发展的若干意见》	对于平台经济坚持发展和规范并重

数据来源：各部门官方网站。

表9.2 近年来反垄断和反不正当竞争的典型案例

案名	基本案情	法院判决	典型意义
"爱奇艺账号"不正当竞争纠纷案——VIP账号分时出租行为的认定（2019）京73民终3263号	北京爱奇艺科技有限公司（以下简称爱奇艺公司）是爱奇艺网和手机端爱奇艺App的经营者，用户支付相应对价成为爱奇艺VIP会员后能够享受跳过广告和观看VIP视频等会员特权。杭州龙魂网络科技有限公司（以下简称龙魂公司）、杭州龙境科技有限公司（以下简称龙境公司）通过运营的"马上玩"App对其购买的爱奇艺VIP账号进行分时出租，使用户无须购买爱奇艺VIP账号，通过云流化技术手段即可限制爱奇艺App部分功能	一审法院认定龙魂公司、龙境公司的涉案行为构成不正当竞争，判令其停止侵权，并赔偿爱奇艺公司经济损失及合理开支共计300万元。龙魂公司、龙境公司不服一审判决，提起上诉，北京知识产权法院二审认定，龙魂公司、龙境公司的行为妨碍了爱奇艺公司合法提供的网络服务的正常运行，主观恶意明显。龙魂公司、龙境公司运用网络新技术向社会提供新产品并非基于促进行业新发展的需求，该行为从长远来看也将逐步降低市场活力，破坏竞争秩序和机制，阻碍网络视频业的正常、有序发展，并最终造成消费者福祉的减损，具有不正当性。北京知识产权法院判决驳回上诉，维持一审判决	本案是对网络环境下新型不正当竞争行为进行有效规制的典型案例。该案既体现了人民法院对互联网经营者合法权益的有效保护，同时也体现了人民法院对创新因素的考量。本案明确了网络视频行业中新商业模式的合理边界，彰显了人民法院促进网络平台有序发展，激发社会创新活力，打造公平竞争市场环境的司法导向

续表

案名	基本案情	法院判决	典型意义
"陆金所金融服务平台"不正当竞争纠纷案——网络抢购服务行为的认定（2019）沪0115民初11133号	上海陆金所互联网金融信息服务有限公司（以下简称陆金所）是上海陆家嘴国际金融资产交易市场股份有限公司（以下简称陆金所）的全资子公司。两者开设金融服务网站及手机应用（以下简称陆金所涉案平台），债权转让产品交易是其中的热门服务。债权需经常登录债权转让产品，网站会员频繁刷新抢购债权。西安陆智投科技有限公司（以下简称陆智投公司）提供"陆金所代购工具"软件，用户通过安装该软件，无需关注产品信息即可根据预设条件实现自动抢购，并先于手动抢购的会员完成交易	上海市浦东新区人民法院认为，陆智投公司提供的抢购服务利用技术手段，为用户提供不正当的抢购优势，违反涉案平台既有的抢购规则并绕过其监管措施和营商环境，对涉案平台上用户都制造成严重破坏，应认定其构成不正当竞争。上海市浦东新区人民法院判令陆智投公司停止涉案不正当竞争行为，公开消除影响，并全额支持了陆金所公司的赔偿主张	网络抢购服务是互联网金融迅猛发展的伴生品。本案表明确了互联网不正当竞争行为案件的审理规则，及时回应了社会关切，兼顾了科技金融企业的竞争者权益与投资用户都的消费者权益，更对维护金融平台营商环境有序发展具有重要意义，为科技金融行业有序发展提供了明确的规则指引。本案通过当事人息讼息判，案件取得了较好的法律效果和社会效果

案名	基本案情	法院判决	典型意义
"720浏览器"不正当竞争纠纷——浏览器屏蔽广告行为的认定（2018）粤73民终1022号	湖南快乐阳光互动娱乐传媒有限公司（以下简称快乐阳光公司）是芒果TV网站的经营者。广州唯思软件股份有限公司（以下简称唯思公司）于2013年开始运营720浏览器。720浏览器的内置默认拦截屏蔽芒果TV网站片头广告及暂停广告、会员免广告的功能	广州知识产权法院一审法院驳回快乐阳光公司的诉讼请求。广州知识产权法院二审法院认为，唯思公司技术中立的抗辩不能成立，唯思公司的上述行为违反商业道德、扰乱社会经济秩序，构成不正当竞争，判令唯思公司赔偿快乐阳光公司经济损失及合理开支80万元	浏览器屏蔽视频广告是社会关注度极高的互联网竞争行为，也是司法实践对浏览器屏蔽认定的难点。本案二审判决对多角度综合评价，进行了多角度综合评价，对认定互联网不正当竞争行为细化了成要素和适用场景，对反不正当竞争法一般条款适用等适用难点进行了有益探索，是人民法院面对新业态新领域不断完善竞争规则的生动体现
"微信群控"不正当竞争纠纷案——数据权益的不正当竞争保护（2019）浙8601民初1987号	深圳市腾讯计算机系统有限公司、腾讯科技（深圳）有限公司（以下简称两原告），共同开发运营的个人微信产品，为消费者提供即时社交通信服务。浙江搜道网络技术有限公司、杭州聚客通科技有限公司（以下简称两被告）开发运营的"聚客通群控软件"，利用Xposed外挂技术将该软件嵌套于个人微信产品中运行，为购买该软件的微信用户在个人微信平台中开展商业营销、商业管理活动提供帮助	杭州铁路运输法院认为网络平台以数据资源整体作为单一的数据划分，网络平台分所享有的是不同的数据权益。两被告的相关诉讼行为已危及微信产品数据安全，违反了商业道德，违反了相关法律竞争行为。杭州铁路运输法院判令两被告立即停止涉案不正当竞争行为，共同赔偿两原告经济损失及合理开支共计260万元	本案系全国首例涉及微信数据权益认定的案件。数据作为数字经济的关键生产要素，要素已成为市场激烈竞争的重要资源、数据权益取得权属，权利边界应如何判断，受到社会不正当属性应广泛关注。本案判决兼顾平衡了各方利益，为数据权益司法保护提供了理论基础，也为构建数据权属规则、完善数字经济法律制度提供司法借鉴的司法例证，对防止数据垄断，促进数字经济创新发展亦具有积极意义

续表

案名	基本案情	法院判决	典型意义
数推公司、谭某不正当竞争纠纷案——网络刷单行为的不正当竞争认定 (2019) 渝05民初3618号	数推（重庆）网络科技有限公司（以下简称数推公司）为自然人独资企业，谭某系数推公司的执行董事兼总经理，是该公司唯一股东。数某自2017年12月至2019年7月分别开设了"金鹅代商网""金招代刷网"等6个网站接受客户订单，将订单转让或转托他人，利用网络技术手段，对深圳市腾讯计算机系统有限公司（以下简称腾讯两原告）的网站和产品服务内容信息的点击量、浏览量、阅读量进行虚假提高，并予以宣传，获取订单与转托刷量之间的差价	重庆市第五中级人民法院经审理认为，数推公司、谭某有偿提供虚假刷量服务的行为构成不正当竞争，判决数推公司与谭某连带赔偿两原告经济损失及合理开支共计120万元	本案是打击网络黑产业的典型案例，明确了互联网经营者有偿提供虚假网络服务的行为违反道德、损害实信用原则和商业道德，损害合法经营者、用户和消费者的权益，扰乱正常竞争秩序，应纳入反不正当竞争法予以规制。本案对《反不正当竞争法》第十二条规定的"其他"不正当竞争行为进行了有益探索，为审理涉及互联网黑灰产业的类似案件提供了裁判指引

数据来源：最高人民法院官网。

在特殊性，数字平台上相关产品的市场难以界定，市场份额的认定作用减弱而其他因素的认定作用增强。当下，对数字经济领域经营者集中问题的处理中涉及恶意并购较少，更多的依然是关注数字平台巨头之间的收购以及经营者集中的合法性。

（3）数字平台的反垄断规制路径

①重新厘定市场支配地位及滥用的认定标准。2022 年 6 月新修订的《反垄断法》第二十二条中增加了"具有市场支配地位的经营者不得利用数据和算法、技术以及平台规则等从事前款规定的滥用市场支配地位的行为"。在《反垄断法》实施过程中，应该注重数字平台的本质及外在表现，明确滥用数据优势、无正当理由阻止数据开放及共享、数据集中及垄断等的非法性。《电子商务法》第二十二条规定"电子商务经营者因其技术优势、用户数量、对相关行业的控制能力以及其他经营者对该电子商务经营者在交易上的依赖程度等因素而具有市场支配地位的，不得滥用市场支配地位，排除、限制竞争。"这一规定规避了传统意义市场力量认定、相关市场界定等，将平台技术优势、用户数量优势、行业控制力等作为电商平台具有市场支配地位的认定要素，其本质就是电商平台的平台力量。修订后的《反垄断法》专门新加入了第九条"经营者不得利用数据和算法、技术、资本优势以及平台规则等从事本法禁止的垄断行为。"市场份额范式作为认定市场支配地位的主要标准，在认定平台力量时存在较大的困难。

②增进消费者福利。反垄断的目的不仅是提升经济效率，还是增进消费者福利，且后者极为重要。由于增进消费者福利能够

使消费者减少受到数字平台的剥削，还可以获得市场竞争带来的好处。进一步增进消费者福利，一方面需要将交易机会纳入消费者福利范畴，避免消费者遇到"二选一"的强迫性独家交易行为。对消费者来说，减少交易机会将提高试错成本，损害可以获得更多优惠价格、更好体验的交易机会，也就降低了市场竞争程度。另一方面还需要把消费者个人信息纳入消费者福利范畴中。违规泄漏、使用消费者的个人信息并不是竞争的必然后果，数字平台获取消费者个人信息可能会带来潜在的风险。2021 年通过的《个人信息保护法》已于 2021 年 11 月 1 日正式实施，旨在保护个人信息权益，规范个人信息处理活动，促进个人信息合理利用。

③完善事前监管机制。数字平台垄断竞争的后果是复杂多样的，仅仅依靠事后规制措施并不能实现救济的效果。适时将事前规制措施融入进来，能够补充现有规制措施，更好地完善我国反垄断规制体系。数字平台以自身主营业务为核心构建平台生态系统，基于生态系统的业务类型及市场范畴进行投资和创新，对垄断竞争的损害可能存在一定的滞后，而事中事后规制措施的救济力度不够。所以，为规制数字平台的竞争模式，需要加强全过程监管机制创新。监管执法部门需要加大监管科技构建力度，完善数字市场交易数据，建立数据驱动型监管执法模式。在保证数据安全和保护消费者隐私的前提下，平台要尽可能地为监管科技系统提供便捷访问路径，构建决策、风险控制及紧急处理机制，及时发现平台恶意竞争的各类行为。

9.2 数字经济改变电商行为

9.2.1 跨境电商

跨境电商是跨境电子商务的简称，是指属于不同的海关境界的交易主体，以电子商务为平台进行交易和支付，并经过物流进行商品送达和完成交易的在线交易平台。

跨境电商具有全球性、无形性、匿名性等特点。全球的买家和卖家通过电商平台进行交易，交易活动跨越了国家边界；整个交易过程都是通过网络媒介完成的，商品信息能够以多种媒介形式呈现，交易双方还可以有效避免文化差异带来的不便；交易双方的信息是隐藏的，个人身份、地理位置等信息得到了保护。

（1）跨境电商的类别

通常，从交易类型和经营主体两个视角对跨境电商进行分类。按照交易类型来划分，跨境电商可以分为 B2B、B2C 和 C2C；按照经营主体来划分，跨境电商可以分为平台型、自营型和混合型。具体如表 9.3 所示。

表 9.3   跨境电商的类别

项目	类别	含义
按照交易类型分类	B2B	企业对企业的商业模式，企业之间通过专用网络进行商业活动
	B2C	企业对个人的商业模式，直接向消费者销售产品和服务
	C2C	个人与个人之间的商业模式
按照经营主体分类	平台型	邀请商家入驻到平台中来进行商品交易
	自营型	商家入驻平台，自己经营的商业模式
	混合型	兼具平台型和自营型这两种模式特点的模式

（2）数字经济时代跨境电商的发展现状

从 2014 年起，我国就成为全球跨境电商贸易规模最大的国家，且连年保持高速度增长。B2B 出口试点全面铺开，"中欧班列""集拼转口"等新模式融合发展。与此同时，"上合示范区——明斯克""义新欧""苏新欧"、合肥至德国汉堡、威廉港等跨境电商专列先后开通并常态化开行，实现了"中欧班列"与跨境电商模式融合。据海关统计数据显示，2021 年我国跨境电商进出口 1.98 万亿元，增长 15%，其中出口 1.44 万亿元，增长 24.5%；在市场采购方面，出口规模突破 0.9 万亿元；2021 年我国市场采购出口 9303.9 亿元，增长 32.1%，占同期出口总值的 4.3%，拉动出口增长 1.3 个百分点。

在跨境电商快速发展的同时，我国也在不断完善跨境电商制度。2013 年，国务院办公厅发布了《关于实施支持跨境电商零售出口有关政策的意见》；2013 年，国家外汇管理局下发了《支付机构跨境电子商务外汇支付业务试点指导意见》；2014 年，央行上海总部发布了《关于上海市支付机构开展跨境人民币支付业务的实施意见》；2015 年，工业和信息化部印发了《关于放开在线数据处理与交易处理业务（经营类电子商务）外资股比限制的通告》；2018 年，第十三届全国人民代表大会常务委员会第五次会议通过了《中华人民共和国电子商务法》等。这些关于跨境电商的法律法规在电子支付、交易合同、争端解决和平台责任等方面做了规范，为我国跨境电商发展奠定了基础，我国跨境电商发展进入规则治理时代。

（3）数字经济对跨境电商的影响

①国家政策支持跨境电商转型升级。随着经济贸易趋于全球化，我国凭借着制造业优势，货物出口数量爆炸式增长，海外用户通过跨境电商平台进行消费也就越来越常见，因此，在数字经济大发展和消费模式更新的背景下，跨境电商转型升级成为趋势。为了鼓励跨境电商企业走出去，吸引国外产品流入国内市场，让消费者不出国门就能够享受"全球购"，国家制定并实施了诸多支持政策，主要集中在以下几个方面。第一，减少跨境电商企业的税收种类，降低税率，试行免除增值税、消费税等政策。从税基和税率两方面出发，让跨境电商企业享受税收优惠，减轻税费负担，支持跨境电商新型业态发展。第二，国家放松对跨境电商企业经营范围和经营产品种类的限制，促使跨境电商创业者尝试多种业务，丰富经营业务类型。第三，推出跨境电商服务系统的制度，包括海关跨境电商监管制度和服务体系，为跨境电商企业提供便利，推动跨境电商的健康发展。第四，放松跨境

电商企业注册资本制度，创新地实行认缴制，不再强制注册资金到位，为创业者解决资金困境。第五，建立自贸区服务中心，创建跨境交易服务平台，有助于跨境电商自由资金进出和资本灵活运作。在这些政策的支持下，传统跨境电商发展中遇到的困境已逐步解决，跨境电商得到稳定发展。

②市场需求量增加推动跨境电商发展。伴随着我国进出口贸易快速发展，国内外市场需求增长迅速，促进了我国经济结构调整，促使越来越多的跨境电商企业成立，带动了整个跨境电商产业链的发展。首先，数字经济的发展加速了全球购进程，国内外消费者的购买力和产品需求种类得以快速提高，推动跨境电商消费需求量的增长。我国跨境电商企业相对集中，形成了规模效应，推动了跨境产业链整体的发展和完善，促进我国跨境电商行业稳步增长。另外，在数字经济宏观大背景下，与传统外贸行业相比，跨境电商属于新型行业，目前处于高速发展的阶段，借助"一带一路"倡议和"国内国际双循环"等国家战略，企业需要不断摸索尝试新的经营模式，严格控制进出口产品质量，极力满足国内外消费者的需求，从而提高市场份额，扩大经营范围。

③技术创新提高跨境电商行业配套服务。传统的跨境商务业务已经不能满足消费者对功能复杂业务的应用需求。数字经济时代，新技术不断升级跨境电商业务模块，重构业务子模块，优化跨境电商配套服务，从而满足变化、复杂和可重用的跨境电商业务服务应用需求。微商、在线交易和在线营销等新形式涌现，并与跨境电商加速融合，拓展了跨境电商的范围。多方鼓励和支持跨境电商龙头企业为跨境电商行业配套服务进行技术创新，包括

物流、仓储等综合配套服务，借鉴现有国外跨境物流行业成熟经验，不断摸索尝试适合我国跨境电商物流的服务模式，依靠数字技术转型升级，实现物流信息全方位跟踪，数据可视化管理，规避了商品物流过程中丢失后毫无痕迹的风险。跨境电商企业还能够通过自建海外仓储中心，构建海外仓＋跨境电商模式综合业务，为自身提供一站式跨境交易服务。

9.2.2 农村电商

农村电子商务简称农村电商，是指通过网络平台嫁接各种服务于农村的资源，拓展农村信息服务业务、服务领域，使之成为遍布县、镇、村的三农信息服务站。

农村电商颠覆传统农产品的营销模式，拓展市场范围，实现农村和市场的有效连接，为市场提供丰富的农产品。2022年，中央一号文件《中共中央国务院关于做好2022年全面推进乡村振兴重点工作的意见》发布，文件明确提出："扎实有序做好乡村发展、乡村建设、乡村治理重点工作，推动乡村振兴取得新进展、农业农村现代化迈出新步伐。"农村电商对于农村经济发展的意义体现在两方面：一是优化农村市场资源的配置，加速三产融合，实现农业产业转型；二是提高农民收入，壮大农村经济，带动农村居民就业。农村电商所形成的产业体系有利于开发农村市场价值潜力，为农村居民创造增收空间。

（1）农村电商模式类型

数字经济时代，传统农业纷纷转型，借助数字技术不断创新农村电商模式，激发了农村经济发展活力。农村电商模式可以分为区域对区域、厂商对个人和个人对个人三种类型，具体如表9.4所示。

表9.4 农村电商模式类型

模式类型	优势	劣势
区域对区域（A2A）	政府或企业牵头惠及全区域农户 信息员介入，使文化水平较低农户也能进行线上销售活动 提供一站式服务，解决农村物流问题 各方参与者利益一致，实现共赢	经营环节多，所有买卖都要经过代理人，延长交易流程，对监管提出挑战 电商平台建立与维护完全依赖平台，对平台能力提出较高要求 产品单一，不利于市场竞争
厂商对个人（A2C）	依托于已经成熟的电商平台，交易机制及相关监管较为成熟和安全 产品差异性较大，市场竞争力强	存在中间环节，客户与代理人关系复杂，经营不稳定 农户单向销售 不能享受平台便捷，代理人服务范围小
个人对个人（C2C）	依托第三方成熟平台，机制健全、交易安全，可全国范围销售，实现全国对接 减少中间环节，农户获利多，经营模式多边且灵活	所有经营交易全部由农户自己完成，农户需要同时兼顾生产、经营和销售，电商模式门槛较高 无法解决农户不上网不能参与经营问题

（2）我国农村电商发展现状

随着数字中国、数字乡村及农产品出村进城等战略的深入实施，我国农村电商产业得以高速发展。根据中国国际电子商务中心在 2022 年发布的《中国农村电子商务发展报告（2021—2022）》显示，2021 年全国农村网络零售额 2.05 万亿元，占全国网络零售额的 15.66%，同比增长 11.3%。2022 年上半年，全国农村网络零售额 9759.3 亿元，同比增长 2.5%，其中，农村实物商品网络零售额 8904.4 亿元，同比增长 3.6%。在农村电子商务市场规模稳定增长下，农产品规模不断扩大，农村消费市场潜力不断释放，已经逐步成为我国农村居民增加收入的重要渠道。

为解决"三农"问题，农村电子商务多次被写入一号文件。2017 年我国首次将农村电商产业发展规划纳入一号文件，提出鼓励地方规范发展农村电商产业园，重视农村电商线上线下融合发展；2018 年提出建立现代化农产品冷链仓储物流体系，开展电子商务进村示范区；2019 年提出数字乡村战略，全面深入推进"互联网 + 农业"模式，扩大农业物联网示范应用，依托"互联网 +"推动公共服务产业流向农村；2020 年提出启动农产品仓储保鲜冷链物流基础设施建设，在中央预算内建立一批国家冷链物流基地，加强农业产业链建设，包括产地分拣包装、仓储运输、农村物流及初加工等基础设施；2021 年提出构建现代乡村产业体系，完善县乡村三级农村物流体系，推动农业产业便利化、精细化与品质化发展等；2022 年提出实施"数商兴农"工程，推进电子商务进乡村，促进农副产品直播带货规范健康发展。

（3）数字经济发展对农村电商的影响

①促进农村电商平台生产端模式创新。我国农村电商平台服务对象以终端消费者为主，但这类客户群体分布散、购买体量

小，无法满足农村规模化生产企业的需求，因为规模化农业生产企业更需要大宗农产品交易渠道。数字经济时代，规模化农业生产企业依托平台实现与下游企业联通，平台也可以开设店铺或者直接将农产品销售给平台，实现一次性大量农产品的交易和流通，增加农民收入。同时，还涌现出一些新业态、新方式和新模式，投入和使用大量无人仓、无人机和无人车，达到降本增效的目的。

②推动农村电商平台农资信息服务。农资信息服务模式是为农资买卖双方提供产品信息、农资企业信息、供求信息和数据分析等的综合性平台模式。数字经济背景下的农村电商平台农资信息服务有农技咨询、农技推广、信息服务及现代化经济管理的业务板块，大数据、云计算及人工智能等技术广泛应用到农村电商平台，让农业生产者及时了解市场动态与实际需求，利用大数据科学组织农业生产，避免较大市场波动。另外，数字经济发展为农村电商相关的教育培训提供了便利，帮助农户掌握技能，提高农户的收入。同时，依托数字技术，搭建较为完善的农业产业链，使传统农业经济模式下的末端个体农户得以广泛参与到新经济模式，提升农产品附加值。

③促进农村电商金融服务发展。农村电商金融服务平台的核心在于将金融服务贯穿农业产业链各环节，以解决农村资金短缺问题。数字经济背景下农户和农业生产企业向金融平台申请资金支持，金融平台可以借助大数据、云计算等对融资申请人进行快速资格审核，并根据其信用状况提供相应资金支持。同时，通过数字技术得出的结果还能够向保险或担保公司提供必要信用数

据，帮助其为农户或农业企业提供专门的保险服务，改善农村金融系统，推动农村电商金融服务发展。

④促进农村电商终端物流服务模式创新。大多数农产品属于生鲜农产品，对物流配送技术要求较高，而不同农产品有不同的物流配送需求。传统农村电商物流主要是以邮政和第三方物流服务为主，物流模式比较单一，有时还造成物流资源的浪费，也可能由于地理位置限制和价格因素的影响，无法满足所有地区农产品物流配送的要求。数字经济时代，可以利用大数据科学匹配自营物流模式、自提模式、第三方物流模式和众包物流模式，既能够保证农产品直接交付到加工厂商或企业，减少中间流通环节，直面消费终端，也能够保证农产品价格更加透明。

9.2.3 直播电商

直播电商是指为商家、主播、服务机构等主体通过电商、内容、社交平台等网络渠道，利用即时视频、音频等技术向用户销售商品、提供服务、推广品牌的商业活动。

在线直播作为新型同步社交媒体的一个子集，最早以提供游戏直播、秀场直播等为主。2011 年，美国旧金山的在线直播游戏网站 Twitch TV 成立，吸引了全球游戏玩家。2016 年，亚马逊推出直播购物网站"Style Code Live"。国内直播行业的发展可追溯到 2005 年，2005 ~ 2015 年中国的直播网站主要作为泛娱乐直播平台。2015 ~ 2018 年短视频的发展让中国直播行业进入快速发展期，2016 年被称为网络直播元年，蘑菇街、淘宝等相继上线直播营销平台。2018 年至今,直播经济迅猛发展,特别是 2020 年新冠疫情暴发后让直播平台进入了急速发展阶段。现在,中国主流的电商平台基本上都有针对在线供应商或品牌的直播频道。

(1) 直播电商模式类型

随着数字技术的快速发展,智能手机、平板电脑等个人服务终端设备,以及 5G 网络、Wi-Fi 共享网络等普及率不断提高,再加上我国拥有大规模的网络用户,为直播电商融合创造了优越的条件,涌现了多种直播电商模式,具体如表 9.5 所示。

表 9.5　　　　　　　　　直播电商模式类型

模式类型	内涵	特征
店铺直播	商家在自家的线下店铺中直播	更具互动性,产品展示更全 商家不仅可以获得更多流量,而且还能在互动中增强粉丝对店铺的信任感 商家可以将商品展示得更加全面,也可以按照用户的要求来讲述产品的基本信息、小技巧等有价值的信息
品牌直播	各个品牌商在直播平台中的直播	能够提升品牌影响力 既能引流,也能提高销量,发展更多粉丝,并降低营销成本 直播间福利更多,是品牌商与粉丝"联络感情"的好工具
头部主播直播	头部主播在不同的直播平台中做直播带货	以低价和性价比高的产品为主 头部主播的供应链资源众多,带货产品自然也就多样化

（2）直播电商发展现状

2020 年，中国商业联合会制定并颁布了《直播营销服务规范》，中国广告协会发布了《网络直播营销行为规范》；2021 年，国家互联网信息办公室等七部门联合发布了《网络直播营销管理办法（试行）》，该办法界定了从事网络直播营销的商业活动形式，即通过互联网站、应用程序、小程序等，以视频直播、音频直播、图文直播或多种直播相结合等形式开展营销的商业活动。

根据第 49 次中国互联网络发展状况统计报告显示，2021 年我国互联网应用用户规模保持平稳增长。截至 2021 年底，中国网络直播用户规模达 7.03 亿，占网民整体的 68.2%，其中，电商直播、游戏直播、体育直播、真人秀直播和演唱会直播的用户规模均已破亿。截至 2022 年 6 月，曾在直播场景下有过任意付费（打赏和直播购物）的用户账号数量累计约为 3.3 亿个。5G、人工智能、AR/VR 技术也在加速发展，满足了用户线上活动需求，帮助企业拓展消费场景。

在直播电商规模方面，据《中国网络表演（直播）行业发展报告（2021—2022）》显示，2021 年我国网络表演（直播）行业市场规模达 1844.42 亿元；具有网络表演（直播）经营资质的经营性互联网文化单位有 7661 家，同比增长 17%，其中 2021 年新增 1641 家；共有 11 家网络表演（直播）上市主体；主播账号累计近 1.4 亿个，一年内有过开播行为的活跃账号约 1 亿个；从年龄分布来看，24～30 岁年龄段的主播最多，占全部主播的近 40%；从地域分布来看，主播主要集中在三线及以上城市；月收入 3000 元至 5000 元的中腰部主播居多，高收入的"头部主播"数量占比较少。

（3）数字经济发展对直播电商的影响

①数字技术催生直播带货。直播电商的发展离不开互联网直播的出现，更离不开网络技术的普及，5G 网络技术的出现，赋予了直播电商更多的机遇。5G 能够拥有更快的下载速率、更稳定的网络、更低的时延和更大的连接容量，为用户端打造稳定、高清和沉浸式的直播体验，让直播电商覆盖场景更广泛、互动性更强。5G 使直播带货在社会关系网络上实现了将人与人、人与物、人与环境的连接，大数据则通过海量数据分析和算法推荐精准地捕捉消费者，实现了从"人找货"到"货找人"的转变。数字技术给直播电商发展提供了用户基础、空间条件、功能延展等条件，催生了直播带货。

②媒介进步推动主流媒体入局。直播电商作为新的线上销售手段，具有互动性强、门槛低和参与性强的特点，改变了传统的电视直播模式。当下，5G、4K、AR 和 VR 技术已经普遍应用于大型媒体机构，为主流媒体进军直播带货提供了根本保障。主流媒体直播带货将主流媒体、社交平台和电商平台进行整合，多种媒介形态被同时使用。直播电商活动能够同时促成龙头企业、电商平台和媒体机构等多平台合作，促进了主流媒体自创平台和商业平台的交流，提高了媒介融合的深度，也促进了直播电商的发展。

③数字平台之间竞争加剧。伴随着直播电商的兴起，各电商

平台之间的竞争也开始加剧，传统电商平台也开始布局直播电商业务板块，主动拥抱数字经济时代的新电商模式。目前，直播电商行业内的平台分成三类，一是淘宝、京东、拼多多等电商平台，二是抖音、快手、小红书等内容平台，三是微博、腾讯直播等社交平台。上述三大类平台在"人、货、场"方面各有优势。直播电商趋于常态化，平台需要依靠各自的核心业务吸引用户，同时形成"直播＋内容＋社交"模式为品牌方和消费者服务，增强竞争力。

10

研究结论与建议

10.1 研究结论

本书主要的研究内容包括两个方面，分别是数字经济对经济增长的影响效应研究以及数字经济的影响因素识别。首先，通过借鉴总结国内外已有文献，对数字经济发展有了较为深入的了解，进而从"微观—中观—宏观"视角分析了数字经济对经济增长的影响机理，进一步结合现状分析，提出了三个研究假设；其次，基于 2015~2018 年 267 个地级市的样本数据构建面板数据模型，对全国总样本以及地区分样本数字经济发展对经济增长的影响程度进行分析，进一步构建面板门限模型，探究门限特征；最后，基于 2019 年全国 31 省（区、市）的样本数据构建空间截面计量模型，探究全国总样本以及地区分样本数字经济发展的影响因素，进一步运用灰色关联分析法分析数字经济总指数与各个分指数之间的关系。通过上述研究，主要得出以下结论。

第一，从数字经济发展对经济增长的直接影响上看，数字经济发展可以显著促进经济增长，且这种经济增长效应具有区域异质性。根据固定效应模型的回归结果，无论是总样本还是分样本，数字经济发展均能正向带动经济增长，对于全国层面来说，数字经济每增长1%，会带动经济增长0.0238%，且政府调控、城镇化水平、对外贸易依存度、劳动力投入水平、投资、环境治理能力变量可以正向促进经济的增长，产业结构变量对经济增长的影响是负向且显著的。同时，通过区域异质性分析，可以发现相比于东部城市、大城市和中心城市，数字经济发展的经济增长效应在中西部城市、中小城市和外围城市中更加显著，这也说明了数字经济发展有利于落后地区实现弯道超车。

第二，从数字经济发展影响经济增长的门限特征上看，当以 *DEI* 作为门限变量时，全国层面存在单门限效应，单门限值为0.2734，东部城市层面存在双门限效应，门限值为0.3387和0.3799，中西部城市层面不存在门限效应，且数字经济对经济增长的影响是由负向到正向的，说明数字经济对经济增长的影响在初期是"挤出效应"，随着数字经济的不断提高，"正向拉动效应"更加明显；当门限变量设定为 *UR* 时，全国层面和东部城市均存在双门限效应，中西部城市存在单门限效应，单门限值为60.07，且数字经济对经济增长的影响总是正向的，但是，当 *UR* 逐步提升时，这种促进作用呈递减趋势，数字经济对经济增长的正向带动作用在低城镇化水平地区更加显著。

第三，从数字经济发展的影响因素上看，根据空间自回归模型的检验结果，数字基础设施水平、对外贸易依存度、大数据发展水平对数字经济的影响是正向且显著的，政府调控水平、产业数字化水平、数字支持程度对数字经济的影响是负向且显著的。同时，基于灰色关联分析法对数字经济总指数与各个分指数之间的关系进行研究，在全国层面、东部和中西部层面，基础分指数、产业分指数、融合分指数、环境分指数与数字经济总指数有着较强的关联度，且基础分指数的关联度是最强的，但是，其他分指数与数字经济总指数的关联度具有区域差异性，地区之间仍存在着较为明显的数字经济差异。

10.2 政策建议

10.2.1 推进区域数字经济协调发展

缩小数字经济发展水平差距，合理分配数字资源，促进区域数字经济协调发展，是促使全体社会成员共建数字型社会、共享数字红利的必然选择。一是要加强数字基础设施建设，通过调整和完善战略布局，加快建设智能化综合性数字信息基础设施，打通经济社会发展的信息"大动脉"[1]，提升城乡网络全覆盖速度和基础设施建设的资金投入力度，合理分配数字资源，努力让各个地区、各个群体都能享受到数字经济发展带来的成果。二是提升数字政府建设速度，培育和强化各地区的数字化治理能力。一方面要以全局眼光看待数字经济发展，强化顶层设计，各级政府要根据不同的省情、域情制定和实施建设数字政府的相关政策；另一方面要努力解决不同地区或部门的"信息孤岛"、部门割据的问题，强化大数据等数字技术在政府公共服务领域的应用程度，打造公共服务平台，实现不同地区和部门之间资源数据的自由共享和流动。三是加强公民信息化教育，提升公民数字素养。在线课程、数字化教育资源等新型教育方式为贫困儿童求学、求知提供了更多可能性，培养提升他们的上网技能显得尤为重要，同时，要大力推进城镇化建设，提升人们的数字素养，加快转变农村居民的生活生产方式，使更多的农村居民参与到数字经济建设中来。

10.2.2　加快数字经济与三大产业融合进程

习近平总书记指出："要推动互联网、大数据、人工智能和实体经济深度融合，加快制造业、农业、服务业数字化、网络化、智能化[188]，要把握数字化、网络化、智能化融合发展的契机，以信息化、智能化为杠杆培育新动能[189]。"在数字经济全球化发展的大趋势下，推动传统产业的数字化转型是数字经济建设的重要环节，只有将相关数字技术充分融合应用到传统产业，才能加快三大产业升级的步伐，进而有利于带动整体社会的数字化转型。一是在两化融合上，两化融合水平可以反映出工业的数字化应用程度，通过加强智能制造技术装备、工业互联网等制造基础建设，逐步提高产业支撑能力，为建设制造强国和网络强国提供坚实力量，同时，加快企业生产设施互联互通的步伐，将数字技术融合应用到企业的各个环节，提升制造业投入产出效率。二是在农业数字化上，培养提升广大农民的数字技能和数字素养，积极引导各地方农村借助网络平台等数字手段发展农村电商，加快数字乡村建设进程，打造和完善更加科学有效的农村物流体系，拓宽更加方便高效的销售渠道，始终坚持以民为本理念，打造专有、特色的销售体系，使农民真正富起来。三是在服务业数字化上，加快智慧教育、数字交通、智能物流等建设步伐，不断满足消费者与生产者新的发展需求。例如，构建商贸流通大数据平台，收集和整理顾客的消费信息，基于这些数据可以分析出顾客的消费偏好，有助于实现精准营销；构建智慧景区，利用数字技术进行客源分析和行为分析，对旅游市场进行精准监管，努力实现数据即时共享，发展全域旅游大数据。

10.2.3　强化数字人才支撑

人才是进行创新的第一资源，优质的数字化人才对经济发展至关重要。一方面，对于政府而言，要加快大学和职业教育体系的改革步伐，鼓励高校提升数字技术类课程所占比重，通过校企合作等途径培养和提升学生的数字化技能；要强化社会图书馆的责任意识，鼓励和引导各地方图书馆加强自身建设，完善学习平台 App，为公众了解和学习数字知识提供良好的环境；要不断完善配套扶持体系，帮助小微企业克服在融资等方面遇到的难题；建设和完善数字化信用体系，着力打造一个公开透明的、可信任的平台环境，提高数字化人才的就业积极性。另一方面，对于企业而言，企业在强化数字人才支撑中扮演着双重角色，既是数字人才的需求方，又是数字人才的关键培养者，企业要关注数字化人才缺口，重视现有数字人才技能的提升，优化其在数字化转型中的适应能力；要不断拓宽多样化人才获取渠道，依托网络平台，着力打造内外部开放的就业、创业环境，增强对内外人才的吸引力；通过开展浸入式培养项目，优化数字人才晋升渠道，为数字人才积极赋能；实施"线上 + 线下"的数字人才培养模式，引导数字人才参与跨平台虚拟化活动，提升数字人才求同存异的开放性和对不同职业的适应能力。

10.2.4 构建数字安全风险防范机制

随着数字技术应用范围的不断扩大，病毒攻击、数据泄露等网络安全隐患损害了人们的切身利益，为广大网民营造强安全性、更加健康的网络环境势在必行。一是要加快数字经济安全顶层设计步伐。政府应学习和借鉴英美等发达国家在维护网络、数据安全方面采取的相关政策，立足中国数字安全的实际情况，完善个人隐私保护制度和数字经济安全保障体系，建立健全数字产权等法律制度，为数字经济的健康、有序、高效发展提供安全保障。二是优化提升数字安全核心技术。一方面可以加大数字安全核心技术密码的研发投入力度，借助网络平台构建数字安全动态感知系统，扩大情报共享、风险预警与风险应对的应用范围，各个行业或部门应建立相对独立的数据安全防护体系，提高不定期检查的频率；另一方面要强化安全监控措施，借助人工智能等数字技术可以快速找到潜在的风险和问题，进而提升数字安全问题的处理效率。三是要坚持适度原则，要对数据的共享和保护有更加充分和正确的认识，精准把握两者的关系。一方面要防止过度保护，为数字技术的进一步创新提供足够的空间；另一方面要加强数字安全建设，为数据的开放共享提供安全保障。

10.3　不足与展望

受制于各种要素，本书还存在几点不足之处，需要在今后的研究中进一步完善。

第一，在数字经济定义上，由于目前国内外学者和相关机构还没有达成一致，本书对数字经济的定义可能不够全面，在精准把握数字经济定义上还有欠缺，存在着一定的主观性。因此，今后学者可以结合现有的研究成果，进一步探讨数字经济的定义。

第二，在数据获取上，国内机构大多从 2015 年后开始发布数字经济相关指标，时间跨度较短，数据不够集中。本书虽然使用了 2015～2018 年的地级市数据，但是一个地区的经济增长是长期的、动态变化的，数据可得性会对实证结果产生一定的影响，不能较为全面地反映出数字经济的经济增长效应。因此，今后学者可以进一步拓宽数字经济的数据时间跨度，更深入地刻画数字经济的经济增长效应以及数字经济的空间效应。

第三，在机理分析上，本书主要从理论层面阐述了数字经济发展对经济增长的影响机理，没有进一步探究数字经济发展对经济增长的具体作用机制，主要原因在于目前国内外学者对中介效应、调节效应分析方法的使用存在争议，这两种方法在实际应用中具有一定的盲目性，比如逐步检验法过度使用，调节效应在因果识别中发挥的作用不足等（江艇，2022[190]）。因此，今后学者可以在对方法进行优化的基础上，更加充分地揭示数字经济发展对经济增长的作用机制。

参 考 文 献

［1］习近平. 不断做强做优做大我国数字经济 ［J］. 求是，2022 （2）：4 - 8.

［2］中国信息通信研究院. 中国数字经济发展白皮书 （2021）［EB/OL］. （2021 - 04）［2021 - 12 - 20］. http：//www. caict. ac. cn/kxyj/qwfb/bps/202104/t20210423_374626. htm.

［3］Tapscott. The digital economy：Promise and peril in the age of networked intelligence ［M］. New York：McGraw - Hill，1995.

［4］Negroponte N. Being digital ［M］. New York：Vintage，1996.

［5］Mesenbourg T L. Measuring the digital economy ［R］. United States Bureau of the Census，2001.

［6］OCDE. Measuring the Digital Economy：A New Perspective ［M］. Éditions OCDE：OECD Publishing，2014.

［7］Bukht，R.，Heeks，R.. Defining，conceptualising and measuring the digital economy （Article）［J］. International Organisations Research Journal，2018，13 （2）：143 - 172.

［8］丁志帆. 数字经济驱动经济高质量发展的机制研究：一个理论分析框架 ［J］. 现代经济探讨，2020 （1）：85 - 92.

［9］中国信息通信研究院．中国数字经济发展白皮书（2020）［EB/OL］．（2020 – 07）［2021 – 11 – 20］．http：//www. caict. ac. cn/kxyj/qwfb/bps/202007/P020200703318256637020. pdf.

［10］宋洋．经济发展质量理论视角下的数字经济与高质量发展［J］．贵州社会科学，2019（11）：102 – 108.

［11］李长江．关于数字经济内涵的初步探讨［J］．电子政务，2017（9）：84 – 92.

［12］王春云，王亚菲．数字化资本回报率的测度方法及应用［J］．数量经济技术经济研究，2019，36（12）：123 – 144.

［13］Beomsoo Kim，Anitesh Barua，Andrew B. Whinston. Virtual field experiments for a digital economy：a new research methodology for exploring an information economy［J］. Decision Support Systems，2002，32（3）：215 – 231.

［14］Bo Carlsson. The Digital Economy：what is new and what is not？［J］. Structural Change and Economic Dynamics，2004，15（3）：245 – 264.

［15］马化腾，孟昭莉，闫德利，等．数字经济：中国创新增长新动能［M］．北京：中信出版社，2017.

［16］张鹏．数字经济的本质及其发展逻辑［J］．经济学家，2019（2）：25 – 33.

［17］中国电子信息产业发展研究院．2019 年中国数字经济发展指数［EB/OL］．（2019 – 10）［2021 – 11 – 20］．https：//www. badou. com/doc/1246418. html.

［18］裴长洪，倪江飞，李越．数字经济的政治经济学分析

[J]. 财贸经济, 2018, 39 (9): 5-22.

[19] DBCD. Advancing Australia as a Digital Economy: An Update to the National Digital Economy Strategy. [EB/OL] (2013-06) [2021-10-22]. https://apo. org. au/sites/default/files/resource-files/2013-06/apo-nid34523. pdf.

[20] Batura O, Gorp N V. Challenges for Competition Policy in a Digitalised Economy [J]. Communications & Strategies, 2016, 15 (3): 29-36.

[21] Knickrehm, M., Berthon, B., Daugherty, P.. Digital Disruption: The Growth Multiplier [EB/OL]. (2016-01) [2021-10-22]. https://www. anupartha. com/wp-content/uploads/2016/01/Accenture-Strategy-Digital-Disruption-Growth-Multiplier. pdf.

[22] 童锋, 张革. 中国发展数字经济的内涵特征、独特优势及路径依赖 [J]. 科技管理研究, 2020, 40 (2): 262-266.

[23] 张鸿, 刘中, 王舒萱. 数字经济背景下我国经济高质量发展路径探析 [J]. 商业经济研究, 2019 (23): 183-186.

[24] 王静田, 付晓东. 数字经济的独特机制、理论挑战与发展启示——基于生产要素秩序演进和生产力进步的探讨 [J]. 西部论坛, 2020, 30 (6): 1-12.

[25] Michael C. Jensen, William H. Meckling. Theory of the firm: Managerial behavior, agency costs, and ownership structure [J]. Journal of Financial Economics, 1976, 3 (4): 5-50.

[26] 杨佩卿. 数字经济的价值、发展重点及政策供给 [J].

西安交通大学学报（社会科学版），2020，40（2）：57－65，144.

［27］W. Erwin Diewert，Kevin J. . Fox. Productivity Indexes and National Statistics：Theory，Methods and Challenges［J］. The Palgrave Handbook of Economic Performance Analysis，2019，21（6）：707－759.

［28］李晓华. 数字经济新特征与数字经济新动能的形成机制［J］. 改革，2019（11）：40－51.

［29］孙蕙. 数字经济聚力拓展经济新空间——访贵州省政协副主席、省大数据发展领导小组副组长谢晓尧［J］. 当代贵州，2017（10）：12－13.

［30］Beilock R. ，Dimitrova D. V. An Exploratory Model of Inter-country Internet Diffusion［J］. Telecommunications Policy，2003，27（3/4）：237－252.

［31］Chinn M. D. ，Fairlie R. W. . The Determinants of the Global Digital Divide：A Cross-country Analysis of Computer and Internet Penetration［J］. Oxford Economic Papers，2007，59（1）：16－44.

［32］Zhao H. ，Kim S. ，Suh T. . Social Institutional Explanations of Global Internet Diffusion：A Cross－Country Analysis［J］. Journal of Global Information Management，2007，15（2）：28－55.

［33］Vicente M. R. ，Lopez A. J. . Some Empirical Evidence on Internet Diffusion in the New Member States and Candidate Countries of the European Union［J］. Applied Economics Letters，2008，15（13）：1015－1018.

［34］贺佳．各省 ICT 产业发展水平及其影响因素研究 ［D］．沈阳：辽宁大学，2013．

［35］何菊香，赖世茜，廖小伟．互联网产业发展影响因素的实证分析 ［J］．管理评论，2015，27（1）：138 – 147．

［36］张雪玲，陈芳．中国数字经济发展质量及其影响因素研究 ［J］．生产力研究，2018（6）：67 – 71．

［37］焦月霞．中国数字经济发展及其影响因素研究 ［D］．杭州：杭州电子科技大学，2018．

［38］陈芳．中国数字经济发展质量及其影响因素研究 ［D］．杭州：杭州电子科技大学，2019．

［39］王彬燕，田俊峰，程利莎，浩飞龙，韩翰，王士君．中国数字经济空间分异及影响因素 ［J］．地理科学，2018，38（6）：859 – 868．

［40］钟业喜，毛炜圣．长江经济带数字经济空间格局及影响因素 ［J］．重庆大学学报（社会科学版），2020，26（1）：19 – 30．

［41］刘军，杨渊鋆，张三峰．中国数字经济测度与驱动因素研究 ［J］．上海经济研究，2020（6）：81 – 96．

［42］余谦，邱云枫．基于 SDA 分解技术的中国数字经济增长因素分析 ［J］．管理现代化，2021，41（1）：21 – 25．

［43］Christopher Gust. Jaime Marquez. International comparisons of productivity growth：The role of Information technology and regulatory practices ［J］. Labour Economics，2004（11）：33 – 58．

［44］Chris Forman，Avi Goldfarb，Shane Greenstein. The internet is everywhere, but the payoff is not [J]. Communications of the Association for Computing Machinery, 2012, 55 (8): 34 – 35.

[45] Ivus O., Boland M.. The employment and wage impact of broadband deployment in Canada [J]. Canadian Journal of Economics, 2015, 48 (5): 1803 – 1830.

[46] Teece, D. J.. Profiting from innovation in the digital economy: Enabling technologies, standards, and licensing models in the wireless world [J]. Research Policy, 2018, 47 (8): 1367 – 1387.

[47] Dale W. Jorgenson, Khuong M. Vu. The ICT R evolution, World Economic Growth, and the Policy Issues [J]. Telecommunications Policy, 2016, 11 (40): 383 – 397.

[48] Raphael L'Hoest. The European dimension of the digital economy [J]. Intereconomics, 2001, 36 (1): 44 – 50.

[49] Teau, A. and Protopopescu, C. E.. European digital economy [J]. Romanian Statistical Review Supplement, 2014 (4): 27 – 31.

[50] Sutherland, Ewan. Trends in Regulating the Global Digital Economy [EB/OL]. (2018 – 08 – 08) [2021 – 09 – 20]. https://ssrn. com/abstract: 3216772.

[51] 曾德高, 彭生顺, 姚希. 重庆、四川、陕西信息产业对经济增长作用的实证分析 [J]. 生产力研究, 2009 (11): 147 – 149.

[52] 刘春梅, 唐守廉. 信息产业对经济增长作用的实证研究 [J]. 北京邮电大学学报（社会科学版）, 2010, 12 (4): 56 – 60.

[53] 陈伟达，景生军. 软件服务产业区域经济贡献度的实证分析 [J]. 科技进步与对策，2010，27（13）：69 - 74.

[54] 孙琳琳，郑海涛，任若恩. 信息化对中国经济增长的贡献：行业面板数据的经验证据 [J]. 世界经济，2012，35（2）：3 - 25.

[55] 谢印成，高杰. 互联网发展对中国经济增长影响的实证研究 [J]. 经济问题，2015（7）：58 - 61，105.

[56] 蔡跃洲，张钧南. 信息通信技术对中国经济增长的替代效应与渗透效应 [J]. 经济研究，2015，50（12）：100 - 114.

[57] 韩宝国，李世奇. 软件和信息技术服务业与中国经济增长 [J]. 数量经济技术经济研究，2018，35（11）：128 - 141.

[58] 叶初升，任兆柯. 互联网的经济增长效应和结构调整效应——基于地级市面板数据的实证研究 [J]. 南京社会科学，2018（4）：18 - 29.

[59] 郭美晨，杜传忠. ICT 提升中国经济增长质量的机理与效应分析 [J]. 统计研究，2019，36（3）：3 - 16.

[60] 夏炎，王会娟，张凤，郭剑锋. 数字经济对中国经济增长和非农就业影响研究——基于投入占用产出模型 [J]. 中国科学院院刊，2018，33（7）：707 - 716.

[61] 宁朝山. 基于质量、效率、动力三维视角的数字经济对经济高质量发展多维影响研究 [J]. 贵州社会科学，2020（4）：129 - 135.

[62] 姜松，孙玉鑫. 数字经济对实体经济影响效应的实证研究 [J]. 科研管理，2020，41（5）：32 - 39.

[63] 姚志毅，张扬. 数字经济与区域经济联动性的动态分析 [J]. 经济经纬，2021，38（1）：27-36.

[64] 荆文君，孙宝文. 数字经济促进经济高质量发展：一个理论分析框架 [J]. 经济学家，2019（2）：66-73.

[65] 周清香，何爱平. 数字经济赋能黄河流域高质量发展 [J]. 经济问题，2020（11）：8-17.

[66] 唐要家. 数字经济赋能高质量增长的机理与政府政策重点 [J]. 社会科学战线，2020（10）：61-67.

[67] 任保平. 数字经济引领高质量发展的逻辑、机制与路径 [J]. 西安财经学院学报，2020，33（2）：5-9.

[68] 韩晶，孙雅雯，陈曦. 后疫情时代中国数字经济发展的路径解析 [J]. 经济社会体制比较，2020（5）：16-24.

[69] 刘思，温韵柔，李华军. 阿里巴巴电商生态系统下的财务战略分析——基于生命周期的视角 [J]. 会计之友，2015（17）：36-39.

[70] 刘建刚，钱玺娇. "互联网+"战略下企业技术创新与商业模式创新协同发展路径研究——以小米科技有限责任公司为案例 [J]. 科技进步与对策，2016，33（1）：88-94.

[71] Yash Raj Shrestha, Shiko M. Ben-Menahem, Georg von Krogh. Organizational Decision-Making Structures in the Age of Artificial Intelligence [J]. California Management Review，2019，61（4）：66-83.

[72] 葛雪婷. 大数据时代背景下的市场营销策略分析 [J]. 商讯，2020（16）：158-159.

［73］ James M. Tien. Big Data：Unleashing information ［J］. Journal of Systems Science and Systems Engineering，2013，22（2）：127 – 151.

［74］严若森，钱向阳. 数字经济时代下中国运营商数字化转型的战略分析 ［J］. 中国软科学，2018（4）：172 – 182.

［75］叶成刚. 装备制造企业数字化转型战略与实施 ［J］. 橡塑技术与装备，2018，44（4）：42 – 46.

［76］张文彬. 数字经济重构企业管理 ［J］. 企业管理，2019（10）：109 – 111.

［77］戚聿东，肖旭. 数字经济时代的企业管理变革 ［J］. 管理世界，2020，36（6）：135 – 152，250.

［78］刘淑春，闫津臣，张思雪，林汉川. 企业管理数字化变革能提升投入产出效率吗 ［J］. 管理世界，2021，37（5）：170 – 190，13.

［79］闫凤露. 大数据背景下的企业存货管理问题及其改进策略 ［J］. 企业改革与管理，2019（14）：16，19.

［80］刘琦. 大数据背景下基于价值链的存货管理路径探析——以郑州宇通客车为例 ［J］. 湖北科技学院学报，2021，41（4）：47 – 52.

［81］ Jurgen Meffert. 从 1 到 N，企业的数字化 ［M］. 上海：上海交通大学出版社，2018：3 – 7.

［82］闫志月. 数字经济对企业营运资金管理的影响研究 ［J］. 商讯，2019（22）：64 – 65.

［83］陈剑，黄朔，刘运辉. 从赋能到使能——数字化环境下

的企业运营管理 [J]. 管理世界, 2020, 36 (2): 117 - 128, 222.

[84] Kang Wei-guo. Research on Accounting and Application of University Digital Assets [C]//Proceedings of the 1st International Conference on Contemporary Education and Economic Development (CEED 2018). Amsterdam: Atlantis Press Atlantis Press, 2018: 353 - 358.

[85] 李泽红, 檀晓云. 大数据资产会计确认、计量与报告 [J]. 财会通讯, 2018 (10): 58 - 59, 129.

[86] 李雅雄, 倪杉. 数据资产的会计确认与计量研究 [J]. 湖南财政经济学院学报, 2017, 33 (4): 82 - 90.

[87] 张俊瑞, 危雁麟. 数据资产会计: 概念解析与财务报表列报 [J]. 财会月刊, 2021 (23): 13 - 20.

[88] 余应敏. 确认大数据资产助推新经济发展 [J]. 财会月刊, 2020 (23): 52 - 55.

[89] 韦立坚, 李晶晶, 周芷宇. 大数据合作资产估值模型与数字经济会计信息披露 [J]. 北京交通大学学报 (社会科学版), 2021, 20 (4): 44 - 55.

[90] 曹海生. 电子商务税收征管体系研究 [D]. 上海: 东华大学, 2012.

[91] Aran Fronda. BEPS and the digital economy: Why is it so taxing to tax? [J]. International Tax Review. 2014, 25 (5): 1.

[92] Eggert, Jesse, Chien, Liz; Robert, Eric. Action 1: Addressing the tax challenges of the digital economy [EB/OL]. (2015 - 12) [2022 - 10 - 26]. https://www.internationaltaxreview.com/ar-

ticle/2a695f1keh0nyoe7rnegw/action - 1 - addressing - the - tax - cha
llenges - of - the - digital - economy.

[93] 张泽平. 数字经济背景下的国际税收管辖权划分原则
[J]. 学术月刊, 2015, 47 (2): 84 - 92.

[94] 谭书卿. 数字经济税收征管的制度挑战及应对措施
[J]. 南方金融, 2020 (6): 37 - 44.

[95] 陈志勇, 王希瑞, 刘畅. 数字经济下税收治理的演化
趋势与模式再造 [J]. 税务研究, 2022 (7): 57 - 63.

[96] 杨宇华. 数字经济时代的企业财务管理转型研究 [J].
会计之友, 2020 (18): 60 - 66.

[97] 张庆龙. 财务共享服务数字化转型的动因与技术影响
[J]. 财会月刊, 2020 (15): 12 - 16.

[98] 徐玉德, 董木欣. 国有企业财务数字化转型的逻辑、
框架与路径 [J]. 财务与会计, 2021 (17): 4 - 7, 21.

[99] 田高良, 张晓涛. 论数字经济时代智能财务赋能价值
创造 [J]. 财会月刊, 2022 (18): 18 - 24.

[100] Hicham Lamzaouek, Hicham Drissi, Naima El Haoud.
Digitization of Supply Chains as a Lever for Controlling Cash Flow Bull-
whip: A Systematic Literature Review [J]. Interational Journal of Ad-
vanced Computer Science and Application, 2021, 12 (2), 168 -
173.

[101] 高洁. 烟草商业企业供应链数字化体系建设研究 [J].
中国市场, 2021 (7): 172 - 173, 194.

[102] 吴浩楠, 向永胜, 沈心童, 方哲. 数字化转型下供应

链集成服务创新路径分析——以物产中大集团为例［J］. 中国经贸导刊（中），2021（3）：140－141.

［103］邵婧婷. 数字化、智能化技术对企业价值链的重塑研究［J］. 经济纵横，2019（9）：95－102.

［104］朱秀梅，林晓玥. 企业数字化转型价值链重塑机制——来自华为集团与美的集团的纵向案例研究［J/OL］. 科技进步与对策：1－12.（2022－8）［2022－10－26］http：//kns. cnki. net/kcms/detail/42. 1224. G3. 20220830. 1654. 012. html.

［105］沈玉良，金晓梅. 数字产品、全球价值链与国际贸易规则［J］. 上海师范大学学报（哲学社会科学版），2017，46（1）：90－99.

［106］裘莹，郭周明. 数字经济推进我国中小企业价值链攀升的机制与政策研究［J］. 国际贸易，2019（11）：12－20，66.

［107］杨慧瀛，杨宏举，符建华. 数字贸易如何影响全球价值链位置攀升？——基于 RCEP 框架内国家的经验证据［J］. 国际经济合作，2022（2）：76－87.

［108］Claudia Loebbeck，Arnold Picot. Reflections on societal and business model transformation arising from digitization and big data analytics：A research agenda［J］. Journal of Strategic Information Systems，2015，24（3）：149－157.

［109］K. Still，M. Seppänen，H. Korhonen，K.. Valkokari，A. Suominen and M. Kumpulainen. Business Model Innovation of Startups Developing Multisided Digital Platforms［J］. 2017 IEEE 19th Conference on Business Informatics（CBI），2017，2：70－75.

［110］Chihiro Watanabe, Nasir Naveed, Pekka Neittaanmäki. Digital solutions transform the forest-based bioeconomy into a digital platform industry——A suggestion for a disruptive business model in the digital economy ［J］. Technology in Society, 2018, 54：168 – 188.

［111］王芳. "互联网＋"商业模式创新发展趋势分析 ［J］. 商业经济研究, 2018（20）：19 – 21.

［112］张穹, 曾雄, 蒋传海, 应珊珊, 陈青祝, 寇宗来, 刘雅婧, 孙康勇. 数字经济创新——监管理念更新、公共政策优化与组织模式升级 ［J］. 财经问题研究, 2019（3）：3 – 16.

［113］Han Ning, Li Feng, Long Jing, Liu Jing, Li Qianyun. Green Innovation and Enterprise Sustainable Development per-ormance based on the SBM – DEA Model ［EB/OL］.（2022 – 8）［2022 – 10 – 26］https：//downloads. hindawi. com/journals/jeph/2022/312 7899. pdf.

［114］戚聿东, 蔡呈伟. 数字化对制造业企业绩效的多重影响及其机理研究 ［J］. 学习与探索, 2020（7）：108 – 119.

［115］李雪, 吴福象, 竺李乐. 数字经济与区域创新绩效 ［J］. 山西财经大学学报, 2021, 43（5）：17 – 30.

［116］赵滨元. 数字经济对区域创新绩效及其空间溢出效应的影响 ［J］. 科技进步与对策, 2021, 38（14）：37 – 44.

［117］刘东慧, 白福萍, 董凯云. 数字化转型对企业绩效的影响机理研究 ［J］. 财会通讯, 2022（16）：120 – 124.

［118］林绍君. "互联网＋"背景下的纳税服务模式研究 ［J］. 税收经济研究, 2015, 20（3）：31 – 36.

[119] Ali Mohammad Afshar, Hoque Md Rakibul, Alam Khorshed. An empirical investigation of the relationship between e-government development and the digital economy: the case of Asian countries [J]. Journal of Knowledge Management, 2018, 22 (5): 1176 – 1200.

[120] Miceikiene Astrida, Lideikyte Jurate, Savickiene Jurate, Cesnauske Jevgenija. The Role of Environmental Taxes as a Fiscal Instrument for Mitigation of EnvironmentalPollution: Lithuanian Case [J]. European Scientific Journal, 2019, 15 (25): 26 – 41.

[121] 李良成, 李莲玉. 电子政务治理体系、治理能力与治理绩效——基于扎根理论的探索性研究 [J]. 华南理工大学学报 (社会科学版), 2019, 21 (4): 92 – 99.

[122] 梁雯, 司俊芳, 许丽雲. 共享经济下政府、企业与消费者的博弈分析——以共享单车为例 [J]. 江汉大学学报 (社会科学版), 2018, 35 (4): 75 – 85, 128.

[123] 潘定, 谢菡. 数字经济下政府监管与电商企业 "杀熟" 行为的演化博弈 [J]. 经济与管理, 2021, 35 (1): 77 – 84.

[124] 毛万磊, 朱春奎. 电子治理改善政府信任的途径与策略 [J]. 行政论坛, 2017, 24 (6): 24 – 29.

[125] 张勋, 万广华, 张佳佳, 何宗樾. 数字经济、普惠金融与包容性增长 [J]. 经济研究, 2019, 54 (8): 71 – 86.

[126] 张腾, 蒋伏心. 数字时代的政府治理现代化:现实困境、转换机制与践行路径 [J]. 当代经济管理, 2022, 44 (1): 1 – 8.

[127] 马述忠，郭继文．数字经济时代的全球经济治理：影响解构、特征刻画与取向选择 [J]．改革，2020 (11)：69－83.

[128] 陈超凡，刘浩．全球数字贸易发展态势、限制因素及中国对策 [J]．理论学刊，2018 (5)：48－55.

[129] 庄怡蓝，王义桅．发展"一带一路"数字经济的初步思考 [J]．中国信息安全，2018 (3)：35－38.

[130] 杨继瑞，薛晓，汪锐．"互联网＋"背景下消费模式转型的思考 [J]．消费经济，2015，31 (6)：3－7.

[131] 马香品．数字经济时代的居民消费变革：趋势、特征、机理与模式 [J]．财经科学，2020 (1)：120－132.

[132] 张峰，刘璐璐．数字经济时代对数字化消费的辩证思考 [J]．经济纵横，2020 (2)：45－54.

[133] 崔光野，马龙龙．数字时代新型商业模式和消费行为下的品牌建设 [J]．商业经济研究，2020 (2)：5－8.

[134] 龚雅娴．数字经济下的消费行为：述评与展望 [J]．消费经济，2021，37 (2)：89－96.

[135] 李向阳．数字经济产业集中度对消费者福利的影响研究 [J]．社会科学，2019 (12)：42－50.

[136] Alashoor T.，Han S.，Joseph R. C.．Familiarity with big data，privacy concerns，and self-disclosure accuracy in social networking websites：an APCO model [J]．Communications of the association for information systems，2017，41 (1)：62－96.

[137] 张玥，孙霄凌，陆佳莹，朱庆华．基于隐私计算理论的移动社交用户信息披露意愿实证研究——以微信为例 [J]．图

书与情报，2018（3）：90－97.

［138］Hallam C.，Zanella G..Online self-disclosure：the privacy paradox explained as a temporally discounted balance between concerns and rewards［J］.Computers in human behavior，2017，68（3）：217－227.

［139］Keith M. J.，Thompsons S. C.，Hale J.，et al. Examining the rationality of location data disclosure through mobile devices［R］.Orlando：Proceedings of the 33rd international conference on information systems，2012.

［140］相薨薨，王晰巍，王楠阿雪等．移动支付中消费者个人隐私信息披露影响因素研究［J］.情报理论与实践，2017，40（9）：8－13.

［141］刘百灵，夏惠敏，李延晖．移动购物用户信息披露意愿影响因素的实证研究——基于公平理论和理性行为理论视角［J］.情报理论与实践，2017，40（5）：87－93.

［142］李贺，余璐，许一明，解梦凡．解释水平理论视角下的社交网络隐私悖论研究［J］.情报学报，2018，37（1）：1－13.

［143］刘睿智，赵守香，张铎．区块链技术对物流供应链的重塑［J］.中国储运，2019（5）：124－128.

［144］耿子涵．互联网平台企业供应链金融研究及发展建议——以京东、阿里巴巴、拼多多、美团为例［J］.中国商论，2022（9）：65－67.

［145］吕明瑜．网络产业中市场支配地位认定面临的新问题［J］.政法论丛，2011（5）：51－62.

[146] 李丹. 互联网企业市场支配地位的认定 [J]. 河北法学, 2015, 33 (7)：170 – 180.

[147] 许光耀. 互联网产业中双边市场情形下支配地位滥用行为的反垄断法调整——兼评奇虎诉腾讯案 [J]. 法学评论, 2018, 36 (1)：108 – 119.

[148] 邹开亮, 王霞. 互联网平台市场支配地位的认定障碍与路径优化 [J]. 价格理论与实践, 2021 (4)：26 – 32.

[149] 石先梅. 互联网平台企业垄断形成机理：从数据竞争到数据租金 [J]. 管理学刊, 2021, 34 (6)：1 – 12.

[150] 孙晋. 数字平台的反垄断监管 [J]. 中国社会科学, 2021 (5)：101 – 127, 206 – 207.

[151] 周文, 韩文龙. 平台经济发展再审视：垄断与数字税新挑战 [J]. 中国社会科学, 2021 (3)：103 – 118, 206.

[152] 王楠, 郭彪, 孙永波. 传统零售企业跨境电商转型模式和迁移路径研究 [J]. 经济体制改革, 2018 (2)：100 – 106.

[153] 张夏恒. 跨境电商类型与运作模式 [J]. 中国流通经济, 2017, 31 (1)：76 – 83.

[154] 郑暖, 杨茵. 跨境电商海外营销方式分析 [J]. 现代商贸工业, 2018, 39 (3)：34 – 36.

[155] 姜菁斐. 关于我国与"一带一路"国家发展跨境电商的思考 [J]. 国际贸易, 2018 (6)：56 – 60.

[156] 张天莉, 罗佳. 短视频用户价值研究报告 2018 – 2019 [J]. 传媒, 2019 (5)：9 – 14.

[157] 郭雅文, 肖筱. 网红经济下"电商＋直播"模式发

展策略研究 [J]. 现代商贸工业, 2019, 40 (34): 45 – 47.

[158] 汤思琦. 供应链环境下电商直播销售模式研究 [J]. 中国报业, 2020 (6): 48 – 49.

[159] 吴景美. 网络直播平台商业发展模式分析 [J]. 新闻研究导刊, 2020, 11 (9): 214 – 215.

[160] 中华人民共和国国家统计局. 数字经济及其核心产业统计分类 (2021) [EB/OL]. (2021 – 05) [2021 – 09 – 20]. http: // www. stats. gov. cn/tjgz/tzgb/202106/t20210603 _ 1818129. html.

[161] 中国互联网信息中心. 第 48 次中国互联网络发展状况统计报告 [EB/OL]. (2021 – 09) [2021 – 12 – 20]. https: // www. cnnic. net. cn/n4/2022/0401/c88 – 1132. html.

[162] 中国信息通信研究院. 中国互联网行业发展态势暨景气指数报告 (2020) [EB/OL]. (2020 – 07) [2021 – 10 – 20]. https: //tech. sina. com. cn/roll/2020 – 08 – 21/doc – iivhvpwy2172 512. shtml.

[163] 中国互联网信息中心. 第 47 次中国互联网络发展状况统计报告 [EB/OL]. (2021 – 02) [2021 – 12 – 20]. https: // www. cnnic. net. cn/n4/2022/0401/c88 – 1125. html.

[164] 中国电子信息产业发展研究院. 中国数字经济发展指数 (2020) [EB/OL]. (2020 – 09) [2021 – 11 – 25]. http: // www. 199it. com/archives/1132997. html.

[165] 清华经管学院, 领英. 中国经济的数字化转型: 人才与就业 [EB/OL]. (2017 – 11) [2020 – 10 – 20]. http: //www.

199it. com/archives/675204. html.

[166] 杨文溥. 数字经济与区域经济增长：后发优势还是后发劣势？ [J]. 上海财经大学学报，2021，23（3）：19-31，94.

[167] 张家平，程名望，潘烜. 互联网对经济增长溢出的门槛效应研究 [J]. 软科学，2018，32（9）：1-4.

[168] 张灿. 互联网发展与经济增长：机理与实证研究 [J]. 金融与经济，2017（7）：32-36，63.

[169] 李晓钟，王欢. 互联网对我国经济发展影响的区域差异比较研究 [J]. 中国软科学，2020（12）：22-32.

[170] 刘姿均，陈文俊. 中国互联网发展水平与经济增长关系实证研究 [J]. 经济地理，2017，37（8）：108-113，154.

[171] 段博，邵传林，段博. 数字经济加剧了地区差距吗？——来自中国284个地级市的经验证据 [J]. 世界地理研究，2020，29（4）：728-737.

[172] 张莉娜，吕祥伟，倪志良. "互联网＋" 驱动下数字经济的增收效应研究——基于中国家庭追踪调查数据 [J]. 广东财经大学学报，2021，36（3）：34-45.

[173] 刘传明，尹秀，王林杉. 中国数字经济发展的区域差异及分布动态演进 [J]. 中国科技论坛，2020（3）：97-109.

[174] 郑嘉琳，徐文华. 数字经济助推我国经济高质量发展的作用机制研究——基于区域异质性视角的分析 [J]. 价格理论与实践，2020（8）：148-151.

[175] 蒋长流，江成涛. 数字普惠金融能否促进地区经济高质量发展？——基于258个城市的经验证据 [J]. 湖南科技大学

学报（社会科学版），2020，23（3）：75 - 84.

　　[176] 李宗显，杨千帆. 数字经济如何影响中国经济高质量发展？[J]. 现代经济探讨，2021（7）：10 - 19.

　　[177] 汤旖璆. 数字经济赋能城市高质量发展——基于智慧城市建设的准自然实验分析 [J]. 价格理论与实践，2020（9）：156 - 159，180.

　　[178] 钟文，郑明贵. 数字经济对区域协调发展的影响效应及作用机制 [J]. 深圳大学学报（人文社会科学版），2021，38（4）：79 - 87.

　　[179] 钱海章，陶云清，曹松威，曹雨阳. 中国数字金融发展与经济增长的理论与实证 [J]. 数量经济技术经济研究，2020，37（6）：26 - 46.

　　[180] 黄群慧，余泳泽，张松林. 互联网发展与制造业生产率提升：内在机制与中国经验 [J]. 中国工业经济，2019（8）：5 - 23.

　　[181] 赵涛，张智，梁上坤. 数字经济、创业活跃度与高质量发展——来自中国城市的经验证据 [J]. 管理世界，2020，36（10）：65 - 76.

　　[182] 韦施威，杜金岷，潘爽. 数字经济如何促进绿色创新？——来自中国城市的经验证据 [J/OL]. 财经论丛：1 - 14. [2022 - 09 - 28]. DOI：10. 13762/j. cnki. cjlc. 20220308. 001.

　　[183] 胡山，余泳泽. 数字经济与企业创新：突破性创新还是渐进性创新？[J]. 财经问题研究，2022（1）：42 - 51.

　　[184] 焦帅涛，孙秋碧. 我国数字经济发展测度及其影响因

素研究［J］. 调研世界，2021（7）：13 – 23.

［185］中国信息通信研究院. 中国数字经济发展白皮书（2022）［EB/OL］.（2022 – 07）［2022 – 07 – 31］. http：//www. caict. ac. cn/kxyj/qwfb/bps/202207/t20220708_405627. htm.

［186］戚聿东，蔡呈伟. 数字化企业的性质：经济学解释［J］. 财经问题研究，2019（5）：121 – 129.

［187］中国互联网信息中心. 第 50 次中国互联网络发展状况统计报告［EB/OL］.（2022 – 08）［2022 – 10 – 11］. https：//www. cnnic. net. cn/n4/2022/0914/c88 – 10226. html.

［188］习近平. 敏锐抓住信息化发展历史机遇自主创新推进网络强国建设［J］. 党建，2018（5）：1.

［189］习近平. 瞄准世界科技前沿　引领科技发展方向　抢占先机迎难而上建设世界科技强国［J］. 党建，2018（6）：1.

［190］江艇. 因果推断经验研究中的中介效应与调节效应［J］. 中国工业经济，2022（5）：100 – 120.